Schöningh
westermann

1 ZEITEN UND MENSCHEN

Lehrerband

Herausgegeben von:
Hans-Jürgen Lendzian

Autoren:
Lambert Austermann
Siegfried Bethlehem
Ulrich Bröhenhorst
Ulrich Henselmeyer
Axel Jürgens
Thomas Ostermann

Bildquellenverzeichnis

Arena Verlag, Würzburg (Peter Chesterton): S. 83 u. l.; Corbis: Umschlag vorne (Atlantide Phototravel/Stefano Amantini), Umschlag hinten (Arcaid/Achim Bednorz); Dirk Riebeck: Die Dinosaurier ... wie sie wirklich waren, Verlag Gerald Leue, Berlin 1984: S. 33 u., S. 35 1-4; fotolia.com/beawolf: S. 38; Hirmer Fotoarchiv: S. 42; Illustration by Martin Brown © 1996 Walker Books Ltd. From THE GREEK NEWS by Anton Powell and Philip Steele. Published in the German language by Kinderbuchverlag Luzern. Reproduced by permission of Walker Books Ltd, London SE11 5HJ. www.walker.co.uk: S. 83 o. r., jurassicpark.wikia.com: S. 33 o.; Kestner-Museum, Hannover (Foto: Michael Lindner): S. 61 r.; Lotos Film/Eberhard Thiem, Kaufbeuren: S. 59; Musée du Louvre/H. Lewandowski: S. 83 u. r.; Museum August Kestner, Hannover: S. 57; Österreichische Nationalbibliothek, Wien: S. 157; Reiss-Engelhorn-Museen Mannheim, Foto: Lina Kaluza: S. 36 u. l.; Roemer- und Pelizaeus-Museum, Hildesheim: S. 36 u. r.; Simon & Schuster Children's Publishing Divison, New York: S. 158 1-4; ullstein bild: S. 83 l. (Archiv Gerstenberg), S. 87; ZEFA/Robin Smith: S. 37 u.; weitere: Verlagsarchiv Schöningh.

Sollte trotz aller Bemühungen um korrekte Urheberangaben ein Irrtum unterlaufen sein, bitten wir darum, sich mit dem Verlag in Verbindung zu setzen, damit wir eventuell erforderliche Korrekturen vornehmen können.

westermann GRUPPE

www.schoeningh-schulbuch.de
Schöningh Verlag, Jühenplatz 1 – 3, 33098 Paderborn

Druck A[1] / Jahr 2017
Alle Drucke der Serie A sind im Unterricht parallel verwendbar.

Umschlaggestaltung: Schöningh Verlag, Paderborn
Druck und Bindung: westermann druck GmbH, Braunschweig

ISBN 978-3-14-**034531**-6

Inhaltsverzeichnis

Zur Konzeption des Lehrerbandes

Jedes Kapitel des Lehrerbandes gliedert sich in drei Teile:

1. Übersicht über die Unterrichtsreihe

Der erste Teil bietet mit der **Tabelle A** zunächst einen ersten Überblick über mögliche Schwerpunktsetzungen, wobei zwischen der Grundvariante und optional wählbaren Erweiterungsvarianten unterschieden wird.
Die anschließende **Tabelle B** weist der Reihe nach die thematischen Lerneinheiten (TLE) aus (mit Seitenverweis auf den Schülerband). Auch hier ist gekennzeichnet, ob die jeweilige TLE zur Grundvariante (Nr. – Spalte weiß) oder zu einer Erweiterungsvariante (Nr. – Spalte grau) gehört.
Außerdem werden zu jeder TLE die Leitfragen, die zentralen Kompetenzen und Schüleraktivitäten sowie das vorgeschlagene Produkt genannt. In der Kompetenzen-Spalte ist außerdem durch Kürzel angegeben, welche der vom Kernlehrplan geforderten Kompetenzen mit der jeweiligen TLE primär abgegolten werden. Am Ende des Bandes befindet sich dazu eine Auflistung sämtlicher vom Kernlehrplan für die Jahrgangsstufen 5/6 geforderten Kompetenzen.

2. Hinweise und Erläuterungen zu den Lerneinheiten

Der zweite Teil ist wiederum nach TLEs gegliedert und bietet, soweit nötig, Hilfen für die unterrichtliche Umsetzung unter folgenden Rubriken:
- Hinweise zur Unterrichtsgestaltung
- Fachliche Hinweise und Erläuterungen
- Hinweise zu Leitfragen und Aufgaben

3. Arbeitsblätter

Abschließend werden zu jedem Kapitel einige Arbeitsblätter angeboten, die zur Lernerfolgskontrolle oder auch einmal als spielerisches Ergänzungsmaterial variabel im Unterricht eingesetzt werden können.

Geschichte ...

Zur Konzeption: Die Unterrichtsreihe „Geschichte ..." soll einen ersten Zugang zum Unterrichtsfach „Geschichte", dem historischen Raum von „Geschichte" und den Dimensionen von „Zeit" ermöglichen. In diesem Zusammenhang soll auch die persönliche Erfahrung von (Familien-) Geschichte aufgegriffen werden. Mit einem ersten groben Orientierungswissen über die historischen Epochen soll zugleich die Einsicht vermittelt werden, dass auch die Einteilung der Zeit nach verschiedenen Kalendern eine von Menschen erdachte Orientierungshilfe und keine objektive Gegebenheit darstellt.
Ein weiterer zentraler Schwerpunkt der Sequenz liegt in der Beschäftigung mit den Vorgehensweisen, durch die Historikerinnen und Historiker ihre Kenntnisse gewinnen, sowie in der Betrachtung der verschiedenartigen Quellengattungen, aus deren Untersuchung sich eben diese Kenntnisse gewinnen lassen.

1. Übersicht über die Unterrichtsreihe

A. Vorschlag zur Sequenzplanung: Grundvariante und mögliche Schwerpunktsetzungen

Mögliche thematische Schwerpunkte	Thematische Lerneinheiten (TLE)	Anzahl der Unterrichtsstunden
Grundlagen	Nr. 1, 2, 3, 6, 7	6 Unterichtsstunden
Erweiterung: Vertiefung des Aspekts Zeit, Zeitleiste und eigene Geschichte	Nr. 4, 5	+ 1 Unterichtsstunde

Jede/jeder Unterrichtende hat selbstverständlich die Möglichkeit einer eigenen Schwerpunktsetzung bzw. Reduktion.

B. Überblick über die Lerneinheiten der Unterrichtsreihe

Nr.	Titel/ Thema der Lerneinheit	Leitfragen	Kompetenzen/Schüleraktivitäten (nach dem KLP)	Produkt/Präsentation der Lernergebnisse
1	**Auftakt/Geschichte – ein Fach auf unserem Stundenplan** S. 10 – 13	● Was ist das eigentlich, was wir „Geschichte" nennen?	Die Schülerinnen und Schüler ... ■ definieren den Begriff Geschichte als menschliche Handlungsweisen in der Vergangenheit, die Auswirkungen auf das Verständnis der Gegenwart und die Gestaltung der Zukunft haben. (S 1, M 1) ■ erzählen eine Geschichte zu einem exemplarischen Bild aus verschiedenen historischen Epochen. (S 6, M 1)	Geschichte eines Bildes auf Plakat/Bilderwand
2	**Geschichte – Orientierung in der Zeit** S. 14 – 15	● Wie haben Menschen in verschiedenen Zeiten die Zeit gemessen?	Die Schülerinnen und Schüler ... ■ erklären, dass Zeit auf der Grundlage der Beobachtung von Naturphänomenen in verschiedenen Formen gemessen werden kann. (S 2, M 1) ■ stellen der Lerngruppe auf der Grundlage eigener Recherchen ein Exponat vor (M 1)	Vorstellung eines Uhren-exponats oder Text für Schautafel
3	**Geschichte und ihre Epochen** S. 16 – 17	● Wie kann man die langen Zeiträume und Geschichte in ihrem Verlauf ordnen und überschaubar machen?	Die Schülerinnen und Schüler ... ■ teilen die Geschichte in Epochen ein (Ur- und Frühgeschichte, Altertum/Antike, Mittelalter und Neuzeit) und erläutern, dass diese Form der Zeiteinteilung eine unter vielen anderen (jüdischer, römischer und islamischer Kalender) ist. (S 2, 4, M 3, 6) ■ präsentieren und erläutern ein Plakat zum Thema der Einteilung der Zeit (alternativ: digitale Präsentation). (M 13)	Wandplakat oder digitale Präsentation
4	***Projekt 1*: Eine „Zeitleiste" der eigenen Geschichte erstellen** S. 18 *Methode: Eine Zeitleiste erstellen*	● Wie ordnet sich deine Geschichte auf einer Zeitleiste ein?	Die Schülerinnen und Schüler ... ■ erstellen methodisch angeleitet eine Zeitleiste ihrer persönlichen Lebensgeschichte. (M 13)	Zeitleiste (ggf. digital)
5	***Projekt 2*: Einen „Stammbaum" der eigenen Familiengeschichte entwerfen** S. 19	● Was ist eine „Generation"?	Die Schülerinnen und Schüler ... ■ definieren den Begriff „Generation" und erstellen angeleitet einen Familienstammbaum. (M 13, 14)	Stammbaum auf Plakat oder Folie

Nr.	Titel/ Thema der Lerneinheit	Leitfragen	Kompetenzen/Schüleraktivitäten (nach dem KLP)	Produkt/Präsentation der Lernergebnisse
6	**Geschichtswissenschaftler – Kriminalkommissare, die in der Vergangenheit ermitteln?** S. 20–21	● Wie arbeiten Experten auf ihren Gebieten, um etwas über vergangenes Geschehen herauszufinden?	Die Schülerinnen und Schüler ... ■ bestimmen historische Arbeitstechniken (darunter Suche, Sicherung und Auswertung) mit dem Ziel der Rekonstruktion von Geschehnissen in der Vergangenheit. (M 2) ■ gestalten auf dieser Grundlage eine Spielszene oder einen tabellarischen Vergleich zur Arbeit von Geschichtsforschern und Kriminalkommissaren. (M 14, H 1)	Spielszene oder tabellarischer Vergleich
7	**Vergangenheit erzählen – Quellen und Darstellungen** S. 22–23	● Auf welche Quellen können Geschichtswissenschaftler zurückgreifen, um die Vergangenheit zu erforschen? ● Was sind Merkmale einer Darstellung?	Die Schülerinnen und Schüler ... ■ unterscheiden unterschiedliche Quellengattungen (schriftliche, bildliche, mündliche und gegenständliche Quellen), bestimmen einige ihrer jeweiligen Eigenschaften und erläutern diese anhand von Beispielen (Urkunden, Bilder, Geschirrstücke, Interview etc.). (S 3) ■ bestimmen die Merkmale einer Darstellung. (M 4)	Wandzeitung oder foliengestützter Kurzvortrag

2. Hinweise und Erläuterungen zu den Lerneinheiten

(S. 10 – 13) TLE 1: Auftakt/Geschichte – ein Fach auf unserem Stundenplan

Hinweise zur Unterrichtsgestaltung

Die Abbildung auf der Auftakt-Doppelseite (S. 10/11) kann der Anlass für ein Unterrichtsgespräch sein, in dem das Vorwissen der SuS über den Geschichtsbegriff aktiviert wird. Durch den Verweis auf die Lupe kann der Aspekt aufgegriffen werden, dass geschichtliche Erkenntnisse auf der genauen Erforschung oft schwer verständlicher Überreste aus der Vergangenheit beruhen. In Form eines Clusters schreiben die Lernenden ihre Beiträge auf Karten, die anschließend an der Tafel oder einer Stellwand gesammelt und diskutiert werden. Durch den Einbezug des Untertitels und des „Ortsschildes" (S. 11) problematisieren die SuS Funktionen von Geschichte und charakterisieren zugleich einen Handlungsraum in Vergangenheit, Gegenwart und Zukunft.
Eine Vertiefung und Erweiterung dieses Vorwissens erfolgt durch den Bezug auf den Darstellungstext auf Seite 12. Damit verbunden wird eine Hinführung zu einer systematischen Definition und Abgrenzung des Geschichtsbegriffs.

Hinweise zu Leitfragen und Aufgaben

Zu S. 12/ Leitfrage

„Geschichte" wird als Summe von Ergebnissen menschlichen Handelns bestimmt, das zu verschiedenen Zeiten an bestimmten historischen Orten stattgefunden hat und vergangen ist. Die Gesamtheit dieser Ereignisse als Geschichte kann helfen, die Gegenwart besser zu verstehen und die Zukunft eigenverantwortlich mitzugestalten.

Zu S. 12/ Aufgabe 2

Zur Zeichnung auf der Felswand: Abgebildet ist ein Wisent, d.h. ein wildes Rind. Diese Tiere wurden von den Jägern in der Zeit der Altsteinzeit gejagt. Für die Jagd verwendeten die Menschen der damaligen Zeit bereits Werkzeuge, die auch aus dem Material Stein bestanden. Ein solches Jagdwerkzeug könnte der senkrechte Strich im Leib des Wisents sein, der als Speer gedeutet wird. Mit solchen Speeren machten die Menschen in der Altsteinzeit Jagd auch auf sehr große Tiere wie Wisente oder gar Mammuts, die sie in Horden angriffen.
Zur Cheops-Pyramide: Die Cheops-Pyramide gehört zu den Pyramiden von Gizeh, die ab etwa 2600 v. Chr. als Begräbnisstätten für die Pharaonen gebaut wurden. Die Cheops-Pyramide ist mit einer Höhe von ca. 140 m die größte und älteste der Pyramiden von Gizeh, weswegen sie auch die „Große Pyramide" genannt wird. Bereits am Anfang seiner Regierung begann der Pharao Cheops mit der Planung eines Grabmals, das die Ewigkeit überdauern sollte. Dafür arbeiteten mehrere tausend Menschen viele Jahre, vor allem während der Überschwemmungszeit zwischen Juli und November. Zu diesen Menschen gehörten Steinmetze, Maurer, Landvermesser, Zimmerleute aber auch viele Bauern, die insbesondere die Steine von den Steinbrüchen nach Gizeh transportieren mussten.
Zur Akropolis: Die Akropolis gab es in fast jeder griechischen Polis. Sie war der Burgberg oder die Oberstadt, die auf einer Anhöhe oder auf einem Berg errichtet wurde. Die Akropolis von Athen wurde unter der Führung des Perikles ab etwa 450 v. Chr. ausgebaut als Zeichen des Sieges über die Perser und der Macht der Polis Athen. Im Laufe der Jahre entstanden auf der Akropolis eine Reihe von Tempeln und repräsentativen Bauten: der Parthenon, der der Stadtgöttin Athene geweiht ist, die Propyläen als Eingang für die Akropolis, der Nike-Tempel, der der Siegesgöttin Nike gewidmet ist, sowie das Erechtheion, in dem verschiedenen Göttern gehuldigt wird.
Zum Kolosseum: Das Kolosseum wurde im Jahre 80 n. Chr. von Kaiser Titus eröffnet und hatte Platz für mehr als 50000 Zuschauer. Im Kolosseum herrschte eine strenge Sitzordnung: Der unterste Rang war dem Kaiser und den Senatoren vorbehalten, der zweite Rang den vornehmen adligen Familien. Auf den oberen Rängen saßen die Menschen aus dem einfachen Volk. Im Sommer konnte ein riesiges Segel als Sonnenschutz über das Kolosseum gespannt werden. Im Kolosseum wurden vor allem Gladiatoren- und Tierkämpfe abgehalten, denen die Römer begeistert zusahen. Der Besuch im Kolosseum kostete keinen Eintritt.
Zur Burg Altena: Die Burg Altena wurde am Beginn des 12. Jahrhunderts von den Grafen von Berg erbaut. Vermutlich sollte die Burg die wichtigen Handelswege des Eisengewerbes um das märkische

Sauerland schützen. Ab dem 13. Jahrhundert war die Burg Altena der Stammsitz der Grafen von Altena, die sich später Grafen von der Mark nannten. 1455 brannte die Burg ab und wurde zunächst nur z.T. wiederhergestellt. Der 29 Meter hohe Bergfried ist noch heute gut erhalten. Im Kellergeschoss des Kapellengebäudes befindet sich ein feuchtes Verlies.
Zum Anschlag auf das World Trade Center: Bei den Terroranschlägen am 11. September 2001, einem Dienstag, handelte es sich um vier Flugzeugentführungen mit anschließenden Attentaten auf wichtige zivile und militärische Gebäude in den USA. Zwei der entführten Flugzeuge nahmen Kurs auf das World Trade Center in New York. Das erste entführte Flugzeug wurde um 8.46 in den Nordturm gesteuert, das zweite um 9.03 in den Südturm. Die Anschläge verursachten den Tod von etwa 3000 Menschen. Etwa 15.100 von 17.400 Personen konnten sich aus den Gebäuden des World Trade Center retten. Die 19 Flugzeugentführer gehörten der Terrororganisation al Quaida an.

(S. 14–15)

TLE 2: Geschichte – Orientierung in der Zeit

Hinweise zur Unterrichtsgestaltung

In dieser Unterrichtseinheit geht es um das Phänomen der Zeit. Dabei soll herausgestellt werden, dass die Messung der Zeit auf ganz unterschiedliche Weise vorgenommen werden kann und dass die Menschen dazu im Verlauf der Geschichte ganz unterschiedliche Verfahren entwickelt haben.

Hinweise zu Leitfragen und Aufgaben

Zu S. 14/ Leitfrage

Die SuS recherchieren unter Zuhilfenahme verschiedener Medien zu den unterschiedlichen Formen der Zeitmessung und den verschiedenen Typen von Uhren und präsentieren ihre Ergebnisse in der Rolle eines Museumsführers.

Zu S. 14/ Aufgabe 2

Zur Wasseruhr aus dem antiken Athen: Die Wasseruhr wurde in vielen antiken Kulturen verwendet. Im Vergleich zur Sonnenuhr konnte sie auch in der Nacht, in geschlossenen Räumen oder bei schlechtem Wetter die Zeit angeben. Bei einer Wasseruhr tropfte das Wasser von einem Gefäß in ein anderes. Die Gefäßform erinnert an einen Blumentopf. Dadurch sollte ein gleichmäßiges Auslaufen des Wassers erreicht werden, das in ein zweites, unteres Gefäß tropfte. In diesem Gefäß wurde der ansteigende Wasserspiegel mit einer Skala gemessen, an der die Zeit abgelesen werden konnte. Im antiken Rom und Griechenland wurde die Redezeit vor Gericht mit Hilfe von Wasseruhren gemessen.
Zur Sonnenuhr aus dem 6. Jahrhundert: Auch Sonnenuhren wurden in vielen antiken Kulturen auf verschiedenen Kontinenten verwendet. Zeitmesser wie diese folgen einem ganz bestimmten Prinzip: Wenn ein Stab in den Boden gesteckt wird und die Sonne scheint, dann wirft er einen Schatten. Im Verlauf des Tages verändert sich der Schatten und wandert im Uhrzeigersinn um den Stab herum. Entlang eines Kreises ist eine Einteilung der Stunden zum Ablesen der Zeit angebracht. Entlang des Kreises kann man somit die ungefähre Stunde ablesen. Die ersten Sonnenuhren zeigten im Verlauf des Jahres die Zeit recht ungenau an. Das änderte sich erst, als der Stab nicht mehr senkrecht, sondern im gleichen Winkel, wie die Erdachse, angebracht wurde.
Zur Sanduhr aus dem 4. Jahrhundert: Auch Sanduhren werden von den Menschen schon seit vielen Jahrhunderten zur Zeitmessung verwendet. Eine Sanduhr besteht aus zwei gleichgroßen runden oder kegelförmigen Glasbehältern, die in der Mitte durch eine dünne Öffnung miteinander verbunden sind. So rieselt der Sand langsam vom oberen Glas in das Untere. Die Zeit, die dafür benötigt wird, bleibt immer die gleiche. Je nach Größe der Sanduhr und der Menge an Sand, mit der sie gefüllt ist, kann sie mehrere Sekunden, Minuten oder gar Stunden anzeigen. Wenn der Sand aus dem oberen Teil ganz in den unteren gerieselt ist, wird die Uhr umgedreht und der Vorgang beginnt von vorne. Allerdings muss man die Uhr immer im Auge behalten, wenn man eine längere Zeitspanne messen will.
Zur Taschenuhr: Taschenuhren gibt es seit dem 15. Jahrhundert, dem Jahrhundert, in dem der Federantrieb erfunden wurde. Die Feder ist in diesem Fall ein Bauteil aus Metall, das elastisch verformt werden kann. Diese Feder ist mit einem Getriebe verbunden, der die Zeiger auf dem Zifferblatt in Bewegung setzt, so dass auf diesem Zifferblatt dann die Zeit abgelesen werden kann. Dieser Federantrieb wurde dann in tragbare Uhren eingebaut, die auf Taschengröße verkleinert werden konnten. Die Uhren des Nürnbergers Peter Henlein gehören zu den ältesten bekannten Taschenuhren.

Zur Räderuhr aus dem 15. Jahrhundert: Räderuhren gibt es in Europa seit dem späten Mittelalter, zunächst in Klöstern, dann aber auch vor allem an Rathäusern. Dadurch konnten die Menschen die Öffnungszeiten von Stadttoren, die Marktzeiten und die Gebetszeiten in Kirchen und Klöstern erfahren, auf die die Uhren auch durch Glockentöne hinwiesen. Das Uhrwerk dieser Uhren war ziemlich kompliziert und bestand aus mechanischen Bauteilen, wie z. B. Gewichten als Antrieb und verschiedenen Formen von Zahnrädern, durch die die Zeiger bewegt wurden. Da die Uhren noch nicht besonders genau gingen, wurde die Technik stetig verändert und verbessert.
Zur Pendeluhr aus dem 19. Jahrhundert: Die erste Pendeluhr entwickelte und baute 1657 der holländische Wissenschaftler Christiaan Huygens. Die Mechanik der Pendeluhr ist dabei ähnlich kompliziert wie die der Räderuhr. Auch hier werden Gewichte, Zahnräder, andere Bauteile und natürlich ein Pendel eingesetzt. Das Pendel braucht für eine volle Schwingung immer exakt die gleiche Zeit. Es gibt somit den Takt der Uhr an. Die Schwingungen werden von einem Mechanismus gezählt und die jeweiligen Zeiger entsprechend weiterbewegt. Um nicht stehen zu bleiben, benötigt das Pendel aber einen Antrieb vom Uhrwerk, das durch einen Schlüssel immer wieder aufgezogen werden kann.
Zur Atomuhr: Atomuhren gibt es seit der Mitte des 20. Jahrhunderts. Sie können die Zeit so exakt angeben wie keine andere Uhr, denn in 20 Millionen Jahren gehen sie nur eine Sekunde falsch. Dabei benötigt auch die Atomuhr wie z. B. die Pendeluhr einen Taktgeber. Das ist bei der Atomuhr die Schwingung eines Elektrons in einem Atom. Die meisten Atomuhren werden mit Cäsium-, Rubidium- oder Wasserstoff-Atomen betrieben. So schwingt das Elektron eines Cäsium-Atoms über neun Milliarden Mal pro Sekunde.

(S. 16–17) TLE 3: Geschichte und ihre Epochen

Hinweise zur Unterrichtsgestaltung

In dieser Lerneinheit geht es um die Einteilung der historischen Ereignisse in Epochen. Damit wird den SuS ein erstes grobes Ordnungsraster an die Hand gegeben, mit dem sie sich in der Geschichte orientieren können. Auf diese Weise erhalten sie einen vorläufigen und sehr weitmaschigen Überblick über die verwirrende Vielfalt des historischen Geschehens, der für die weitere Auseinandersetzung mit dem Fach jedoch unabdingbar ist.

Hinweise zu Leitfragen und Aufgaben

Zu S. 16/ Leitfrage

Im Mittelpunkt steht ein methodischer Aspekt. Die SuS sammeln und ordnen Informationen und Daten. Anschließend werden diese in Form eines Wandplakats visualisiert, in das eine Zeitleiste integriert ist.

Zu S. 16/ Aufgabe 1

Geschichtsforscherinnen und –forscher haben die Vergangenheit in große Zeitabschnitte unterteilt, die man Epochen nennt. Die wichtigsten Epochen sind: die Ur- und Frühgeschichte, das Altertum/die Antike (ab 3000 v. Chr.), das Mittelalter (ab 500 n. Chr.) und die Neuzeit (ab 1500 n. Chr.). Dabei gibt es Übergänge zwischen den Epochen, deren Beginn und Ende sich nicht immer klar festlegen lassen.
Der Zeitablauf der Geschichte kann auf einer Zeitleiste dargestellt werden, auf der die Ereignisse und der Verlauf der Geschichte nach Jahrtausenden, Jahrhunderten, Jahrzehnten, Jahren und Tagen dargestellt werden können. Dieses Vorgehen nennt man chronologisch.
Für die Erstellung ist ein fester Punkt nötig, von dem an gezählt wird. Für viele Menschen ist dieser Punkt die Geburt Christi. Die Ereignisse in der Geschichte werden in solche vor und nach Christi Geburt eingeteilt. Für die Zeit vor Christ Geburt zählt man rückwärts, für die nach Christi Geburt vorwärts.
Andere Völker zählen anders. Der jüdische Kalender beginnt mit der Weltschöpfung, die für das Jahr 3761 v. Chr. angesetzt wird. Der islamische Kalender beginnt mit der Flucht des Propheten Mohammed nach Medina im Jahre 622 n. Chr. Der Römer zählten die Zeit ab der Gründung der Stadt Rom, die der Sage nach im Jahre 753 v. Chr. erfolgte.

Zu S. 16/ Aufgabe 3

Auf der Zeitleiste werden neben den Jahres- bzw. Epochenangaben folgende Aspekte benannt: die Ur- und Frühgeschichte: die Zeit der Dinosaurier und der Steinzeitmenschen sowie der Metallzeit; das Altertum/die Antike: die Zeit der ersten Hochkulturen, der Erfindung der Schrift und der Pyramiden in Ägypten sowie der Griechen und Römer; das Mittelalter: die Zeit der Burgen, Kirchen und eines vielfältigen städtischen Lebens; die Neuzeit: die Zeit etwa seit der Entdeckung Amerikas, der Renaissance und der Reformation bis heute.

(S. 18) TLE 4: Projekt 1 – Eine „Zeitleiste" der eigenen Geschichte erstellen

Hinweise zur Unterrichtsgestaltung

Zu S. 18, Aufgabe 1 und 2

Diese Lerneinheit lässt sich als Projekt, eventuell auch als Langzeitaufgabe durchführen. Die methodischen Schritte zur Erstellung einer persönlichen Zeitleiste können in Anlehnung an die vorangegangene TLE vorbereitend im Klassenverband erprobt werden. Hilfreich wäre die gemeinsame Erstellung einer Zeitleiste z. B. zur Schulgeschichte.

Hinweise zu Leitfragen und Aufgaben

Auch hier steht ein methodischer Aspekt im Zentrum des Projekts. Die SuS sammeln und ordnen Informationen und Daten aus der eigenen persönlichen Geschichte. Anschließend werden diese in Form einer anschaulich bebilderten Zeitleiste visualisiert.

(S. 19) TLE 5: Projekt 2 – Einen „Stammbaum" der eigenen Familiengeschichte entwerfen

Hinweise zur Unterrichtsgestaltung

Zu S. 19/ Leitfrage

Auch dieses Projekt kann ergänzend zur Darstellung der persönlichen Lebensgeschichte durchgeführt werden, wobei Begriff und Anlage eines „Familienstammbaums" vorher im Klassenverband geklärt werden könnten.

Hinweise zu Leitfragen und Aufgaben

Die SuS kennzeichnen als eine Generation diejenige Gruppe von Menschen, die sich auf einem „Familienstammbaum" in der gleichen Reihe befinden. Weiterhin erläutern sie den Begriff „Generationenfolge".

(S. 20–21) TLE 6: Geschichtswissenschaftler – Kriminalkommissare, die in der Vergangenheit ermitteln?

Hinweise zur Unterrichtsgestaltung

Als Einstieg und Hinführung zur Leitfrage kann die Beschreibung und ansatzweise Deutung der Bilder auf den Seiten 20 und 21 dienen, bei denen Ähnlichkeiten der Arbeit zwischen Kriminalisten und Wissenschaftlern hervorgehoben werden können. Aus den Informationen des Darstellungstextes werden Spielszenen erarbeitet und der Klasse präsentiert.

Hinweise zu Leitfragen und Aufgaben

Zu S. 20/ Leitfrage

Bei der Arbeit von Kriminalkommissaren und Wissenschaftlern werden die Arbeitstechniken der (Spuren-) Suche, der Sicherung und der Auswertung mit dem Ziel der Rekonstruktion von Geschehnissen der Vergangenheit, zur Aufklärung eines Verbrechens bzw. zur Darstellung von Ereignissen aus der Geschichte verwendet. Durch einen Vergleich der Arbeit der jeweiligen Experten erarbeiten die SuS, wie Wissenschaftler forschen und aus den Funden Ergebnisse ableiten.

Zu S. 20/
Aufgabe 3
bzw. Tabelle

So arbeitet ein Kommissar	So arbeitet ein Wissenschaftler
Spuren werden gesucht, gesichert und ausgewertet; Vermutungen über den Tathergang werden formuliert.	Spuren werden gesucht, gesichert und ausgewertet; Vermutungen über die vergangenen Ereignisse werden formuliert.
Die Arbeit erfolgt in einem Team von Spezialisten.	Die Arbeit erfolgt in einem Team von Spezialisten.
Die Ergebnisse werden in einem „Fahndungsbericht“ zusammengefasst.	Die Ergebnisse werden in einem zusammenfassenden Text, z. B. einem Geschichtsbuch, vorgestellt.
Ziel ist eine möglichst genaue Rekonstruktion des Tathergangs.	Ziel ist eine möglichst genaue Rekonstruktion der vergangenen Ereignisse.

Die hier formulierten Ergebnisse können auch auf Karteikarten notiert und dann in Form einer Spielszene wiedergegeben werden, die sich an den im Lehrbuch vorgegebenen Sprechblasen orientiert.

(S. 22 – 23) TLE 7: Vergangenheit erzählen – Quellen und Darstellungen

Hinweise zur Unterrichtsgestaltung

In dieser Lerneinheit erarbeiten die SuS die verschiedenen Formen von Quellen erläutern, deren spezifische Eigenschaften, und konkretisieren diese an Beispielen und grenzen Quellen von Darstellungstexten ab.

Hinweise zu Leitfragen und Aufgaben

Zu S. 22/
Leitfragen

Die SuS benennen als unterschiedliche Quellen schriftliche Quellen, Bildquellen, gegenständliche Quellen und mündliche Quellen und grenzen diese von Darstellungstexten ab (vgl. Tabelle unten).

Zu S. 22/
Tabelle

Historische Quellen – Spuren der Zeit				
	Schriftliche Quellen	Bildliche Quellen	Gegenständliche Quellen	Mündliche Quellen
Eigenschaften Beispiele	Aufgeschrieben auf verschiedenen Materialien (Papier, Tontafel, Metall, Stein ...): Erzählung aus Ägypten (S. 82), Berichte über die Sklaverei (S. 129), Reiseberichte des Herodot (S.195), Urkunde zur Regelung der Wahl des Königs (233)	Aufgemalt oder gezeichnet auf verschiedenen Materialien (Fels, Papier, Glas ...): Wandmalereien (47), Grabbilder aus Ägypten (S. 91), Vasenmalereien aus Griechenland (S.112/13), Holzschnitt aus dem 15. Jahrhundert (S. 238)	Überreste aus der Vergangenheit: Knochenfunde (S. 21), antike Geschirrstücke (S. 23), Faustkeil und Kupferbeil (S.37), Goldmünze (S. 210)	Vorgetragen von Zeitzeugen
	Darstellungstexte			
Merkmale	• Geben eine Sicht auf die Geschichte aus heutiger Zeit. • Entstehen auf der Grundlage der Befragung von möglichst unterschiedlichen Quellen. • Informieren über vergangene Ereignisse und Geschehnisse.			

Arbeitsblatt

Entwirf deinen Stammbaum, indem du die freien Felder mit Informationen zu deinen Vorfahren füllst. Neben den Namen kannst du Geburts- und Sterbedaten sowie auch die Berufe deiner Ahnen hinzufügen.

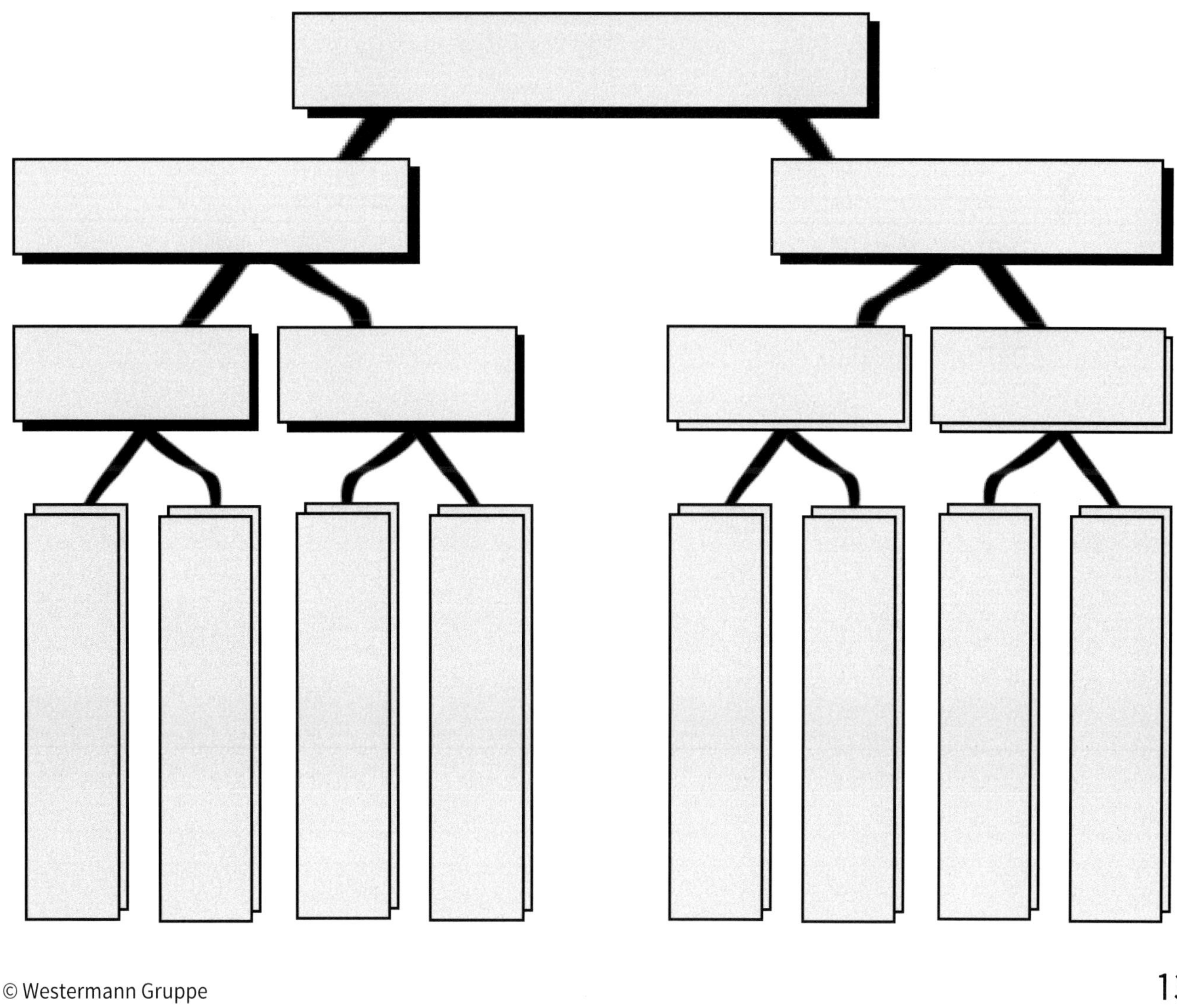

Unseren Vorfahren auf der Spur

Zur Konzeption: Das einleitende Kapitel beschäftigt sich mit der Entwicklung der Lebewesen auf der Erde, insbesondere mit der Entwicklung des Menschen, von den ersten Hominiden bis zu dem Menschen der Metallzeit. Diese Zeit der Vorgeschichte (= Geschichte ohne schriftliche Zeugnisse) ist für alle elf- bis zwölfjährigen Kinder ein sehr fremder, weit entfernt liegender Zeitraum. Gleichzeitig üben die rätselhaften Funde und die Arbeit der Archäologenteams auf viele Kinder eine große Faszination aus. In diesem Kapitel wird versucht, dieses Interesse zu nutzen. Die stummen Zeugen der Vergangenheit zum Sprechen zu bringen ist sicher nicht immer einfach, kann aber auch sehr spannend sein! Das problemerschließende und -lösende Denken im Sinn des fragend-forschenden Ansatzes bildet deshalb die Leitlinie des Kapitels, immer wieder begleitet von möglichst kindgerechten, Neugier- und Mitmachbereitschaft weckenden Materialien und Lernarrangements.

1. Übersicht über die Unterrichtsreihe

A. Vorschlag zur Sequenzplanung: Grundvariante und mögliche Schwerpunktsetzungen

Mögliche thematische Schwerpunkte	Thematische Lerneinheiten (TLE)	Anzahl der Unterrichtsstunden
Grundlagen	1, 2, 3, 4, 5, 6, 8, 9, 10, 13	15 Unterichtsstunden
Erweiterung 1: Vertiefung des Aspekts „Leben der Jäger und Sammlerinnen in der Altsteinzeit" – Mammutjagd	7	+ 1 Unterichtsstunde
Erweiterung 2: Vertiefung des Aspekts „Metallzeit: Eine Gesellschaft differenziert sich aus" – Der Fall Ötzi	11	+ 2 Unterichtsstunden
Erweiterung 3: Ergänzung „Geschichte einmal anders" – Auf den Spuren der Ur- und Frühgeschichte im Internet	12	+ 1 Unterichtsstunde

Jede/jeder Unterrichtende hat selbstverständlich die Möglichkeit, diese Vorschläge durch individuelle Schwerpunktsetzung bzw. Reduktion zu ergänzen oder zu ersetzen.

B. Überblick über die Lerneinheiten der Unterrichtsreihe

Nr.	Titel/ Thema der Lerneinheit	Leitfragen	Kompetenzen/Schüleraktivitäten (nach dem KLP)	Produkt/Präsentation der Lernergebnisse
1	**Auftakt/Ein erster Blick** S. 24 – 27		Die Schülerinnen und Schüler ... ▪ beschreiben in einfacher Form eine historische Entwicklung und wenden ihre Kenntnisse über die Zeit als historische Dimension an. (S 1) ▪ erzählen über historische Funde und unterscheiden in einfacher Form zwischen belegbaren und vermuteten Aussagen. (U 1)	zu einem eigenen Fund erzählen
2	**Die Entwicklung des Lebens auf der Erde** S. 28 – 29	● Wie entwickelte sich das Leben auf der Erde?	Die Schülerinnen und Schüler ... ▪ erschließen den Lehrbuchtext und benennen die Hauptgedanken. (M 3, M 6) ▪ beschreiben wesentliche Veränderungen in der Entwicklung des Lebens auf der Erde. (S 9) ▪ untersuchen und beschreiben ein einfaches Schaubild zur Darstellung einer historischen Entwicklung. (M 10)	Schaubild/Plakat
3	***Wir forschen gemeinsam*: Wir Menschen haben Vorfahren** S. 30 – 33	● Was sind wichtige Merkmale und auffallende Besonderheiten der jeweiligen Entwicklungsstufe?	Die Schülerinnen und Schüler ... ▪ erschließen die Lehrbuchtexte und benennen die Hauptgedanken. (M 3) ▪ beschreiben wesentliche Veränderungen der Entwicklungsgeschichte: frühe Formen vom Vormenschen, vom homo erectus (= aufrecht gehendes Lebewesen) und vom Neandertaler. (S 9) ▪ präsentieren die im Rahmen des kleinen Forschungsprojektes gewonnenen Ergebnisse durch Beiträge für eine Schautafel. (H 2)	Plakate für eine Schautafel oder Texte für Informationstafeln
4	**Der moderne Mensch tritt auf** S. 34 – 37	● Welche Fragen diskutieren heutige Wissenschaftler zum Thema „moderner Mensch“? ● Was ist mit der „Out-of-Africa-Theorie“ gemeint? ● Waren bereits die Neandertaler Menschen wie wir? ● In welchen Etappen hat sich der moderne Mensch weiterentwickelt?	Die Schülerinnen und Schüler ... ▪ gestalten auf der Grundlage ihres geschichtlichen Wissens Rollen in Spielsituationen sachgerecht nach und präsentieren die im Rahmen kleinerer Projekte gewonnenen Ergebnisse ihrer Arbeit in geeigneten Formen. (H 1, H 2) ▪ untersuchen Geschichtskarten, indem sie Thema, dargestellten Raum, Zeit und Legende erschließen und die enthaltenen Informationen benennen. (M 9) ▪ vergleichen Informationen aus zwei Sachtexten und stellen Gemeinsamkeiten/Unterschiede fest. (M 12) ▪ betrachten historische Sachverhalte aus verschiedenen Perspektiven. (U 3) ▪ kennen Zeiten vorgeschichtlicher Überlieferung und charakterisieren die Epochen Altsteinzeit, Jungsteinzeit und Metallzeit auf der Basis typischer Funde/Merkmale. (S 4)	Sendebeiträge für eine Wissenschaftssendung erstellen und moderieren ● Expertengespräch ● Gegenüberstellung zweier Meinungen (Expertenkontroverse) ● Schaubild und Expertenvortrag

Nr.	Titel/ Thema der Lerneinheit	Leitfragen	Kompetenzen/Schüleraktivitäten (nach dem KLP)	Produkt/Präsentation der Lernergebnisse
5	**Vom Fund zur Rekonstruktion – Archäologen über die Schulter geschaut** S. 39 – 41 *Methode: Die archäologische Methode*	● Welche Arbeitsschritte gehören zur archäologischen Methode? ● Wie kommen Wissenschaftler mit dieser Methode zu Rekonstruktionen?	Die Schülerinnen und Schüler … ■ beschreiben am Beispiel der Archäologie, wie Wissenschaftler forschen und aus Funden Ergebnisse ableiten. (M 2) ■ unterscheiden in einfacher Form zwischen belegbaren Aussagen und Vermutungen. (U 1) ■ stellen die archäologische Methode am Beispiel der Funde von Göttingen mithilfe eines einfachen Schaubildes dar. (M 13)	kurzer Expertenvortrag
6	***Wir forschen gemeinsam*: Das Leben der ersten modernen Europäer** S. 42 – 45	● Wie lebten, wohnten und arbeiteten die ersten modernen Menschen im Europa der Altsteinzeit?	Die Schülerinnen und Schüler … ■ charakterisieren die Epoche der Altsteinzeit – nomadisierende Lebensweise, Jäger und Sammlerinnen, Leben in Horden, einfache Werkzeuge, Anfänge mythischen Denkens (S 4) – und informieren somit exemplarisch über die Lebensbedingungen der Menschen auf dieser Entwicklungsstufe. (S 6). ■ beschreiben am Beispiel von Fundstücken aus der Altsteinzeit, wie die Wissenschaftlerinnen und Wissenschaftler vorgehen und aus Funden Ergebnisse ableiten. (M 2, M 8) ■ reflektieren (in Ansätzen), wie sie selbst vorgegangen sind, um Aufschlüsse über eine vergangene Epoche zu gewinnen, und prüfen die eigenen Ergebnisse. (H 3)	Tabellarische Zusammenstellung der Ergebnisse auf einer Stellwand oder Aufsatz
7	**Großwildjäger in der Altsteinzeit** S. 46 – 47	● Was verrät uns das Mammut über die Altsteinzeit und das Leben der Mammutjäger?	Die Schülerinnen und Schüler … ■ nutzen Informationen des Lehrbuchs zur sachgerechten Gestaltung einer fiktiven Situation. (H 1, M 15)	Erzählung (mündlich oder schriftlich)
8	**Die Welt sieht jetzt ganz anders aus** S. 49 – 51	● Was ist so ganz neu und anders in der Jungsteinzeit?	Die Schülerinnen und Schüler … ■ charakterisieren die Epoche der Jungsteinzeit und beschreiben wesentliche Veränderungen gegenüber der Altsteinzeit – produzierende Lebensweise als Ackerbauern/Viehzüchter, Sesshaftigkeit und Siedlungsstruktur, Vielfalt der Werkzeuge (S 4) – und informieren somit exemplarisch über die Lebensbedingungen der Menschen auf dieser Entwicklungsstufe. (S 6). ■ erstellen ein einfaches Schaubild zur Darstellung der neolithischen Revolution. (M 13)	Wandplakat
9	**Von der Alt- zur Jungsteinzeit – eine positive Entwicklung?** S. 52 – 53	● Ist die Entwicklung von der Alt- zur Jungsteinzeit ein Fortschritt oder überwiegen die Probleme?	Die Schülerinnen und Schüler … ■ erschließen den Lehrbuchtext und stellen die wichtigsten Informationen aspektorientiert zusammen. (M 1) ■ betrachten die Entwicklung von der Alt- zur Jungsteinzeit aus verschiedenen Perspektiven und entwickeln (in einfacher Form) eine eigene Position. (U 3).	Positionsplakat oder Beitrag für Schülerlexikon

Nr.	Titel/ Thema der Lerneinheit	Leitfragen	Kompetenzen/Schüleraktivitäten (nach dem KLP)	Produkt/Präsentation der Lernergebnisse
10	**Das Metall verändert die Welt** S. 55 – 57	● Welche Auswirkungen hatte die Herstellung von Metallen auf das Leben der Menschen?	Die Schülerinnen und Schüler ... ■ charakterisieren die Entwicklungsstufe der Metallzeit und nennen die Veränderungen in den Bereichen Wirtschaft, Politik und Gesellschaft sowie Kunst und Religion (S 4) und informieren somit exemplarisch über die Lebensbedingungen der Menschen auf dieser Entwicklungsstufe. (S 6). ■ beschreiben wichtige Gruppen, ihre Funktionen und Handlungsmöglichkeiten: Ausdifferenzierung der Berufswelt. (S 5). ■ erklären in einfacher Form die Zusammenhänge, die sich als Folge der Metallverarbeitung zwischen sozialer Stellung und politischer Ordnung herausgebildet haben. (U 5).	Mindmap und Kurzvortrag oder aus zeitgenössischer Sicht erzählen
11	**Der Fall „Ötzi“ – Der Tote vom Ötztal** S. 58 – 60	● Wer war der Tote vom Ötztal und was wissen wir über ihn?	Die Schülerinnen und Schüler ... ■ nutzen diverse Materialien des Lehrbuchs, um wichtige Informationen über den Toten vom Ötztal zusammenzustellen. (M 1) ■ unterscheiden in einfacher Form zwischen gut belegten und behauptenden Aussagen. (U 1) ■ gestalten auf der Grundlage ihres Wissens Rollen in einer Spielsituation nach. (H 1)	Sendebeitrag entwerfen und moderieren
12	***Geschichte einmal anders*: Auf den Spuren der Ur- und Frühgeschichte im Internet** S. 60	● Unterwegs im World-Wide-Web: Recherchieren und präsentieren.	Die Schülerinnen und Schüler ... ■ präsentieren die im Rahmen eines kleinen Rechercheauftrags gewonnenen Arbeitsergebnisse in geeigneter Form, z. B. PPP. (H 2).	beamergestützter Themenbeitrag
13	**Stopp: mehr wissen – mehr können** S. 62 – 63		Die Schülerinnen und Schüler ... ■ wenden Schlüsselbegriffe der Ur- und Frühgeschichte sachgerecht an. (S 10) ■ beschreiben Sachquellen (Fundstücke) und leiten aus den Funden Ergebnisse ab. (M 3, S 4) ■ untersuchen ein Schaubild und charakterisieren auf dieser Grundlage den Wechsel in den Ernährungsgewohnheiten beim Übergang von der Alt- zur Jungsteinzeit. (M 13, S 4)	Kompetenzcheck

2. Hinweise und Erläuterungen zu den Lerneinheiten

(S. 24–27) TLE 1: Auftakt/Ein erster Blick

Hinweise zur Unterrichtsgestaltung

Zu S. 24-25

Für alle Stufen der Vorgeschichte sind Fundstücke von elementarer Bedeutung. Das Auftaktbild sollte genutzt werden, um den SuS zu verdeutlichen, wie intensiv (und wie wissenschaftlich!) diese Fundstücke untersucht werden müssen, um zuverlässige Erkenntnisse zu gewinnen. Zudem sollte der Bekanntheitsgrad der Gletscherleiche „Ötzi" dazu beitragen, den SuS einen ertragreichen Einstieg in die Gesamtthematik zu bieten. Es wird dringend geraten, der Lerngruppe im Unterrichtsgespräch genügend Zeit einzuräumen, um die Abbildung als Motivationsimpuls zu nutzen.

Zu S. 26-27

In Anlehnung an die Auftaktdoppelseite knüpft die Doppelseite „Ein erster Blick: Die Ur- und Frühgeschichte" an spektakuläre archäologische Funde der letzten Jahre und auch an das Vorwissen der SuS an, um sie für einen ersten Zugriff auf die Thematik in ihrer eigenen Lebenswelt abzuholen und erste selbständige Forschungsaufträge anzubieten (arbeitsteilig im Unterricht oder als freiwillige(?) Hausaufgabe). Die Faszination, die viele Kinder mit der Archäologie und den „rätselhaften" Funden verknüpfen, sollte unbedingt genutzt werden. Ein Glücksfall für den Unterricht liegt vor, wenn Kinder selbst gefundene Fossilien aus der Zeit der Vor- und Frühgeschichte mitbringen und vorstellen (Fossilien aus Steinbrüchen, Flusstälern o.Ä.).
Dabei sollte bewusst sein, dass die Vorgeschichte (= Geschichte ohne schriftliche Zeugnisse) einen Zeitraum umfasst, der für fast alle elf- oder zwölfjährigen Kinder im wörtlichen Sinne unvorstellbar lang ist. Entwicklungspsychologisch ist es den meisten Kindern nur möglich, sich zeitlich sehr grob zu orientieren. Grundsätzlich kann eine Annäherung nur erfolgen, wenn die zeitliche Erstreckung anschaulich präsentiert wird. Der Zeitstrahl (S. 26/27 unten), dessen Grundfunktion die Kinder bereits im Einleitungskapitel kennengelernt haben, hilft bei dieser groben Orientierung (auch wenn es nicht maßstabsgerecht vorliegt).

Hinweise zu den Recherchetipps/Arbeitsanregungen

Zu S. 26-27

Die Beispiele der Himmelsscheibe von Nebra, der Moorleiche von Uchte und des Familiengrabs von Eulau stammen alle aus der jüngeren Vergangenheit. Jeder Fund ist auf seine Weise spektakulär. Fast immer gibt es in den Klassen Kinder, die mehr über einen dieser Funde erfahren wollen, mit sichtlicher Freude entsprechende Informationen aus dem Internet besorgen und die Ergebnisse in der Klasse vorstellen.
Bringen die Kinder eigene Fossilien mit, bietet sich ein Vorgriff auf die Seite 29 (rechte Spalte) an bzw. der Einsatz des Arbeitsblattes „Fossilien im zeitraffer selber herstellen" (Lehrerband S. 32).

(S. 28–29) TLE 2: Die Entwicklung des Lebens auf der Erde

Hinweise zur Unterrichtsgestaltung

Schaubild (M 1) und Darstellungstext (S. 29) besitzen das gemeinsame Ziel, über die Entwicklung des Lebens auf der Erde zu informieren. Kinder, die das Schaubild unter Zuhilfenahme des Infotextes sachgerecht erläutern können, haben ein hohes Lob verdient, denn sowohl Schaubild als auch Darstellungstext sind durchaus anspruchsvoll – auch wenn das Schaubild den Sachverhalt in sehr vereinfachter Form darstellt und der Infotext viele anschauliche Beispiele enthält. Ein Sachtext versteht sich nicht von alleine, das Vorgehen muss trainiert werden. Der Auftrag, die wichtigsten Informationen auf einem Stichwortzettel zu notieren, trägt diesem Umstand Rechnung.
Bereichernd für den Unterricht sind themennahe handlungsorientierte Beiträge von einzelnen SuS oder Schülergruppen. In vielen Klassen finden sich SuS, die sich sehr für Fossilien oder für die Dinosaurier interessieren und mit Freude selbstgefundene Versteinerungen, Bücher usw. mitbringen und über ihre Funde erzählen wollen. Dieses Potenzial sollte man unbedingt nutzen.
Für den Ertrag in der Sache ist es allerdings oft sinnvoll, genauere Vorgaben zu machen (vgl. etwa die Differenzierungsvorschläge unter „Eine Arbeitsgruppe könnte auch das tun": Fossilien im

Zeitraffer, Kurzvorträge zu interessanten Tieren der Urzeit - vgl. Arbeitsblatt „Tiere der Uhrzeit“, Lehrerband S. 33). Die Erfahrung zeigt, dass einige SuS sehr gern Tiere wie das Opabinia malen – diese Wünsche sollte man unterstützen, auch wenn der streng wissenschaftliche Wert gering ist. Eine sinnvolle Ergänzung bietet auch das Arbeitsblatt „Warum starben die Saurier?“, Lehrerband S. 34.

Hinweise zu Leitfragen und Aufgaben

Zu S. 28/ Aufgabe 1

Vorbereitende Notizen für die Präsentation des Schaubildes (= Verständnissicherung des Darstellungstextes); etwa:

Schlüsselstationen der Entwicklung

- vor 5 Mrd. Jahren: Entstehung der Erde
- vor 3 Mrd. Jahren: erste kleine Lebewesen (Wasser)
- vor 600 Millionen Jahren: erste größere Lebewesen (Wasser)
- vor 540 Millionen Jahren: Schnecken, Muscheln und erste Fische
- vor 500 Millionen Jahren: große Meerestiere
- vor 250 – 225 Millionen Jahren: erste Saurier im Wasser und auf dem Land
- vor 66 Millionen Jahren: Aussterben vieler Tier- und Pflanzenarten
- vor 7 Millionen Jahren: erste Vormenschen

Zu S. 28/ Aufgabe 4

Die Tabelle, die der Präsentation des Schaubildes M 1 zugrunde liegt, könnte nun folgende Einträge enthalten:

Die Entwicklung des Lebens auf der Erde	
Was ist zu sehen?	Erläuterungen dazu
vor 5 Mrd. Jahren: ohne Abbildung	Entstehung der Erde
vor 3 Mrd. Jahren: ohne Abbildung	erste kleine Lebewesen (Wasser)
vor 600 Mio. Jahren: Wasser	erste größere Lebewesen (1,2,3 – Korallen usw.)
vor 540 Mio. Jahren: Wasser	Schnecken, Muscheln, erste Fische (4)
vor 500 Mio. Jahren: Wasser	größere Fische (Quastenflosser, 5)
vor 250 – 225 Mio. Jahren: Wasser und Land	erste große Landtiere, u.a. Saurier (7 – 12)
vor 66 Mio. Jahren: Wasser und Land	Aussterben vieler Tiere, dann Säugetiere (13,14)
vor 7 (oder 5 oder 3,5) Mio. Jahren	(Vor-)Menschen (15)

(S. 30 – 33) TLE 3: Wir forschen gemeinsam: Wir Menschen haben Vorfahren

Hinweise zur Unterrichtsgestaltung

Die Lerneinheit sollte arbeitsteilig unterrichtet werden. Das Lernarrangement unterscheidet drei Schwerpunktbereiche, die drei Gruppen zugeordnet werden könnten. Denkbar ist aber auch, dass im Rahmen einer vorgeschalteten Phase die Station 1 (Lucy) gemeinsam in der Klasse erarbeitet wird, um dann die Arbeit mit zwei Gruppen fortzusetzen. Die Arbeit in den Gruppen wird durch die sehr ähnlichen Aufgabenstellungen erleichtert.
Wird das vorgeschlagene Ausstellungskonzept (Plakate für eine Schautafel) durchgeführt, ist es eine große Hilfe, wenn nicht nur die Plakate / Pappen, sondern auch (vergrößerte) Kopien der Abbildungen zur Verfügung gestellt und aufgeklebt werden können. Zum einen wertet dies die Ergebnisse optisch auf, zum anderen erhöht sich der Lernerfolg, wenn die präsentierenden SuS während ihrer Kurzvorträge direkt auf Materialien verweisen können, die für alle SuS gut sichtbar snd. Der resümierende Blick auf die Schautafel stellt den SuS vor Augen, dass sich der heutige Mensch in einem langen Prozess entwickelte, der viele Millionen Jahre dauerte.
In den vergangenen Jahren sind gute Replikate der Schädel von (Vor-)Menschen relativ preisgünstig geworden. Mit zunehmender Tendenz erwerben Biologie-Fachschaften entsprechende Replikate

(Thema Evolution). Wenn es möglich ist, sollten die entsprechenden Materialien ausgeliehen und eingesetzt werden, um die Anschaulichkeit zu erhöhen.

Fachliche Hinweise und Erläuterungen

Die Wissenschaft von der Vor- und Frühgeschichte ist eine Disziplin mit einer sehr großen Dynamik. Dies gilt insbesondere für die Geschichte der ersten Hominiden. Fast jeder neue Fund zieht neue Theorien nach sich. „Menschenaffen", so wird heute allgemein angenommen, lebten bereits vor etwa 30 Millionen Jahren, die Überreste des ältesten „menschenähnlichen" Lebewesens wurden im Jahre 2002 im zentralafrikanischen Tschad gefunden. Heftig diskutiert wird aber die Frage, ob man hier bereits vom „ersten Menschen" sprechen kann. In der vorliegenden Lerneinheit wird deshalb eine vorsichtige Position bezogen und nicht die Frage nach dem „ersten" Menschen gestellt, sondern der Prozess der Entwicklung zum modernen Menschen betont. Dabei erfolgt die Beschränkung auf drei wichtige Etappen oder Stationen der Entwicklung: Seit ihrer Entdeckung ist es „Lucy", die einen ersten markanten Einschnitt bildet, weil sie sich signifikant von Affen unterscheidet. Als Vertreter des „homo erectus" repräsentiert der Junge vom Turkana-See die nächste Entwicklungsstation auf dem Wege zum heutigen „homo sapiens sapiens". Der Typus „Neandertaler" gilt als „naher Verwandter", ist vergleichsweise gut erforscht, zeichnet sich durch eine gewisse Prominenz aus und ist durch das eigene Museum in Düsseldorf – Mettmann einem größeren Publikum bekannt.

Hinweise zu Leitfragen und Aufgaben

Wichtige Informationen für „Lucy":

Zu S. 31 Fundgeschichte: Fund vieler Skelettteile 1974 in Ostafrika durch zwei amerikanische Archäologen.
Merkmale des Fundes: weiblich, ca. 1,20 m groß, 25 Kilo schwer, zwischen 20 und 30 Jahre alt, aufrechter Gang; lebte vor ca. 3,2 Millionen Jahren; Name: Lucy (nach einem Lied der „Beatles").

Wichtige Informationen für den Turkana-Jungen:

Zu S. 32 Fundgeschichte: Fund eines fast vollständigen Skeletts 1984 am Turkana-See in Nordkenia durch den afrikanischen Archäologen Kamoya.
Merkmale des Fundes: männlich, etwa 1,60 m groß (als Erwachsener 1,80 m), 48 Kilo schwer (als Erwachsener 68 Kilo), ca. 10 Jahre alt, aufrechter Gang und sehr guter Läufer; lebte vor etwa 1,6 Millionen Jahren.

Wichtige Informationen für den Neandertaler:

Zu S. 33 Fundgeschichte: Fund vieler Knochen 1856 in einem Steinbruch im Neandertal bei Düsseldorf durch Bauarbeiter.
Merkmale des Fundes: männlich, ca. 1,60 m groß, 75 Kilo schwer, erwachsen, sehr muskulös, Jäger, sehr guter Läufer; lebte zwischen 160000 und 30000 vor unserer Zeit.
Der Fund aus dem Neandertal gilt übrigens als „jung" und wird auf ca. 42000 Jahre vor unserer Zeit datiert.

(S. 34–37) TLE 4: Der Moderne Mensch tritt auf

Hinweise zur Unterrichtsgestaltung

Die Lerneinheit wirkt auf den ersten Blick sehr ambitioniert. In der Durchführung ist der Ertrag besonders groß, wenn das Moderatorenteam leistungsstark ist und flexibel reagieren kann und wenn die Gruppen genügend Zeit hatten, um ihre Beiträge vorzubereiten. Ferner sollte man als Lehrerin / Lehrer die Infrastruktur der „Sendung" weitgehend selbst in die Hand nehmen (z.B. im Hinblick auf die Einrichtung des „Studios"). Tipp: Dieses Lernarrangement eignet sich sehr gut für kleine Aufführungen vor Publikum (Monatsfeiern, Elternabende o.Ä.).
Noch ein Hinweis: Der Beitrag „Neues vom Neandertaler – Streit in der Wissenschaft" stellt besondere Ansprüche und kann vermutlich ohne Anleitung nicht von jeder Schülergruppe angemessen erarbeitet werden. Bei diesem Thema erfahren die SuS an einem konkreten Beispiel, dass die Urteilsbildung abhängig ist von dem untersuchten Material und der gewählten Untersuchungsmethode. Man darf gespannt sein, zu welchen Erkenntnissen die Wissenschaft in den kommenden Jahren gelangen wird. Lohnend ist auf jeden Fall eine Recherche auf der Homepage des

Neanderthal-Museums in Mettmann (http://www.neanderthal.de) oder ein Besuch im Neanderthal-Museum (Neanderthal-Museum, Talstraße 300, 40822 Mettmann).
Der Beitrag „Vom Stein zum Metall“ erfüllt die Funktion einer Überblicksdarstellung und bietet sich auch an, wenn man die Epochen der Altsteinzeit, der Jungsteinzeit und der Metallzeit ohne großen Zeitaufwand thematisieren will oder muss. Der Zeitstrahl erlaubt es, einen Zugriff auf die folgenden Schwerpunktbereiche des Gesamtkapitels zu gewinnen. In elementarer Form finden sich links signifikante Fundstücke und rechts ein übergreifend erläuternder Kommentar. Der relativ einfach wirkende Faustkeil und die ausgearbeitete Mammut-Skulptur repräsentieren die große Spanne der Altsteinzeit (und damit der Jäger- und Sammlerinnenkulturen), hier reduziert auf die letzten 100000 Jahre. Entsprechend steht das Tongefäß für die Ackerbaukulturen der Jungsteinzeit und das Kupferbeil repräsentiert die Metallzeit.

Fachliche Hinweise und Erläuterungen

Zu S. 35

Zur „Out-of-Africa-Theorie“: Das Lehrbuch folgt der „Out-of-Africa-Theorie“, wie sie von der großen Mehrheit der Wissenschaftler vertreten wird. Dies bedeutet den Verzicht auf die Theorie von der nahezu gleichzeitigen Entwicklung des modernen Menschen in mehreren Regionen (insbesondere in Asien); die multiregionale Hypothese, die auch unter der Bezeichnung Kandelaber-Theorie firmiert, wird durchaus lautstark, aber nur von einer kleinen Minderheit vertreten. Die jüngsten Ergebnisse der molekulargenetischen Untersuchungen (mitochondriale DNA) sprechen deutlich für die Out-of-Africa-Theorie.

Zu S. 36

Zu „Neues vom Neandertaler“: In der Wissenschaft gibt es in der Tat eine Kontroverse um die Frage, wie benachbart Neandertaler und moderner Mensch denn nun sind.
Die Position A plädiert für eine enge Verwandtschaft von Neandertaler und modernem Menschen. So betont etwa der Archäologe Fr. Schrenk, dass der Neandertaler „bereits sozial dachte“ und beruft sich auf entsprechende Funde. Auch der Leiter des Neanderthal-Museums in Mettmann, Gerd-C. Weniger, stellt die kulturelle Innovation der Neandertaler heraus. Entsprechend „menschlich“ wird der Neandertaler in diesem Museum dargestellt.
Die Position B, wie sie etwa Ian Tattersall vom American Museum oft Natural History oder der Leipziger Biologe Pääbo vertreten, hält den Neandertaler ebenfalls nicht für einen primitiven Rohling, betont aber die großen Unterschiede zwischen Neandertaler und modernem Menschen. Tattersall spricht von einer „Pendelbewegung“: Weil die weit bis ins 20. Jahrhundert vorherrschende Barbarisierung der Neandertaler nicht haltbar sei, sei man in das andere Extrem verfallen, und habe „den Neandertaler fast zum Bruder“ erklärt. Pääbo hat das Erbgut untersucht und u.a. herausgefunden, dass das Erbgut der Neandertaler etwa auf halber Strecke liegt zwischen Schimpansen und uns heutigen Menschen.
Die Überschrift ist programmatisch: In der Wissenschaft gibt es nicht unbedingt Eindeutigkeit. Auch Wissenschaftler können unterschiedlicher Meinung sein – und sich gegenseitig respektieren.

Zu S. 37

Zu „Vom Stein zum Metall“: Die zeitlichen Abgrenzungen sind mit großer Vorsicht vorzunehmen. Die einzelnen Entwicklungsstufen existierten oft lange Zeit nebeneinander. Vor allem die regionalen Unterschiede warnen vor jeder schroffen Datierung.

Hinweise zu Leitfragen und Aufgaben

Beitrag 1: Eigentlich sind wir alle Afrikaner

Zu S. 35/ Aufgabe 2

Die Karte gibt Aufschluss über die Besiedlung der Erde durch den modernen Menschen. Sie zeigt alle Kontinente/die ganze Welt und gibt (durch Pfeile) die Ausbreitung des modernen Menschen an sowie die Zeitpunkte, an denen das jeweilige Gebiet erstmals von modernen Menschen erreicht worden ist.

Reihenfolge	Gebiet / Erdteil	Besiedlung ab ...
1.	Afrika	150000
2.	(Vorder-) Asien	100000
3.	Ostasien	70000
4.	Australien	50000

Reihenfolge	Gebiet / Erdteil	Besiedlung ab ...
5.	Europa	40 000
6.	Nordamerika	15 000
7.	Südamerika	14 000
8.	Arktis	4 500

Zu S. 35/ Aufgabe 3

Lösung in Kurzform: Die „Out-of-Africa-Theorie" besagt, dass die ersten modernen Menschen vor etwa 150 000 Jahren in Afrika gelebt haben. Die Karte zeigt die Schauplätze und die entsprechenden Zeiträume der frühesten Besiedlung durch den homo sapiens. Nach und nach haben sich die modernen Menschen über die gesamten Globus ausgebreitet, zuerst nach Norden und Osten (Asien und Australien), dann erst nach Europa und erst vor vergleichsweise kurzer Zeit nach Amerika und in die Arktis. Die Menschen in Afrika, Europa, Asien und Amerika haben also gemeinsame Vorfahren. Diese Theorie lässt sich begründen durch die Funde, die man in den verschiedenen Teilen der Welt gemacht hat

Beitrag 2: Neues vom Neandertaler – Streit in der Wissenschaft

Zu S. 36/ Aufgabe 2

Ich finde, dass die **Rekonstuktion 1** gut gelungen ist, denn sie zeigt den Neandertaler fast wie einen heutigen Menschen. Begründung auf der Basis von archälogischen Funden/Erbgutanalyse: viele Werkzeuge, komplizierte Herstellung; Mitgefühl für Verstorbene und Kranke; Erbgut teilweise identisch.
Ich finde, dass die **Rekonstruktion 2** gut gelungen ist, denn sie zeigt, dass es große Unterschiede gibt zwischen Naeandertalern und uns heutigen Menschen. Begründung auf der Basis von naturwissenschaftlichen Untersuchungen: äußeres Erscheinungsbild, Skelett und Körperbau eher affen- als menschenähnlich; Gehirn und Sprache wenig entwickelt; Erfindungen (Kunst und Schmuck), vermutlich nicht eigenständig.

Beitrag 3: Vom Stein zum Metall

Zu S. 37/ Aufgabe 3

Altsteinzeit: ca. 100 000 bis 10 000 Jahre vor unserer Zeit; typisches Werkzeug: Faustkeil, mit scharfer Schneide; Fähigkeit, Kunstwerke herstellen.
Jungsteinzeit: ca. 9 000 – 4 000 v. Chr.; typisches Werkzeug: Werkzeuge von Bauern (Feldbestellung); hochwertige Gegenstände, z. B. aus Ton.
Metallzeit: ca. 4 000 v. Chr.; typisches Werkzeug: Metallwerkzeuge, z. B. Beil; zunehmend kompliziertere Gegenstände.

(S. 39 – 41) TLE 5: Vom Fund zur Rekonstruktion – Archäologen über die Schulter geschaut

Hinweise zur Unterrichtsgestaltung

Als Einstieg dient die großformatige Zeichnung von S. 38, die zunächst Gegenstand des Unterrichtsgesprächs sein sollte (Jagdszene und die Feuerstelle am Felsvorsprung sind hinreichend reizvoll). Es kann davon ausgegangen werden, dass aufgeweckte Schülergruppen die Frage aufwerfen, woher der Zeichner des Bildes weiß, dass die Menschen in der Altsteinzeit so gelebt haben, wie es seine Zeichnung vorgibt. Damit werden die archäologische Methode und auch die Frage der Rekonstruktionen in den Horizont gerückt. Die Leitfragen können nunmehr vorgestellt und die weiteren Arbeitsschritte entsprechend dem Vorschlag von S. 39 organisiert werden.
Je nach Lerngruppe kann die Methodenseite (S. 41) vorbereitend, im Rahmen der Partnerarbeit oder nachbereitend eingesetzt werden.
Nach Durchführung bietet sich ein Rückgriff auf die Zeichnung von S. 38 an: Das Klima, die Pflanzen und auch die Tiere passen zum „Beispiel Göttingen" sehr gut.

Hinweise zu Leitfragen und Aufgaben

Erfahrungen zeigen, dass sich die SuS mit der archäologischen Methode nur dann sinnvoll befassen können, wenn sie ein konkretes Beispiel vor Augen haben. Die Geweihfunde von Göttingen sind als Beispiel gewählt worden, weil sie hinreichend anschaulich sind und gleichzeitig in einfacher Form die Abfolge der methodischen Schritte nachvollziehen lassen.

Zu S. 39/ Aufgabe 4

Vorschlag für eine ausgefüllte Tabelle:

Die archäologische Methode	Das Beispiel Göttingen
Fund	Geweihfunde von Rentieren
Vermutung	„In Europa war es in der Altsteinzeit kälter als heute."
Untersuchung	Die Funde stammen tatsächlich von Rentieren. In der Nähe: Funde von Polarfüchsen und Mammuts. Das Gletschereis verrät: Zwischen 100 000 und 10 000 v. Chr. war es in Europa (auch in Göttingen) fast immer sehr kalt.
Auswertung / Rekonstruktion	Die Vermutung trifft zu: In Göttingen gab es ein Klima wie in einer Tundra. Rentiere waren da nicht selten.

(S. 42 – 45)

TLE 6: Wir forschen gemeinsam: Das Leben der ersten modernen Europäer

Hinweise zur Unterrichtsgestaltung

„Wir forschen gemeinsam" – Dieses didaktische Element von „Zeiten und Menschen" ist programmatisch zu verstehen, denn die Grundzüge des Lebens der Menschen in der Altsteinzeit sollen in einem möglichst eigenständigen und problemlösenden Verfahren erarbeitet werden. Bei der Durchführung ist die archäologische Methode nachzubilden – also der kritische Umgang mit einem Fund. Um der Schülergruppe dieses Forschungsunternehmen zu erleichtern, wird das Vorgehen durch zwei Vorgaben geleitet: durch ertragsversprechende Vermutungen, die überprüft werden müssen, und durch eine tabellarische Konstruktion, die für jedes Fundstück die zentralen Arbeitsschritte vorgibt.
Es ist darauf zu achten, dass den SuS die zeitliche Dimension (zwischen 40 000 und 10 000 v. Chr.) klar ist und dass man das Leben der ersten modernen Menschen in Europa untersucht (nicht das der Neandertaler oder der Vormenschen).
Je nach Lerngruppe wird zu entscheiden sein, ob es sich anbietet, alle Felder der Tabelle nach und nach auszufüllen, oder ob mündliche Beiträge vorzuziehen sind (Zeitersparnis). Einleitend kann es sinnvoll sein, zunächst ein Fundstück oder eine Vermutung in der ganzen Klasse zu bearbeiten, den tabellarischen Eintrag gemeinsam zu formulieren und erst dann kleine Gruppen einzurichten.
Die Arbeitsteams sollten ihre Ergebnisse auf vorbereiteten Plakaten (zumindest DIN A 3) präsentieren. Es ist zu empfehlen, alle Plakate nebeneinander an der Tafel/auf einer Pinnwand auszuhängen, sodass ein Gesamteindruck entsteht. Erst der moderne Mensch (nicht der Neandertaler), so wird zunehmend argumentiert, hat die Kunst „erfunden". Das Arbeitsblatt „Die Kunst in der Zeit der Jäger und Sammlerinnen" (Lehrerband S. 36) trägt diesem Umstand Rechnung. Interessierte SuS entwickeln große Freude, sich als Steinzeitkünstler zu betätigen.

Fachliche Hinweise und Erläuterungen

Zu S. 43-45

Die Funde sind in der Regel nicht rätselhaft oder erläuterungsbedürftig. Ausnahmen:
Fundstücke M 3 und M 6: Die Zeichnungen sind ca. 30 000 Jahre alt und entstanden während einer der seltenen wärmeren Perioden. Nach vorherrschender Auffassung waren die Höhlen selbst unbewohnt und wurden in ihrem hintersten Teil nur zu kultischen Zwecken aufgesucht, um das Jagdglück zu beschwören (vgl. auch den Speer, M 6). Vermutlich durfte nur ein kleiner Kreis eingeweihter Personen diese Höhle oder diesen Teil der Höhle betreten (Priester?, Schamanen?). Diese Deutung stützt sich weniger auf Funde als auf Vergleiche zu den Jagdritualen von Naturvölkern.
Fundstück M 4 (Honigsammlerin): Es handelt sich um ein Felsbild aus der ostspanischen Provinz Valencia (Cueva de la Araña), das vor etwa 12 000 Jahren entstanden ist und somit aus dem Mesolithikum stammt. Bei Anlegung strenger Maßstäbe kann es nicht der Altsteinzeit zugerechnet werden; es findet hier aber Aufnahme, weil ältere Darstellungen sammelnder Frauen nicht bekannt sind. Auf der Suche nach Honig – andere Deutungen sprechen von Vogeleiern – klettert eine Frau an einem Seil (?) empor. In der einen Hand trägt sie einen Korb, mit der andren greift sie in einen Hohlraum. Dabei wird sie von Tieren umschwärmt. Nach verbreiteter Auffassung betont diese Darstellung die Leistung der Frau, indem sie eine spektakuläre Momentaufnahme wiedergibt.

Fundstück M 5 (Jäger greifen ein Hirschrudel an): Die Felszeichnung gilt als Beleg für die Jagd als eine Gemeinschaftsleistung der ganzen Horde. In breiter Front treten die Jäger mit Pfeil und Bogen den Hirschen entgegen, sodass kein Durchkommen möglich ist. Die Schraffuren am rechten Bildausschnitt werden als Felsvorsprung gedeutet; die Jäger haben sich vermutlich hinter diesem Vorsprung versteckt gehalten, bis die Tiere von Treibern (Frauen?, Kinder?) gezielt in ihre Richtung aufgescheucht wurden.

Hinweise zu Leitfragen und Aufgaben

Zu S. 42/ Aufgabe 3

Lösungsvorschläge für Einträge unter „Auswertung/Schlussfolgerungen“:

Die ersten modernen Menschen in Europa: Wie sie lebten, wohnten und arbeiteten				
Fund-stück	Kurze Beschreibung	Auswertung: Was verrät der Fund über die Menschen?	Welche Vermutung wird bestätigt / widerlegt?	Welcher andere Fund passt gut zur Auswertung?
M 1a/b	Zelt Gönnersdorf	Menschen lebten in Zelten (Platz für 10 Personen?). Sie waren oft unterwegs. Sie ernährten sich von wilden Tieren.	Sie jagten wilde Tiere. Aber sie lebten nicht oder nicht nur in Höhlen. Vermutlich in kleinen Gruppen.	M 2, M 5, M 11
M 2	Felsdach als Lagerplatz	Menschen nutzten Felsvorsprünge über Jahrtausende hinweg.	Sie jagten wilde Tiere, aber sie lebten nicht oder nicht nur in Höhlen.	M 1, M 5, M 11
M 3	Tierdarstellungen in der Chauvet-Höhle, Frankreich (500 m vom Eingang): Löwe, Nashorn ...	Die Menschen konnten gut malen, wilde Tiere waren für sie wichtig (Jagd?).	Sie waren gute Künstler, dumm waren sie bestimmt nicht.	M 6, M 8, M 10
M 4	Honigsammlerin, Frau klettert ?, von Bienen umgeben?	Frauen haben offenbar (mutig !) gesammelt.	Frauen kümmerten sich nicht nur um die Kinder.	M 5: Männer jagen
M 5	Jäger greifen Hirschrudel an	Männer gingen zu mehreren auf die Jagd, zumindest 4 Männer, Pfeil und Bogen als Waffe: Absprachen in der Gruppe der Jäger waren nötig.	Die Männer jagten wilde Tiere, vermutlich lebten sie in Horden von 10 bis 25 Personen.	M 4 Frauen sammeln, M 1 und M 2, M 11
M 6	Wisent (Höhle Niaux, Frankreich)	Menschen konnten gut malen, wilde Tiere waren für sie wichtig. Der Speer kann etwas mit der Jagd zu tun haben.	Sie hatten einen Sinn für Kunst, vielleicht auch für Religion.	M 2, M 10, M 11
M 7	Werkzeuge aus Knochen und Stein	Sie stellten Werkzeuge aus Naturmaterialien her.	Sie haben einfache (aber gute?) Werkzeuge aus einfachen Materialien hergestellt.	M 11
M 8	Zähne mit Bohrung	Sie stellten selbst eine Kette her.	Sie hatten einen Sinn für Kunst (Schmuck).	M 3, M 6, 9
M 9	Grab von Sungir, Skelett mit Kette aus Elfenbeinperlen	Die Menschen trauerten um die Toten.	Vielleicht hatten sie eine Religion (Leben nach dem Tode?).	M 6
M 10	Wildpferd	Sie konnten nicht nur malen, sie konnten auch 3D-Darstellungen schnitzen.	Sie waren tolle Künstler.	M 3, M 6, M 8, M 9
M 11	Speerspitzen	Sie stellten wirksame Jagdwaffen her.	Sie waren Jäger.	M 5, M 6, M 1 und M 2
M 12	Faustkeil aus Stein	Werkzeug aus Stein – deshalb Steinzeit. Vielseitig verwendbar, aber eher einfaches Werkzeug	Sie stellten (auch) ganz einfache Werkzeuge her.	Zum Vergleich: M 7, M 11

(S. 46–47) TLE 7: Großwildjäger in der Altsteinzeit

Hinweise zur Unterrichtsgestaltung

Die Doppelseite ist ein Angebot zur Differenzierung. Sie nutzt das Interesse vieler Kinder am Mammut, um grundlegende Merkmale der Jäger- und Sammlerkulturen zu vertiefen. Handlungsorientierte, spielerische Aufgaben erlauben auch Kindern, die sonst nicht so zum Zuge kommen, Erfolgserlebnisse in der Klasse zu erleben.

Fachliche Hinweise und Erläuterungen

Zu S. 47

Zu M 3 – Wandmalerei in der Höhle von Pindal (Nordspanien): Die herzförmige Markierung wird als Indiz gewertet, wie sehr die Gedanken der Jäger um die Stelle des Tierkörpers kreisten, wo der Speer sie treffen sollte. Die Nähe zum Jagdzauber ist evident. Fragen/Impulse, die auf die vermutliche Funktionen dieser Markierung zielen, sind ergiebig.
Zu M 4 – Wandmalerei in der Höhle von Font-de-Gaume (Mammut in der Falle): Die Deutung als Fallgrube ist nicht unumstritten. Einige Vorgeschichtler sehen in der geometrischen Figur weniger eine reale Falle als ein magisches Zeichen, das mit einem Jagdzauber verbunden war.

Hinweise zu Leitfragen und Aufgaben

Die SuS gestalten auf der Grundlage ihrer Kenntnisse zur Altsteinzeit eine fiktive Situation sachgerecht nach und schulen ihre Kompetenz zum Perspektivwechsel.

(S. 49–51) TLE 8: Die Welt sieht jetzt ganz anders aus

Hinweise zur Unterrichtsgestaltung

Vergleichbar dem Einstiegsbild zur Altsteinzeit wird auch die Jungsteinzeit durch die großformatige Rekonstruktionszeichnung einer Alltagssituation (S. 48) eingeführt. Man darf erwarten, dass die SuS nicht nur beschreibend an diese Abbildung herangehen, sondern schnell auch Vergleiche ziehen: „Die Welt sieht jetzt ganz anders aus" – Im günstigsten Fall erschließt sich die Überschrift der Lerneinheit „wie von selbst".
Folgerichtig bietet es sich an, die neolithische Revolution durch den Vergleich zwischen der nomadisierenden Jäger- und Sammlerinnenkultur (Altsteinzeit) und der sesshaften Kultur der Ackerbauern und Viehzüchter (Jungsteinzeit) zu vermitteln. Dabei steht das konkrete Beispiel der jungsteinzeitlichen Siedlung in Köln-Lindenthal im Vordergrund. Die wichtigsten Unterschiede sollen von den Kindern auf der Grundlage archäologischer Funde erarbeitet und – aspektgeleitet – tabellarisch festgehalten werden.

Fachliche Hinweise und Erläuterungen

Der Wechsel von der Alt- zur Jungsteinzeit ist ein langwieriger Prozess, der im Lehrbuch nur auf der Ebene einer exemplarischen Ausprägung dargestellt werden kann. Nach wie vor gilt die Siedlung von Köln-Lindenthal als besonders ertragreich (Modellcharakter).
Die Frage nach den Ursachen für die neolithische Revolution wird in der Wissenschaft intensiv und vielstimmig geführt. Mehrheitlich wird der Klimawechsel, also ein exogener Faktor, als auslösend gesehen. Sicher ist, das sich der Vordere Orient als Primärregion der neolithischen Revolution herausgebildet hat. Von dort dehnte sich die neue Lebensweise über den Balkan in nordwestlicher Richtung nach Mitteleuropa aus. Offen ist die Frage, ob die Ausbreitung durch „auswandernde" Experten erfolgt ist oder ob nach und nach an mehreren Orten die gleichen Erfindungen gemacht worden sind.

Hinweise zu Leitfragen und Aufgaben

Zu S. 49/ Aufgabe 2

	So lebten die Menschen in der Altsteinzeit	So lebten die Menschen in Lindenthal
Wohnung / Unterkunft	Höhlen, Zelte aus Tierhäuten	Größe Häuser, Holzpfosten, Wände aus Lehmverputz
Berufe	Jäger, Sammlerinnen	Bauer (Getreide, Viehzucht), (einfache Handwerker?)
Nahrung	Fleisch, Beeren, Kräuter	Getreide / Brot, Gemüse, Fleisch
Typische Geräte	Faustkeil, Pfeil und Bogen, Harpune, Schaber	Sichel, Pflug, Beil, Grabstöcke, Speere, Webstuhl
Lebensweise	Nomaden, Horde (10 bis 25 Menschen)	sesshaft, Siedlung von 100 Menschen

Zu S. 49/ Leitfrage

Vorschlag für eine übergreifende Antwort auf die Leitfrage: In der Jungsteinzeit lebten die Menschen nicht mehr als umherziehende Nomaden in Horden von wenigen Menschen, sondern wurden sesshaft in festen Häusern, die eine Siedlung bildeten. Sie lebten als Bauern (Getreideanbau, Viehzucht) und benutzten zahlreiche Werkzeuge, sie lebten nicht mehr als Jäger und Sammlerinnen, ernährten sich also (überwiegend) von Nahrungsmitteln, die sie selbst produzierten.

(S. 52–53) TLE 9: Von der Alt- zur Jungsteinzeit – eine positive Entwicklung?

Hinweise zur Unterrichtsgestaltung

Die Lerneinheit provoziert die Urteilsbildung und erreicht somit eine sehr hohe Anforderungsstufe. Es ist darauf zu achten, dass die Lerngruppe nicht einfache Bekenntnisse formuliert, sondern begründete Positionen bezieht, die in besonders gelungenen Fällen auch abwägende Qualität besitzen. Diesem Ziel dient die Vorgabe, das Textverständnis durch knappe Einträge in einer Tabelle nachzuweisen und somit gehaltvolle Argumente für die Positionen „Fortschritt“ bzw. „Problem“ zu identifizieren. Es ist zu prüfen, ob sich ein Zwischenschritt anbietet, in dem gelungene Einträge in der Tabelle an der Tafel/in den Heften gesichert werden, bevor dann die SuS ihre Positionen zusammenhängend vortragen. Für interessierte SuS kann das Arbeitsblatt „Wie stellte man eigentlich Metall her?“ eingesetzt werden (Lehrerband S. 37).

Hinweise zu Leitfragen und Aufgaben

Zu S. 52/ Aufgabe 2

	Fortschritt: Es ist toll, dass ...	**Problem:** Es ist gar nicht toll, dass ...
Zusammenleben	... man jetzt mit vielen Menschen dauerhaft in festen Häusern zusammenleben kann und nicht immer mit den gleichen Leuten umherziehen muss. ... dass es Sachen gibt, die einem allein gehören.	... man nicht mehr in der kleinen Gruppe in der Natur herumstreift. ... nicht mehr allen alles gehört.
Nahrung	... dass man Nahrung selbst herstellt und somit unabhängiger von der Natur wird.	... jetzt Missernten und Hungersnöte drohen.
Gesundheit	... es jetzt einen Bevölkerungsanstieg gibt und dass man Kranke in Ruhe pflegen kann.	... es in Jahren mit schlechten Ernten wenig zu essen gibt und Frauen gar nicht länger leben als vorher.
Arbeitszeit	... man jetzt regelmäßig arbeiten kann.	... man jetzt dauernd arbeiten muss und kaum noch Freizeit hat.
Konflikte	...	... man jetzt überfallen werden kann.
Umwelt	... man jetzt die Umwelt nach seinen Bedürfnissen verändern kann.	... man die Umwelt schädigt.

Zu S. 52/ Leitfrage

Grundsätzliches zur Leitfrage: Das Material stellt für beide Varianten zahlreiche Argumente zusammen. Eine „richtige" oder „falsche" Position gibt es natürlich nicht – nur eine gut und eine weniger gut begründete Position.

(S. 55–57) TLE 10: Das Metall verändert die Welt

Hinweise zur Unterrichtsgestaltung

Vergleichbar den Einstiegsbildern zur Alt- und Jungsteinzeit wird auch die Metallzeit durch die großformatige Rekonstruktionszeichnung einer Alltagssituation (S. 54) eingeführt. Man darf erwarten, dass die SuS das gänzlich Neue dieser Entwicklungsstufe schnell thematisieren (Rauchentwickung, Schmiede usw.): das Metall. So ergibt sich auch hier die Anknüpfung an die Überschrift der aktuellen Lerneinheit: „Das Metall verändert die Welt". In welchen Bereichen sich diese Veränderungen vollzogen haben und was alles „neu" war, soll mit Unterstützung einer Mindmap beschrieben werden. Wchtig ist es, die Rolle des Metalls als „Geburtshelfer" der Veränderungen zu betonen.

Hinweise zu Leitfragen und Aufgaben

Zu S. 55/ Aufgabe 2

Vorschlag für die Mindmap:

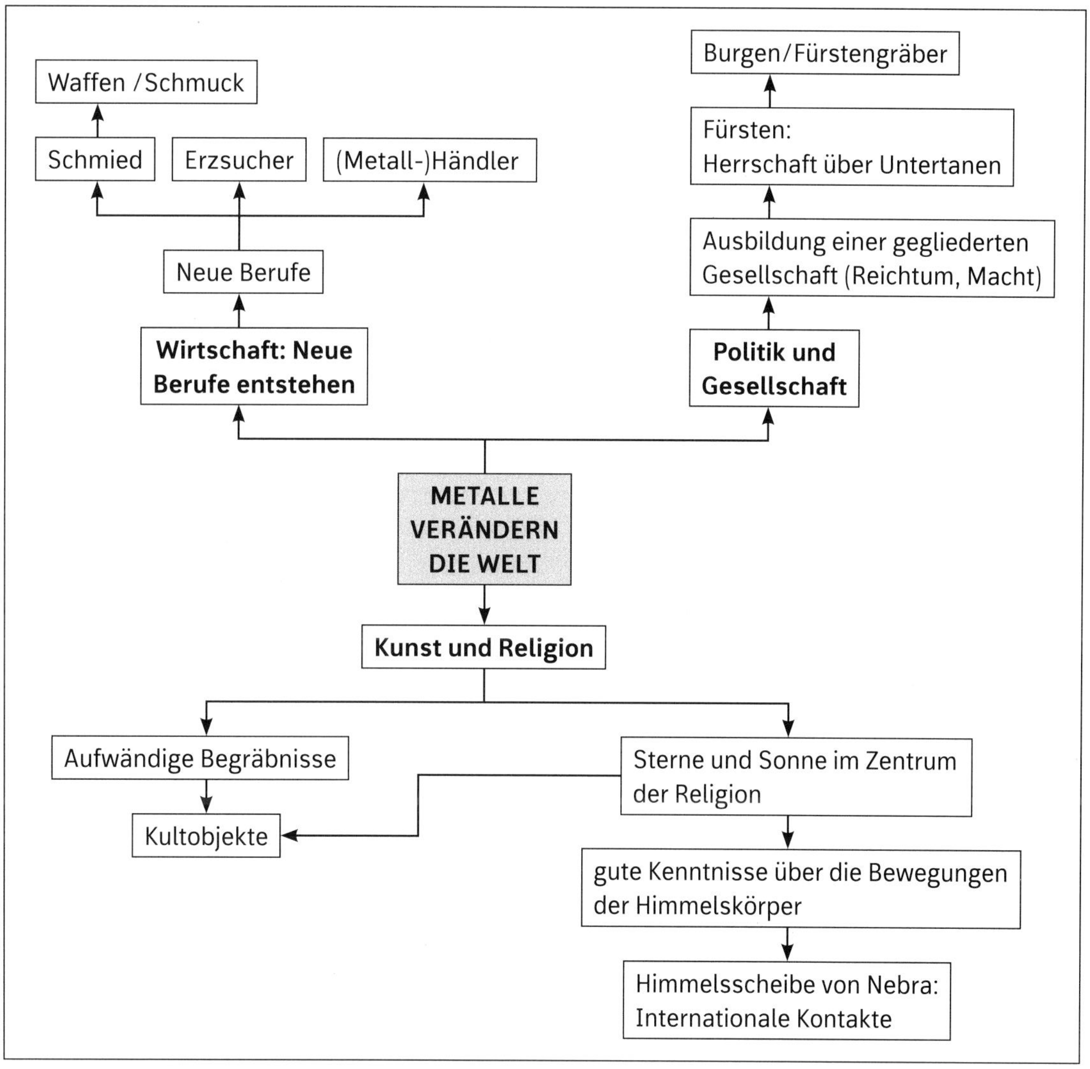

TLE 11: Der Fall „Ötzi" – Der Tote vom Ötztal

Hinweise zur Unterrichtsgestaltung

Die Umstände, unter denen die Gletscherleiche gefunden wurde, die mühsame Auswertungsarbeit hochtechnisierter Spezialisten und die nach wie vor ungelösten Fragen interessieren die SuS. Die einleitende Erzählung (sensationeller Fund der Gletscherleiche) und die Auflistungen der Forschungsergebnisse setzen bei dieser produktiven Neugier an. Wie durch ein Fenster kann man in eine längst vergangene Epoche sehen. Wenn SuS (etwa bei einem Urlaub in Südtirol) einen Blick auf die Gletschermumie werfen konnten, sollte man sie unbedingt von ihren Eindrücken erzählen lassen. Die Wissenschaftssendung stellt hohe Anforderungen an die SuS, bietet aber auch Chancen für eine interessante Geschichtsstunde, an die sich die SuS gern erinnern werden. Das Arrangement besitzt Ähnlichkeiten zu der Wissenschaftssendung „Der moderne Mensch tritt auf", da auch hier unterschiedliche Beiträge vorbereitet werden müssen, die dann in einer Sendung zusammengesetzt werden und ein neues Gesamtbild ergeben.

Fachliche Hinweise und Erläuterungen

Seitdem die Leiche des Gletschermannes gefunden wurde, wird sie von Forschern unterschiedlichster Disziplinen auf der ganzen Welt untersucht. Immer wieder gibt es neue Bausteine, und wie in einem Puzzle ergibt sich erst nach und nach ein zutreffendes Gesamtbild. Die Entdeckung der Pfeilspitze im Schulterbereich im Jahre 2001 (also zehn Jahre nach dem Fund) ist ein aufsehenerregendes Beispiel für die Überraschungen, die Ötzi bereithielt oder noch bereithalten könnte. Das Lehrbuch beschränkt sich in Erzählung und Materialzusammenstellung auf gesicherte Erkenntnisse. Gefolgt wird hier den „offiziellen" Angaben des Archäologiemuseums in Bozen (wo auch die Leiche des Gletschermannes in einer abgetrennten Räumlichkeit und in einer sehr diskreten Weise zu sehen ist).
In der öffentlichen Diskussion wird immer wieder die **Todesursache** thematisiert. Dazu wird hier die aktuelle Erklärung des Archäologiemuseums Bozen zitiert: „Die genauen Umstände von Ötzis Tod werden wohl nie geklärt werden. Fest steht, dass der Mann aus dem Eis von hinten angeschossen wurde, vermutlich befand sich der Angreifer unterhalb von Ötzis Standort. Da der Pfeil den Körper nicht durchschlagen hat, ist er wahrscheinlich aus größerer Entfernung abgeschossen worden. Unmittelbar vor seinem Tod trug Ötzi einen Nahkampf aus – darauf lässt eine tiefe Schnittwunde an der rechten Hand schließen. Andere Fragen hingegen bleiben vorerst ungeklärt. War er auf der Flucht oder traf ihn der Pfeil unerwartet aus einem Hinterhalt? Warum wurde er angeschossen? Wurde ihm etwas geraubt?" (Angelika Fleckinger [= Direktorin Archäologiemuseum Bozen]: Ötzi – der Mann aus dem Eis, Wien / Bozen).
Lohnend ist auch ein Besuch der Internetseite **www.archaeologiemuseum.it**, der offiziellen Seite des Archäologiemuseums in Bozen.
Auf die Frage, welchen **„Beruf"** Ötzi ausgeübt haben könnte, werden mindestens vier Varianten angesprochen:

- Lange wurde die Theorie favorisiert (u.a. von Konrad Spindler, Universität Innsbruck), der Gletschermann sei ein **Hirte** gewesen. Vertreter dieser Hypothese verweisen insbesondere auf die funktionale Kleidung und auf den Fundort. Noch vor 100 Jahren besaßen Hirten des Ötztales Grasmatten, die sie u.a. als Mäntel nutzten, wenn sie ihre Herden über die Alpenpässe trieben, um neue Weideplätze aufzusuchen. In der Nähe des Fundortes befindet sich ein klassischer Viehtrieb, auf dem noch heute die Bauern aus dem Vinschgau ihre Tiere (in der Regel Schafe) über den Alpenhauptkamm auf die Hochweiden treiben.
- Für die Annahme, Ötzi sei **Jäger** gewesen, spricht die Ausrüstung mit Jagdwaffen. Einige Kleidungsstücke verweisen auf Wildtiere (Bär, Hirsch, Gämse). Hinzu kommt, dass er sich in einem Gelände aufhielt, wo Hochwild (Gämse) lebte. Dem gegenüber wird vorgebracht, die Ausrüstung sei nicht oder nur sehr eingeschränkt funktionsfähig gewesen – ein Jäger sei kaum mit fehlerhaftem Material so hoch in die Berge gestiegen.
- Es gibt auch Anhaltspunkte für den Beruf des **Metallsuchers** oder Metallhändlers. Im gesamten Ötztal gibt es keine Metallvorkommen, Ötzi aber besaß ein sehr wertvolles Metallbeil. In seinen Haaren fanden sich Arsenspuren, wie sie bei der Herstellung (Schmelze) von kupferhaltigem Gestein auftreten. War Ötzi als Metallsucher auf der Suche nach neuen Lagerstätten? Oder handelte er nur mit Metall und nutzte das Etschtal als Basilager? Die ungewöhnlich kräftigen

Oberschenkel verweisen auf einen „Hochleistungswanderer", die vielen Gegenstände aus den unterschiedlichsten Regionen deuten an, dass er viel herumgekommen ist, und das Beil ist ein kräftiges Indiz für einen ungewöhnlichen Reichtum.

- **Zauberer** ist eine Berufsmöglichkeit, die auf zwei Tatbestände rekurriert: Zum einen ist es der Pilz der Birke, der als Antibiotikum Verwendung gefunden haben könnte. Zum anderen sind es die über 50 Tätowierungen an den Beinen und auf dem Rücken. Im Gegensatz zu modernen Tattoos entstanden die Tätowierungen nicht mithilfe von Nadeln, sondern durch feine Schnitte, in die anschließend Holzkohle gerieben wurde. Die Tätowierungen befinden sich genau an jenen Stellen, die zu „Ötzis" Lebzeiten besonders stark beansprucht wurden. Sie könnten als Schmerztherapie gedient haben. Es ist erstaunlich, dass die tätowierten Bereiche am Körper der Gletschermumie mit den noch heute gültigen Hauptakupunkturlinien übereinstimmen.
- Bauer jedoch, dürfte Ötzi wohl nicht gewesen sein.

Zu S. 58/M 1

Das Foto zeigt die bis zur Hüfte freigelegte Gletschermumie an ihrem Fundort. Das Foto datiert vom 21.9.1991, es ist also zwei Tage nach der Entdeckung der Leiche entstanden, nach Abschluss der ersten Freilegungsversuche. Die Verletzung am Hinterkopf ist entweder durch Vogelfraß entstanden (als Teilbereiche des Körpers noch unbedeckt waren), wurde durch Sonneneinwirkung („Ausapern") ausgelöst oder sie steht im Zusammenhang mit den Schädelverletzungen.

Zu S. 59/M 2

Beil: Das Beil ist der aufschlussreichste Teilfund. Es ist weltweit das einzige vollständig erhaltene vorgeschichtliche Beil. Der Schaft ist aus Eibenholz, die Klinge aus fast reinem Kupfer (99,7 %, dazu Arsen und Silber). Der Schaft (ca. 60cm lang) ist auf einer Länge von 6,8cm so eingekerbt, dass er gabelförmig aufgebogen werden konnte; die Beilklinge ließ sich auf diese Weise einkerben. Birkenteer und Lederstreifen sorgten für Stabilität. Die Schneide zeigt Gebrauchsspuren, das Beil war also kein (zumindest kein reines) Repräsentationsobjekt. Die experimentelle Archäologie hat nachgewiesen, dass Kupferbeile, obwohl Kupfer ein relativ weiches Material ist, sich vorzüglich zum Fällen von Bäumen eignen. Faustregel: drei Schläge mit der Kupferaxt haben die gleiche Wirkung wie ein Schlag mit einer modernen Axt aus Stahl.

Messer mit Bastscheide: Die Gesamtlänge des Messers beträgt 13 cm. Die Klinge ist aus Feuerstein hergestellt, der Griff aus dem Holz einer Esche. Wie beim Beil ist auch hier der Holzgriff gespalten, die Klinge eingeklemmt und diese Konstruktion mit Sehnen umwickelt. Der Feuerstein stammt aus einer Lagerstätte östlich des Gardasees (ca. 100 km entfernt). Die Bastscheide besteht aus Lindenbast und hat die Funktion eines Etuis. Sie diente der Aufbewahrung und schützte vor Verletzungen.

Fußbekleidung: Die Schuhsohle besteht aus einem ovalen Stück Braunbärleder. An den Rändern war sie mit Lederriemen verstärkt, an denen Grasschnüre befestigt waren, die wie ein Netz den Fuß umgaben. Dieses Netz hielt Heu, welches als Kälteschutz diente. Das Oberleder der Schuhe bestand aus Hirschfell.

Hinweise zu Leitfragen und Aufgaben

Zu S. 58/ Aufgabe 3

Vorschläge zur Umsetzung/Beantwortung der jeweiligen Fragen (= Beiträge):

- **Wo und unter welchen Umständen wurde die Leiche gefunden?**

Vorschlag: Zeugenaussagen etwa aus der Sicht des Ehepaars Simon, des Wirtes Pirpamer, des Bergsteigers Messner, des Reporters vom Österreichischen Fernsehens ... (auf der Basis der Ausführungen auf S. 59).

- **Welche anderen Funde wurden sichergestellt?**

Erläuterungen der Kriminalpolizei/der Staatsanwaltschaft (M 2 und M 3).

- **Welchen Beruf könnte der Mann zu Lebzeiten ausgeübt haben?**

Aussagen eines Archäologen auf der Grundlage von M 3 und M 4, etwa:
<u>Hirte:</u> Grasmantel, Fundort/Tradition der Weidewirtschaft am Fundort ...
<u>Jäger:</u> Jagdwaffen, Hinweise auf Kontakte zu Wildtieren (auch im Hochgebirge: Gämse) ...
<u>Metallsucher/-händler:</u> Kupferbeil, Kupferspuren in den Haaren, keine Kupfervorkommen in der Nähe ... Oberschenkel, „Reichtum", Beil als Hinweis auf Nähe zum begehrten Metall ...
<u>Zauberer (Medizinmann):</u> Pilz der Birke, Tätowierungen
Bauer: ohne Anhalt.

- **Woran ist er gestorben, und gibt es Hinweise, warum er getötet wurde?**

Aussagen eines Mediziners auf der Grundlage von M 3 und M 4.

(S. 61) TLE 12: Geschichte einmal anders – Auf den Spuren der Ur- und Frühgeschichte im Internet

Hinweise zur Unterrichtsgestaltung

Die methodische Ausrichtung der Lerneinheit legt den Schwerpunkt auf die Recherche im Internet als grundliegende Kompetenz im Umgang mit diesem Medium der Informationsbeschaffung. Die Frage nach dem Leben der ersten modernen Menschen greift Arbeitsaufträge des Lehrwerks erneut auf – es geht demnach weniger um die Erarbeitung neuer Gegenstandsbereiche als vielmehr um den methodisch angemessenen Umgang mit dem Medium Internet.
Dabei hilft den SuS die Methode „Das Internet nutzen". Die angebotene Methode leitet die SuS zu einer zielorientierten Recherche an, die zu einer Zusammenstellung einschlägiger Materialien, z. B. in ausgedruckter Form, führt. Der weitere Umgang mit den vorgelegten Materialien (z. B. in Form von mediengestützten Präsentationen) sollte in Absprache mit den SuS erfolgen.

(S. 62 – 63) TLE 13: Stopp: mehr wissen – mehr können

Hinweise zur Unterrichtsgestaltung

Die Materialien und Aufgaben dieser Doppelseite haben die Funktion, die erworbenen Kompetenzen zu überprüfen. Auf der Sachebene steht die neolithische Revolution, also der Wechsel von der Alt- zur Jungsteinzeit, im Vordergrund. Methodisch liegt der Akzent auf der archäologischen Methode und der Auswertung eines einfachen Schaubildes.

Hinweise zu den Aufgaben

Zu S. 62

Lückentext: (1) = Ausgrabung, (2) = Archäologen, (3) = Rentiergeweih, (4) = Mammut, (5) = Jungsteinzeit (bzw. Metallzeit), (6) = Metallzeit (bzw. Jungsteinzeit), (7) = Altsteinzeit, (8) = Vermutungen, (9) = Jagdwaffe.

Vergleich zweier Fundberichte

Zu S. 63

1. Vermutung: Salzgitter Fundstätte der Altsteinzeit, Altenerding Fundstätte der Jungsteinzeit. Hinweis: Die Schaber und die Messer aus Feuerstein können sowohl als Jagd- als auch als Hausgeräte eingestuft werden, da sie als Universalwerkzeuge sowohl bei der Jagd als auch auf dem Lagerplatz eingesetzt wurden.

2. Zuordnung der Fundstücke:

Jagdbare Tiere	Haustiere	Jagdgeräte	Hausgeräte
Salzgitter (rot): Knochen eines Wolfes, Knochen von Wildpferden, Knochen eines Geiers, Knochen von Enten, Knochen von Nashörnern, Knochen von Schwänen, Knochen von Mammuts, Knochen von Wissenten, Rentierknochen	Salzgitter (rot):	Salzgitter (rot): Schaber aus Feuerstein, Harpunenspitzen aus Knochen, Speerspitzen aus Knochen, Messer aus Feuerstein	Salzgitter (rot): Schaber aus Feuerstein, Zeltstöcke neben dicken Steinen, Messer aus Feuerstein
Altenerding (grün): Knochen von Rehen	Altenerding (grün): Knochen von Pferden, Knochen von Schafen, Knochen von Schweinen, Knochen von Ziegen, Knochen von Rindern, Knochen eines Hundes	Altenerding (grün):	Altenerding (grün): Henkeltassen aus Ton, Nadeln aus Knochen, Sicheln, Henkelkrüge aus Ton, Schüsseln aus Ton, Tonscherben mit Getreidekörnern, Töpfe aus Ton

3. Ergebnis: Die Menschen, die in Salzgitter lebten, ernährten sich (überwiegend) von jagdbaren, wilden Tieren, die sie mit selbstgefertigten Jagdwaffen erlegten. Sie hatten ein Zelt und zogen vermutlich als Nomaden umher. Sie lebten also als Jäger (und Sammlerinnen) auf der Stufe der Altsteinzeit.

Die Menschen, die in Altenerding lebten, ernährten sich (überwiegend) von gezüchteten Tieren und von Getreide. Die Lebensmittel wurden über längere Zeiträume in eigens hergestellten Behältnissen aufbewahrt. Sie lebten vermutlich über längere Zeit an ein und derselben Stelle (Haustiere, Felder). Die Jagd spielte keine große Rolle. (Metall kannten sie offenbar noch nicht.) Sie lebten also als Ackerbauern und Viehzüchter auf der Stufe der Jungsteinzeit.

Ein Schaubild gibt Auskunft über die neolithische Revolution

Zu S. 63

Aufgabe 1: Um 6000 v. Chr. ernährten sich die Menschen in Mehrgarh, Pakistan, was den Verzehr von Fleisch betrifft, zu knapp 50 Prozent von Rind, Schaf und Ziege; zu etwas mehr als 50% vom Fleisch von Wildtieren, hauptsächlich von der Gazelle. Um 4000 v. Chr. ernährten sich die Menschen zu etwa 60 % vom Fleisch der Rinder, zu etwa 15 % vom Fleisch der Schafe und zu etwa 20% vom Fleisch der Ziegen. Wildtiere wie die Gazelle lieferten nur etwa 10 % des verzehrten Fleisches.

Aufgabe 2: In den 2000 Jahren ist der Anteil des Fleisches von Haustieren deutlich angewachsen, entsprechend ist der Anteil des Fleisches von jagdbarem Wild zurückgegangen. Um 4000 v. Chr. ist das Rind zum bedeutendsten Fleischlieferanten geworden, die Gazelle spielt fast keine Rolle mehr.

Teilaufgabe 3: Um 6000 v. Chr. scheinen die Menschen in Mehrgarh im Übergang von der Alt- zur Jungsteinzeit gelebt zu haben (Zeit der neolithischen Revolution). Der größere Anteil des Fleisches wurde durch die Jagd gewonnen. Um 4000 v. Chr. lebten die Menschen in Mehrgarh auf der Stufe der Jungsteinzeit. Die Zucht von Haustieren spielte die Hauptrolle, gejagt wurde nur zur Ergänzung des Speiseplanes.

Fossilien im Zeitraffer – selber herstellen

So kannst du – im Zeitraffer – selbst ein „Fossil" herstellen:

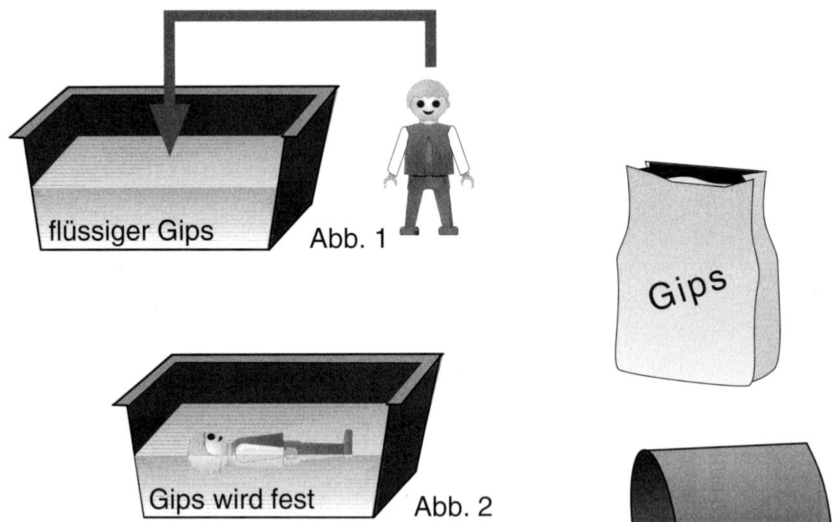

Abb. 1
Abb. 2

Materialliste:
1 Plastikbehälter (z. B. Quark, Margarine)
2 leere Becher (z. B. Joghurt), etwas Margarine und Wasser
1 kleiner Beutel Gips
1 Fundstück, das ihr versteinern lassen wollt (z. B. eine große Muschel, eine Playmobilfigur...)
für den Steinkern: etwas Zement

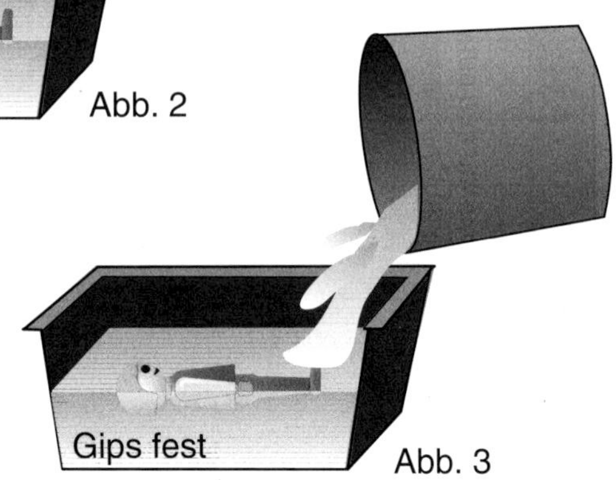

Abb. 3

Anleitung:

1. Den Plastikbehälter fettest du von innen mit Margarine ein.
2. In einem Becher wird jetzt Gips angerührt (Wasser), dann etwa 2 cm hoch in den Behälter gegossen.
3. Jetzt wird das Fundstück eingefettet und in den noch flüssigen Gipsbrei gedrückt (Abb. 1).
4. Warte, bis der Gips trocken ist (Abb. 2).
5. Die abgetrocknete Gipsoberfläche mit dem eingegipsten Fundstück wird mit Margarine eingefettet.
6. Rühre neuen Gips an, gieße ihn in den Behälter (Abb. 3).
7. Ist der Gips ausgehärtet, kannst du den Gipsblock aus dem Behälter nehmen, beide Hälften voneinander trennen und auch deinen Fund herausnehmen: Die Abdrücke müssten deutlich erkennbar sein!
8. Willst du einen Steinkern haben, musst du jetzt beide Gipshälften kräftig mit Margarine einfetten, vor allem die Abdrücke!
9. Rühre in einem leeren Becher etwas Zement oder Mörtel an (zähflüssig!) und fülle die Hohlräume in den beiden Gipshälften damit aus.
10. Lege beide Gipshälften übereinander.
11. Warte mindestens einen Tag, dann kannst du die Gipshälften voneinander trennen und den Steinkern herausnehmen.

Arbeitsblatt

Tiere der Urzeit: Wir stellen ein Tier aus der Urzeit in der Klasse vor

Mit dieser Übung könnt ihr zu Expertinnen und Experten für ein interessantes Tier aus der Urzeit werden, z. B. für eine Dinosaurierart, für den Quastenflosser oder den Archaeopteryx.
Ihr sucht, z. B. in einem Sachbuch oder im Internet, nach wichtigen Informationen über das Tier eurer Wahl und stellt es dann allen Mädchen und Jungen in der Klasse vor.
Achtung: Es ist nicht entscheidend, wie dick ein Buch oder wie kompliziert die Sprache einer Internetseite ist – wichtig ist, was ihr daraus macht und dass die Mitschüler euren Vortrag verstehen. Deshalb achtet unbedingt auf das Beispiel vom Tyrannosaurus – die Informationsgrundlage für den Vortrag ist kurz, aber völlig ausreichend.

M Der Tyrannosaurus, ein Dinosaurier

Der Tyrannosaurus war der größte Fleischfresser aller Zeiten. Er konnte bis zu 15 Metern Länge erreichen, und wenn er sich aufrichtete, war er 6 Meter hoch. Er besaß einen sehr großen Schädel, der fast 1,5 Meter lang war und in dem Zähne von 18 cm Länge Platz fanden. Die Hinterbeine dieses Sauriers waren gewaltig und sehr kräftig, die Vorderbeine dagegen zu kleinen Stummeln zurückentwickelt; mit ihnen hätte er sich noch nicht einmal am Kopf kratzen können. Vielleicht benutzte er die Stummel zum Abstützen, wenn er sich aus dem Schlaf erheben wollte. Als Waffe brauchte er sie jedenfalls nicht. Sein kräftiges Gebiss und die krallenbewehrten Hinterbeine reichten aus, um alle anderen Dinosaurier anzugreifen. Einige Funde deuten darauf hin, dass er sich nicht nur von dem Fleisch gerade erlegter Tiere ernährte, sondern auch von Aas. Der Tyrannosaurus lief auf den beiden Hinterbeinen. Mit jedem Schritt legte er etwa 3 bis 4 Meter zurück. Dabei setzte er den langen Schwanz ein, um das Gleichgewicht zu halten. Bestimmt hat sich der Tyrannosaurus nicht sehr schnell fortbewegt. Dazu war er nämlich zu schwer. Er wog bis zu 8 Tonnen. Mit dem Ende der Kreidezeit (etwa 65 Millionen Jahre vor unserer Zeit) starb der Tyrannosaurus, der auch den Beinamen „Rex" (= König) trägt, aus.

So könnt ihr Vorgehen

1. Entnehmt dem Text die wichtigen Angaben und ordnet sie den Oberbegriffen zu: Körperbau, Ernährung, Fortbewegung, Sonstiges.
2. Tragt die Ergebnisse in der Klasse vor. Während des Vortrages füllt ihr die Informationskästchen an der Tafel aus (oder heftet vorbereitete Pappen an).
3. Eine Abbildung oder eine kleine Zeichnung kann hinzukommen.

Tafelbild

Körperbau
- 15 m lang, 6 m hoch
- 8 Tonnen Gewicht
- großer Schädel, Zähne bis 18 cm
- Schrittlänge 3-4 m
- kräftige Hinterbeine, zurückentwickelte Vorderbeine

Ernährung
- Fleisch (frisch)
- Aas

Tyrannosaurus Rex

Fortbewegung
- eher langsam
- aufrecht auf Hinterbeinen
- Schwanz sichert Gleichgewicht

Sonstiges
- vor etwa 65 Mio. Jahren ausgestorben

Arbeitsblatt

Warum starben die Dinosaurier aus?

Teil 1: Theorien

Es gehört immer noch zu den ungelösten Rätseln der Urgeschichte, warum die Dinosaurier ausgestorben sind. Der Text auf dieser Seite nennt vier wichtige Theorien für ihr Verschwinden von der Erde.

1 Versuche, den Kern jeder der vier Theorien mit eigenen Worten knapp auszudrücken.

M Warum starben die Saurier aus?

Über Millionen von Jahren hatten die Saurier alles tierische Leben beherrscht. Am Ende der Kreidezeit, also vor etwa 65 Millionen Jahren, verschwanden sie dann innerhalb einer recht kurzen Zeitspanne von der Erde. Es gibt mehr als 50 Theorien, um dieses plötzliche Verschwinden zu erklären. Einige wichtige sollen hier kurz vorgestellt werden.

Sehr häufig wird darauf hingewiesen, dass vor etwa 65 Millionen Jahren das Klima merklich kühler und trockener wurde. Die endlosen Dschungel der Kreidezeit sind in dieser Epoche zum großen Teil vertrocknet und eingegangen. Es mag sein, dass die pflanzenfressenden Riesensaurier, die einen ungeheuren Bedarf an grüner Nahrung hatten, nicht mehr genug zu fressen fanden und darum ausstarben. Und mit ihrem Verschwinden gab es auch für die fleischfressenden Lebewesen nicht mehr genug Nahrung.

Vielleicht ist das Aussterben der Saurier aber dadurch hervorgerufen worden, dass vor 65 Millionen Jahren kleine, intelligentere Tiere auf der Erde erschienen. Es waren die Säugetiere. Mehrere Forscher nehmen an, dass sie die Gelege der Dinosaurier geplündert und die Eier gefressen haben. Die Dinosaurier schützten ihre Gelege nämlich nicht, sondern verscharrten die Eier nur im feuchten Sand. So wurden die Eier zur Beute der intelligenten Säugetiere. Und die Zerstörung der Eier bedeutete natürlich, dass der Nachwuchs der Dinosaurier vernichtet wurde.

Andere Forscher hat die Untersuchung von versteinerten Dinosauriereiern auf eine andere Idee gebracht. Sie fanden heraus, dass am Ende der Kreidezeit die Schale einiger Sauriereier sehr dick geworden war. Die Luftkanäle in ihnen, die das Saurier-„Küken" zum Atmen brauchte, ließen kaum noch Luft hindurch. Deshalb hatten die ungeschlüpften Jungen nicht mehr die Kraft, die dicken Schalen von innen aufzubrechen. Sie sind in der Schale erstickt.

Seit 1980 wird eine weitere Theorie diskutiert. Danach könnte es vor 65 Millionen Jahren zu einer Katastrophe gekommen sein, die sich aus dem Weltall der Erde genähert hat. Entweder habe es unweit der Erde eine Sternexplosion gegeben oder ein riesengroßer Meteorit von mehreren Kilometern Durchmesser sei auf die Erde gestürzt. Explosion oder Aufprall, so vermuten diese Forscher, haben dann Erdbeben und Vulkanausbrüche verursacht. Dadurch gelangten riesige Mengen an Staub in die oberen Schichten der Lufthülle. Für Monate war die Erde vom Sonnenlicht abgeschnitten, Dunkelheit und Kälte breiteten sich aus. Ohne Sonnenlicht starben die Pflanzen, dann die pflanzenfressenden Tiere und schließlich die Raubtiere, die sich von den Pflanzenfressern ernährt hatten.

Theorie 1: Nahrungsmangel, weil . . . ______________________________

Theorie 2: ______________________________

Theorie 3: ______________________________

Theorie 4: ______________________________

Arbeitsblatt

Warum starben die Dinosaurier aus?

Teil 2: Gegenüberlegungen

Hier könnt ihr feststellen, dass es zu jeder Theorie auch vernünftige Gegenüberlegungen gibt. Wenn ihr das Blatt ausgefüllt habt, könnt ihr auch erklären, warum es so schwierig ist, überzeugende Gründe für das Aussterben der Dinosaurier zu finden.

1 Verstreut auf diesem Blatt findest du vier Theorie-Kästchen. Trage für jede Theorie von Teil 1 des Arbeitsblatts den Kern der Aussage ein.

2 Überlege dann: Welches der (nicht ganz ernst gemeinten) Bilder gehört zu welcher Theorie? Verbinde mit Linien.

3 Lies jetzt die vier kurzen Texte. Welcher der vier Texte enthält eine Gegenüberlegung zu Theorie 1, Theorie 2 usw.? Trage ein.

4 Schreibe nun unter der Überschrift „Gegenüberlegungen" für jede der vier Theorien eine Gegenüberlegung in dein Hausheft. Beginne immer: „Theorie 1 (2, 3, 4) überzeugt nicht, weil...!"

Gegenüberlegung zu ...
Am Ende der Kreidezeit starben nicht nur die auf dem Lande lebenden Saurier aus, sondern auch die Saurier, die im Meer lebten. Diese Meerestiere aber ernährten sich nicht oder nur zum ganz geringen Teil von Pflanzen. Auch einzelne Flugsaurier waren nicht auf Grünfutter angewiesen und starben trotzdem aus.

Theorie 4: ____________________

____

Gegenüberlegung zu ...
Am Ende der Kreidezeit waren Säugetiere bestenfalls so groß wie ein Igel oder eine Ratte. Es ist kaum vorstellbar, dass diese kleinen Tiere den Riesenechsen und ihren großen Eiern gefährlich werden konnten. Es kann ihnen in einigen Fällen gelungen sein, die harten Eierschalen aufzubrechen, aber es sprengt die Grenzen der Vorstellungskraft, dass nahezu zeitgleich und überall auf der Erde kleine Eierdiebe am Werk gewesen sein könnten.

Theorie 1: Nahrungsmangel, weil ____________________

____

Gegenüberlegung zu ...
Einzelne Funde von auffällig dickschaligen Sauriereiern sollten nicht überbewertet werden, denn es gibt zahlreiche Versteinerungen, die völlig normale Schalen aufweisen. Es ist auch kaum vorstellbar, dass nahezu zeitgleich die Schalen von sehr unterschiedlichen Sauriern den gleichen Defekt besessen haben sollen.

Theorie 3: ____________________

____

Gegenüberlegung zu ...
Einer monatelangen Dunkelheit hätten eigentlich alle etwas entwickelteren Lebewesen zum Opfer fallen müssen. Tatsächlich aber gibt es Tiere wie Krokodile, Schlangen oder Schildkröten, die schon vor 100 Millionen Jahren existierten und die das Massensterben am Ende der Kreidezeit unbeschadet überlebten.

Theorie 2: ____________________

____

Arbeitsblatt

Die Kunst in der Zeit der Jäger und Sammlerinnen

1. Wir fertigen Höhlenmalereien für unseren Klassenraum an

Menschen, die heute etwas malen wollen, nutzen fast immer Papier, Pappe oder Leinwand als Untergrund. Die Menschen der Altsteinzeit kannten diese Materialien nicht. Es ist durchaus möglich, dass sie ihre Körper bemalt oder mit Stöcken Gemälde in den Boden geritzt haben. Heute finden wir Malereien nur noch auf Felswänden, die fast immer tief im Inneren einer Höhle liegen und Tiere zeigen.

Du kannst ein eigenes „Höhlenbild" malen. Dafür zerreibst du zum Beispiel etwas Kreide (Naturtöne wie Ocker) oder Holzkohle und trägst sie – leicht angefeuchtet – mit den Fingern auf die Unterlage auf (Packpapier ist besonders gut geeignet). So erhält dein Bild den Charakter einer echten Höhlenmalerei. Zum Fixieren kannst du Haarspray benutzen.
Tipp: Erst die Umrisse auftragen, am besten mit Kohle.

Abbildungen von Wollnashorn, Mammut, Höhlenbär

2. Steinzeitschmuck – selbst hergestellt

In der Altsteinzeit gab es bereits Schmuckstücke, wie viele Funde verraten. Es macht Spaß, zum Beispiel eine Halskette oder ein Armhand selbst zu basteln. Du benötigst nur ein Lederband (ein alter Schnürsenkel tut es auch!) und einige Materialien, die du in der Natur selbst suchen und finden kannst: Federn, Baumrinde, Früchte, Blüten, Holz. Vielleicht kannst du auch einige Muscheln nutzen oder sogar einen (Milch-) Zahn? Bohrungen oder biegsame Halme helfen bei der Befestigung. Bringt eure Schmuckstücke mit!

Originalschmuck: Kette aus Tierzähnen

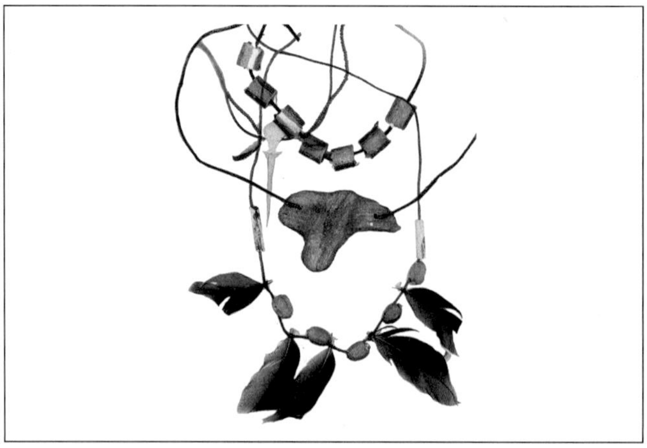

Selbst gebastelter Schmuck

Arbeitsblatt

Wie stellte man eigentlich Metall her?

1 Informiere die Klasse, indem du in eigenen Worten erläuterst, wie die Menschen der Metallzeit vorgegangen sind, um einen Gegenstand aus Metall herzustellen.

2 Die Klasse sollte auch die Möglichkeit haben, die Zeichnungen, die wesentliche Stationen der Metallherstellung zeigen, anzuschauen (z. B. auf einer Folie).

M Metallherstellung in der Metallzeit

Stufe 1: Metalle wie Kupfer findet man nicht einfach so und schon gar nicht in reiner Form – Metalle sind Bestandteile von Gestein. Um an das begehrte Metall zu gelangen, muss man es also aus dem Gestein heraustrennen. Wie aber macht man das? Die Lösung ist eigentlich ganz einfach: Man muss so hohe Temperaturen erzeugen, dass das Metall flüssig wird und sich vom Stein trennt. Wer als Erster diese Idee hatte, ist völlig unklar. Gesichert ist aber, dass diese Idee mindestens 5500 Jahre alt sein muss (man denke nur an Ötzis Beil). Gesichert ist auch, dass sich diese Idee in Europa in kurzer Zeit überall durchsetzte und schon bald alle Schmiede nach folgendem Verfahren arbeiteten: Sie bauten zunächst einen Ofen. Dieser Ofen besaß eine Bodenplatte, die aus Stein bestand und zu einer Ecke abgeschrägt war. Auch die Seiten des Ofens waren aus einfachen, möglichst hitzebeständigen Steinen – vergleichbar den Steinen, die wir auch heute in Kaminöfen haben.

Stufe 2: War der Ofen fertig, wurde das Innere, das wir auch als Brennkammer bezeichnen können, gefüllt: mit Holzkohle und mit einem metallhaltigen Gestein. Jetzt wurde die Holzkohle entzündet; die Sauerstoffzufuhr wurde von außen geregelt. Hatte der Schmied den Eindruck, dass zu wenig Hitze entstand, heizte er das Feuer durch einen Blasebalg von außen an. Schließlich kam es auf sehr hohe Temperaturen an: Kupfer schmilzt erst bei über 1000 Grad! Je nach Beschaffenheit des Ofens und des Materials dauerte dieser Vorgang viele Stunden, vielleicht sogar Tage.

Stufe 3: Es lag nun am Geschick und an der Erfahrung des Schmiedes, den Zeitpunkt des Absticches festzulegen. War das Kupfer nämlich geschmolzen, floss es zur tiefsten Stelle des Ofens (zu der tief liegenden Ecke der Bodenplatte). Dort öffnete der Schmied einen Verschlussstein, der wie ein Ventil oder ein Hahn das flüssige Metall heraustreten ließ.

Stufe 4: Jetzt musste der Schmied schnell arbeiten und die wenigen Sekunden nutzen, in denen das Metall flüssig war. Er hielt eine Form, z. B. aus Lehm oder aus Sandstein, unter die Abstichöffnung und sammelte dort das Metall. Wenn das Metall erkaltet war, konnte er die Form öffnen und den Gegenstand entnehmen. Je reiner das Metall war, also je weniger Rückstände von der Holzkohle es enthielt, umso mehr konnte er mit seiner Arbeit zufrieden sein. Im Brennofen selbst blieben nur die Reste der Holzkohle als Schlacke zurück.

Lanzenspitze aus Bronze; im Hintergrund: die eine Hälfte der Gussform (Sandstein)

Arbeitsblatt

Das Leben der Inuit am Polarkreis

Seit etwa 4000 Jahren leben Menschen, die sich heute oft Inuit nennen, rund um den Nordpol. Das Klima ist extrem rau. Im Winterhalbjahr sinken die Temperaturen bis minus 50 Grad, es gibt kaum Tageslicht.
Der dänische Polarforscher Rasmussen hat jahrzehntelang in Grönland und Nordkanada gelebt und die aufschlussreichsten Berichte über diese Menschen geschrieben. (Er selbst sprach immer von Eskimos, deshalb wird diese Bezeichnung hier benutzt.) Nach seinen Eindrücken ist der folgende Text verfasst.
Heute leben allerdings nur noch sehr wenige Menschen auf diese Weise, die Rasmussen kennengelernt hat. Zwar gibt es heute weit über 100000 Inuit, aber sie leben fast alle in Siedlungshäusern und arbeiten gegen Lohn. Höchstens 2000 leben noch recht ähnlich wie ihre Vorfahren.

1 Unterstreiche im Text Stellen, die dich an das Leben der Menschen in der Steinzeit erinnern.

2 Schreibe jetzt in ganzen Sätzen auf, welche Gemeinsamkeiten das Leben der Inuit am Polarkreis und das Leben der Menschen in der Steinzeit aufweisen.

3 Lebten die Menschen, die Rasmussen kennenlernte, eher auf der Stufe der Alt- oder eher auf der Stufe der Jungsteinzeit? Begründe deine Entscheidung.

M Leben am Polarkreis

Die Eskimos in Nordkanada und Grönland sind fast immer unterwegs und errichten stets neue Unterkünfte. In den wenigen Sommermonaten benutzen sie tragbare Zelte aus Tierhäuten und im Winter bauen sie sich Iglus aus Eisblöcken. Mehr als zwei oder drei Zelte bzw. Iglus stehen so gut wie nie nebeneinander, denn man bewegt sich in kleinen Gruppen von 6 bis 15 Personen. Die Iglus bieten übrigens einen ausgezeichneten Schutz vor der eisigen Kälte und den Schneestürmen. Da es keine Fenster gibt, stinkt es jedoch so erbärmlich, dass ein Europäer es kaum aushalten kann.
Die Eskimos sagen: „Der Mensch kommt mit den Tieren zur Welt". Damit drücken sie ihren großen Respekt vor den Tieren aus. Den Tieren verdanken sie in erster Linie die Nahrung. Das Fleisch wird roh gegessen. Daneben aber liefern die Tiere auch Kleidung, Unterkunft (Leder für die Zelte), Waffen und Werkzeuge, sogar Licht (Tran als „Öl"-Lampe). Die Tiere bestimmen auch den Aufenthaltsort. Je nach Jahreszeit zieht man von einem Lagerplatz zum anderen, um jeweils das Tier zu jagen, das sich in dieser Gegend aufhält: im Winter und Frühling die Robben, im Sommer Walross und Wal, im Herbst Rentiere. Nur während der wenigen Sommermonate, wenn Schnee und Eis schmelzen, sammeln sie Gräser, Beeren und Vogeleier. An zwei oder drei Tagen im Jahr lassen sich an einigen Flüssen Lachse fangen. Hier treffen sich dann die Eskimos aus einem riesigen Gebiet, essen Unmengen Lachse und feiern aus Freude über das seltene Festessen.
Die Eskimos kennen keine Schrift. Aber ihre Sprache ist hoch entwickelt und den Lebensbedingungen hervorragend angepasst. So kennen sie unterschiedliche Wörter für die Farbe „weiß". Mit diesen vielen Wörtern können sie die Beschaffenheit von Eis und Schnee genau beschreiben. Sie wissen nun genau, ob sich der Bau eines Iglus lohnt oder ob das Eis bald abtreiben wird. Uns Europäern würde alles gleichermaßen „weiß" erscheinen. Ihre enge Verbundenheit mit der Natur drücken die Eskimos in der Kunst aus. Als Material nutzen sie Elfenbein von Walrosszähnen, Rentiergeweihe, Knochen und Speckstein. Nur selten finden sie Treibholz. Viele Kunstgegenstände dienen dazu, das Jagdglück zu beschwören

Ein Iglu

Ägypten – eine Frühe Hochkultur

Zur Konzeption: Die SuS bearbeiten Materialien der Hochkultur Ägypten. Ägypten steht hier als Beispiel einer Frühen Hochkultur. Gemeinsames Merkmal der Frühen Hochkulturen ist das Entstehen an Flüssen. Das lässt sich am Beispiel des Alten Ägypten besonders gut belegen: Die Herausforderungen des Nils führten zu großen Leistungen, es bildeten sich staatliche Strukturen.
Eine Besonderheit der ägyptischen Hochkultur ist der ausgeprägte Totenkult.
Zentrale Methodenkompetenz ist das Anwenden erworbener Kenntnisse an Bildquellen. Die SuS sollen versuchen, die vielfältigen Bilder „zum Sprechen zu bringen". Das ist eine Konkretisierung der vom Lehrplan geforderten Kompetenz: „...beschreiben in Bildquellen Einzelheiten, stellen deren Zusammenhänge dar".

1. Übersicht über die Unterrichtsreihe

A. Vorschlag zur Sequenzplanung: Grundvariante und mögliche Schwerpunktsetzungen

Mögliche thematische Schwerpunkte	Thematische Lerneinheiten (TLE)	Anzahl der Unterrichtsstunden
Grundlagen	Nr. 1, 2, 3, 5, 6, 8, 9, 10, 11, 12	14 Unterichtsstunden
Erweiterung 1: Vertiefung des Aspekts „Schrift/Zahlen"	Nr. 4	+ 1 Unterichtsstunde
Erweiterung 2: Ergänzung des Aspekts „Pharaoninnen"	Nr. 7	+ 1 Unterichtsstunde

Jede/jeder Unterrichtende hat selbstverständlich die Möglichkeit, diese Vorschläge durch individuelle Schwerpunktsetzung bzw. Reduktion zu ergänzen oder zu ersetzen.

B. Überblick über die Lerneinheiten der Unterrichtsreihe

Nr.	Thematische Lerneinheit (TLE)	Leitfragen	Zentrale Kompetenzen und Schüleraktivitäten	Produkt/Präsentation der Lernergebnisse
1	***Auftakt/Ein erster Blick:* Ägypten – eine Frühe Hochkultur** S. 64-67	• „… noch immer spannend“ – warum?	Die Schülerinnen und Schüler … ■ erkennen erstaunliche Leistungen der ägyptischen Hochkultur. (S 4) ■ stellen einen Gegenwartsbezug heraus (Touristen, Forschung, Welterbe). (S 8)	Internetrecherche mit Ergebnisvergleich
2	**Der Nil – ein ungewöhnlicher Fluss** S. 69-71	• Was war das Besondere am Nil?	Die Schülerinnen und Schüler … ■ benennen Besonderheiten des Nils (darunter: schmaler fruchtbarer Streifen zu beiden Seiten des Flusses, Phasen der Schwemme und Trockenheit, fruchtbarer Schlamm, Bedeutung für die Landwirtschaft und damit für die Bevölkerung als Nahrungsquelle). (S 4) ■ ziehen aus den Besonderheiten Rückschlüsse für das Leben der Menschen. (U 2) ■ identifizieren, dass die Ägypter sich der Bedeutung des Flusses für ihr Leben bewusst waren. (U 2)	Poster oder Gruppennvortrag
3	**Der Nil stellt Aufgaben** S. 72 – 75 *Methode: Kernaussagen aus einem Darstellungstext entnehmen*	• Zu welchen besonderen Leistungen forderte der Nil die Menschen heraus? • Was hat der Nil mit dem Entstehen von Hochkulturen zu tun?	Die Schülerinnen und Schüler … ■ charakterisieren am Beispiel des Nils Entstehungsbedingungen einer Frühen Hochkultur: organisierte Zusammenarbeit zur Bewältigung der Herausforderungen. (S 6) ■ Folgen der Zusammenarbeit: spezialisierte Berufe, Entstehung von Wissenschaften (Beispiel: Landvermessung als Vorläufer der Geometrie), Kalender (aus der Beobachtung des regelmäßigen Nilhochwassers) und Schrift (Organisierung des Zusammenlebens). (S 7)	bildgestützter Gruppenvortrag
4	***Geschichte einmal anders:* Wir schreiben Hieroglyphen und rechnen wie die Ägypter** S. 76-77	• Was sind die grundlegenden Merkmale der Hieroglyphenschrift? • Hieroglyphen schreiben – wie geht das?	Die Schülerinnen und Schüler … ■ lernen das komplizierte und aufwändige Schrift- und Zahlensystem kennen, mit dem erstaunliche Leistungen vollbracht wurden. (S 7) ■ können „just for fun“ ihre Geheimschrift einüben. (S 7)	eine fremde Position übernehmen
5	**Hochkultur: Ohne Staat geht es nicht** S. 78-79	• Wie ist der ägyptische Staat entstanden?	Die Schülerinnen und Schüler … ■ arbeiten die Entstehung von Herrschaft und Herrschaftsstrukturen heraus (darunter: Vereinigung von Ober-und Unterägypten). (S 7) ■ stellen anhand der Bilder „Goldener Pharao“ und „Nilgötter“ und des Darstellungstextes die unterschiedlichen Perspektiven und Erkenntnisse heraus: Sicht der Ägypter – heutige wissenschaftliche Erkenntnisse. (U 3)	Expertenvortrag (Museumsführer) oder Lexikonartikel

Nr.	Thematische Lerneinheit (TLE)	Leitfragen	Zentrale Kompetenzen und Schüleraktivitäten	Produkt/Präsentation der Lernergebnisse
6	**An der Spitze des Staates: der Pharao** S. 80-82 *Methode: Textquellen befragen*	• Wer regierte Ägypten – ein Mensch oder ein Gott?	Die Schülerinnen und Schüler ... ▪ charakterisieren die Position des Pharao als Herrscher und listen seine Aufgaben auf. (M 3) ▪ gewinnen aus Bildquellen und Textquellen Beurteilungskriterien für die Aussagen zu der Frage „Gott? – Mensch? – Gottmensch?“. (U 2) ▪ unterscheiden zwischen den Perspektiven „ex tunc“ (damals) und „ex nunc“ (heute). (U 3)	Argumentationslisten und Kreisgespräch
7	**Es gab auch Pharaoninnen** S. 83	• Kleopatra, Nofretete, Hatschepsut: Wer waren diese Königinnen im Alten Ägypten?	Die Schülerinnen und Schüler ... ▪ gestalten eine Recherche zu ägyptischen Königinnen. (H 2) ▪ identifizieren dabei die Ausnahmerolle der Hatschepsut. (U 4)	mediengestützte Personenportraits oder Wandplakate mit Steckbriefen
8	**Der Pharao braucht Beamte** S. 84 – 85	• Welche Aufgaben hatten die ägyptischen Beamten? • Warum war es so erstrebenswert, Beamter zu werden?	Die Schülerinnen und Schüler ... ▪ beschreiben die Funktion und das Rollenverständnis der ägyptischen Beamten innerhalb der hierarchischen Gesellschaftsordnung (u.a. Verwaltung, Verteilung, Überwachung). (M 3) ▪ beachten die Interessengebundenheit von Textquellen. (U 2)	Gesprächsszene oder Plakatentwurf
9	**Typisch Hochkultur: Eine gegliederte Gesellschaft** S. 86-87 *Methode: Schaubilder „lesen“ und verstehen*	• Wer stand wo in der ägyptischen Gesellschaft?	Die Schülerinnen und Schüler ... ▪ beschreiben den Aufbau der ägyptischen Gesellschaft als hierarchisch (u.a. Pharao, Beamte, Priester, Handwerker, Händler, Soldaten, Bauern). (M 10) ▪ versuchen einen kritischen Umgang mit der Tragfähigkeit des Schaubildes „Gesellschaftspyramide“ ausgehend von der Aussage, dass die meisten Menschen in der Landwirtschaft arbeiteten (die grafische Form der Pyramide kann keinesfalls die riesigen Diskrepanzen darstellen). (U 5)	Gesellschaftsschaubild erläutern oder zusammenfassenden Text verfassen
10	***Wir forschen gemeinsam:* Der Glaube an das Weiterleben nach dem Tode** S. 88-91	• Wie stellten sich die Ägypter ein Leben nach dem Tod vor?	Die Schülerinnen und Schüler ... ▪ beschreiben und erklären Aspekte des altägyptischen Totenkults. (S 7)	Museumsführer: Grabbilder vorstellen
11	**Eine Hürde vor dem Weg in die Ewigkeit: Das Totengericht** S. 92-93 *Methode: Eine Bildquelle untersuchen*	• Wie verlief das Totengericht?	Die Schülerinnen und Schüler ... ▪ untersuchen eine komplexe Bildquelle. (M 7) ▪ wenden ergänzende Informationen an. ▪ erklären den Ablauf des Totengerichts. ▪ beurteilen und deuten den beschriebenen Vorgang. (U2)	Bildanalyse vortragen
12	**Stopp – ein Blick zurück** S. 94-95		Die Schülerinnen und Schüler ... ▪ erklären historische Begriffe (wie Gesellschaftspyramide, Spezialisierung). (S 10) ▪ stellen den engen Bezug der Pharaonen zu den Göttern heraus (ggf. Begriff „sakrale Legitimation der Herrschaft“ einführen). (U 2)	Kompetenzcheck

2. Hinweise und Erläuterungen zu den Lerneinheiten

(S. 64 – 67) TLE 1: Auftakt/Ein erster Blick: Ägypten – eine Frühe Hochkultur

Hinweise zur Unterrichtsgestaltung

Der Einstieg in die Unterrichtsreihe erfolgt über die Pyramiden, die wohl bekannteste Leistung der ägyptischen Hochkultur. Die SuS beschreiben das Auftaktbild (S. 64/65). Fragen nach der Funktion der Pyramide und nach der Hochkultur, die diese Leistung erbrachte, werden entwickelt und fixiert. Die Frage nach den Trägern dieser Leistung wird aufgegriffen über heutige Zugriffe auf das Alte Ägypten: Forschung (S. 66), Einordnung als „Welterbestätte" (S. 67), Touristen (S. 67).

Fachliche Hinweise und Erläuterungen

Zu S. 64-65

Auf dem Auftaktbild zu sehen sind verschiedene Pyramiden: Rechts die Pyramide des Pharao Cheops (146 m). Cheops (zweiter Herrscher der 4. Dynastie, 2589 – 2566 v. Chr.) baute die größte aller ägyptischen Pyramiden. Die Seitenlänge beträgt 230 m.
Die erste pyramidenförmige Grabanlage stammt von Djoser, dem zweiten Herrscher der 3. Dynastie, dies war die *Stufenpyramide von Sakkara*.

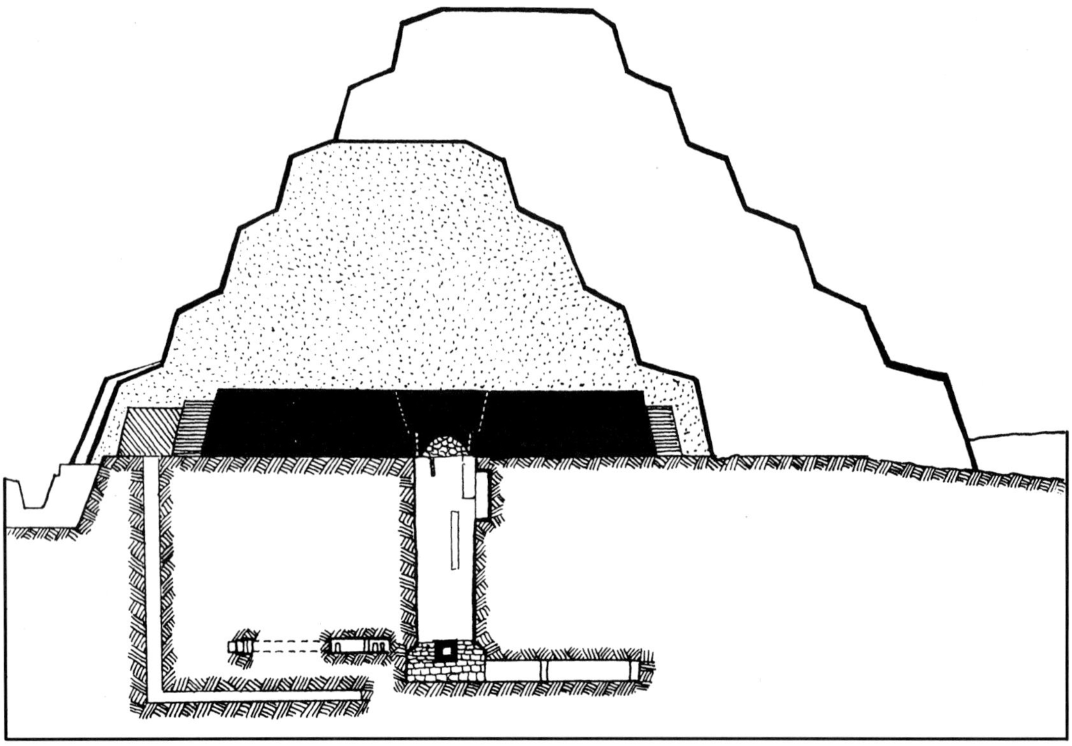

Diese Pyramide gibt Hinweise auf den Ursprung des Pyramidenbaus: Zunächst wurde für den Pharao eine sehr große Mastaba (s. u.) errichtet, die dann mehrfach vergrößert wurde. Diese erste Pyramide besteht aus sechs riesigen, übereinanderliegenden Beamtengräbern, die Seitenwände waren noch nicht aufgefüllt. Die erste „echte" Pyramide stammt von dem Vater des Cheops, dem Pharao Snofru (erster Herrscher der 4. Dynastie). Auf S. 64/65 ist in der Mitte die Pyramide des Pharao Chephren (143,5 m) und links der Sockel der Pyramide des Pharao Mykerinos (63,5 m) zu sehen. Vor der Cheops-Pyramide befinden sich drei kleine Königinnen-Pyramiden, der Mutter des Cheops und seiner Ehefrauen. Die Ausschachtungen vor der Cheops-Pyramide enthielten Schiffe, sie sollten vermutlich dem Pharao für die Fahrten mit dem Sonnengott dienen.
Zahlreiche Gräber sind den Pyramiden vorgelagert: *Mastabas,* Gräber für hohe Beamte oder Familienmitglieder des Pharao. In der Nähe der Pyramide sein Grab errichten zu dürfen, war ein vom Pharao erteiltes Privileg. Die unterschiedliche Größe der Gräber bezeugt unterschiedliche Rangstufen. Das Alte Reich (ca. 2700 – 2150 v. Chr.) war das Zeitalter des Pyramidenbaus. Später ließen sich die Pharaonen Grabanlagen in Felsen schlagen, so auch das berühmte Grab des Pharao Tutanchamun.

Selbst wenn die Grenze mit dem Ende des Neuen Reiches (1 075 v. Chr.) und nicht mit der Eroberung durch Rom (30 v. Chr.) gezogen wird, weist der ägyptische Staat mit über 1 600 Jahren eine auf der Welt einmalige Dauer auf.

In der Antike wurden sieben **Weltwunder** bestaunt:

- die drei Pyramiden von Gizeh;
- die hängenden Gärten der Semiramis in Babylon, vermutlich unter König Nebukadnezar II. (regierte von 606 bis 562 v. Chr.) errichtet, es waren wohl Gärten in Terrassenform;
- die Kolossalstatue des Zeus in Olympia, errichtet etwa in der Zeit um 465 v. Chr.;
- der Tempel der Artemis in Ephesos, errichtet nach 365 v. Chr.;
- das Mausoleum von Halikarnass, erbaut um 350 v. Chr.;
- der Koloss von Rhodos, eine riesige Statue des Gottes Helos (ca. 300 – 280 v. Chr.);
- der Pharos (Leuchtturm) von Alexandria, erbaut zwischen 300 und 280 v. Chr.

Schon in der Antike waren die Pyramiden von Gizeh das älteste der Weltwunder. Und sie sind das einzige heute noch existierende Weltwunder. 4 000 Jahre lang war die Cheops-Pyramide das höchste Bauwerk der Welt.

Hinweise zu Leitfragen und Aufgaben

Zu S. 66/67/ Aufgaben

Die gegenwartsgenetischen Aspekte (S. 66/67) eröffnen die Möglichkeit, die SuS zu fragen, welche Kenntnisse sie über das Alte Ägypten haben und woher diese Kenntnisse stammen.

Die Bedrohung der Tempel von Abu Simbel durch den geplanten Stausee war Anlass für die UNESCO, bedrohtes Weltkulturerbe zu schützen. Die SuS können mittels Internetrecherche (www.welterbe.de) der Frage nachgehen: „Was hat der Kölner Dom mit den Tempeln von Abu Simbel zu tun?"

Auf der Liste der inzwischen über 30 deutschen Welterbestätten findet sich als vermutlich bekannteste der Kölner Dom (seit 1996). Die erste deutsche Welterbestätte war die Aachener Kaiserpfalz (1978).

(S. 69 – 71) TLE 2: Der Nil – ein ungewöhnlicher Fluss

Hinweise zur Unterrichtsgestaltung

Die SuS sollten anhand der Materialien erkennen, dass der Fluss große Chancen bot – gerade auch angesichts der umgebenden Wüsten.

Fachliche Hinweise und Erläuterungen

Die Fotos geben Hinweise, wie die Situation im Alten Ägypten war. Wichtig ist zu beachten, dass die Wohnhäuser nicht in dem fruchtbaren Randstreifen gebaut wurden, sondern in der angrenzenden Wüste. Der kultivierte Abschnitt sollte ausschließlich der landwirtschaftlichen Produktion zur Verfügung stehen. So auch in dem schematisierten Querschnitt (S. 70), das zeigt auch das Foto (S. 68 oben).

Die Phasen von Hoch- und Niedrigwasser prägten das Leben der Menschen (**M 4**).

In dem Gedicht (**M 5**) wird der Nil wie ein Gott verehrt, ihm wird geopfert. Der Nil konnte nicht nur Leben spenden, sondern auch bedrohen. Das ist den unterschiedlichen Formen des Hochwassers zu entnehmen.

Besonders wachen SuS könnte eine Besonderheit auf Bild **M 6** auffallen: Der Arbeiter, der die Nilschlammziegel aus der Form nimmt und sie zum Trocknen in die Sonne legt, scheint auf den noch feuchten Ziegeln zu stehen – was nicht möglich ist. Zu erklären ist dies mit Darstellungsregeln im Alten Ägypten: Der Gegenstand soll in der Ansicht gezeigt werden, die das Typische besonders gut erkennen lässt. Besonders deutlich ist das an dem linken Ausschnitt zu sehen: Der Teich ist in Draufsicht (Vogelperspektive) zu sehen, die Menschen in frontaler Seitenansicht, die umstehenden Bäume ebenfalls in frontaler Seitenansicht (bei Draufsicht wäre Typisches des Baumes, nämlich der Stamm, nicht zu sehen). Entsprechend bei dem rechten Teil: Die Arbeiter sind in frontaler Seitenansicht zu sehen. Die zum Trocknen ausgelegten Nilschlammziegel liegen flach auf dem Boden, sie sind in Draufsicht gezeigt, wodurch bei unseren Sehgewohnheiten der Eindruck entsteht, sie lägen gestapelt übereinander. Wenn die zum Trocknen ausgelegten Ziegel in Seitenansicht gezeigt würden, wäre nur die erste Reihe sichtbar. Die große Menge zu zeigen, war nur in Draufsicht möglich. Der Arbeiter hingegen wird in Seitenansicht gezeigt. In der Kombination dieser beiden Ansichtsebenen ergibt sich, dass der Arbeiter scheinbar auf den Ziegeln steht, in Wirklichkeit steht er daneben. Den ägyptischen Künstlern ging es nicht darum, die Wirklichkeit zu reproduzieren, sondern darum das Wesentliche hervorzuheben. Bei einem Menschen etwa wäre in Draufsicht Wesentliches und Typische nicht erkennbar.

Hinweise zu Leitfragen und Aufgaben

Zu S. 69/ Aufgabe zu M 1

Der Nil zieht sich als ein schmales, Leben bringendes (= fruchtbares Land) Band durch die Wüste (M 1). Fruchtbarer Schlamm ist Voraussetzung für gute Ernten (darstellender Text).

Zu S. 70/Aufgabe zu M 3 und M 4

Der Unterschied vom niedrigsten Wasserstand zum durchschnittlichen Hochwasser beträgt knapp sieben Meter. Der Grünbewuchs zeigt die kultivierte Fläche, teilweise entstanden durch die „normale" Schlammablagerung, bei den höher liegenden Feldern durch künstliche Bewässerung (s. die nachfolgende Lerneinheit).

Zu S. 71/ Aufgabe zu M 5

- „Der Nil erhält Ägypten am Leben" bedeutet: „Normales" Hochwasser.
- „zu schwer, um sich zu erheben" bedeutet: Das Hochwasser fiel zu gering aus.
- „er tötet die Menschen" bedeutet: Menschen ertrinken in den Fluten, das Hochwasser fiel extrem hoch aus.
- „Die Stadt sieht aus wie ein Sumpfgebiet" bedeutet: Durch extremes Hochwasser ist das Leben in den Ortschaften, die eigentlich oberhalb der Überschwemmungsgrenze gebaut worden waren, beeinträchtigt.
- „Jeder legt sein Arbeitsgerät nieder" bedeutet: Bei dem extremen Hochwasser (s.o.) ist geregelte Arbeit nicht möglich.
- Unterschiedliche Formen des Hochwassers: normales Hochwasser, zu geringes Hochwasser, zu starkes Hochwasser.
- Für die Menschen gefährlich waren das zu geringe und das zu starke Hochwasser.

Zu S. 71/ Aufgabe zu M 6

Aus dem Teich wird Wasser entnommen, das Gemisch aus Wasser-Lehm-Häcksel wird bearbeitet. Die Mischung wird in eine Form gefüllt, an den Trocken-Platz gebracht, der Form entnommen und zum Trocknen in die Sonne gelegt.

(S. 72–75) TLE 3: Der Nil stellt Aufgaben

Hinweise zur Unterrichtsgestaltung

Die Notwendigkeit von Messen, Rechnen und Schrift kann von den SuS erfahren werden: Die Arbeit der „Seilspanner" wird auf der Grundlage des Bildes (S. 74) von SuS nachgestellt, etwa ein Bereich im Schulgebäude (Flur) wird hypothetisch gesetzt als nach dem Hochwasser zu vermessende Ackerfläche. Bei der Tätigkeit wird evident, dass die Ergebnisse schriftlich fixiert werden müssen, ebenso müssen die Daten mit den letztjährigen Angaben verglichen werden, der Name des Bauern und die geforderten Ernteabgaben müssen verzeichnet sein.
Zu den vorgeschlagenen Themenfeldern für die Teamarbeit *(Künstliche Bewässerung, Berufliche Spezialisierung, Ausmessen und Berechnen, Schreiben und Verwalten, Kalender führen)* lassen sich in den Text- und Bildmaterialien hinreichende Bezüge finden. Hierzu dient auch die Methode „Kernaussagen aus einem Darstellungstext entnehmen" (S. 72).
Das moderne Foto (M 1) veranschaulicht, dass es sich bei der künstlichen Bewässerung – deren Ergebnis im Alten Ägypten im Wesentlichen nicht anders ausgesehen haben wird – um eine riesige Aufgabe handelte, bei der eine große Zahl Menschen nach einem festen Plan zusammenarbeiten musste.
Das Bild „Schreiber notieren das Ergebnis der Ernte" (s. S. 74) liefert ähnliche Hinweise: Es wird nicht nur mit den Messgeräten gemessen, die Arbeit wird überwacht und deren Ergebnis selbstverständlich auch notiert.

Fachliche Hinweise und Erläuterungen

Zu S. 73/ M 2

Auf dem Bild ist rechts neben den Ledereimern eine weitere Pumpschwengelanlage zu sehen. Hier ergibt sich ein Bezug zu dem Hinweis im darstellenden Text, dass diese Arbeiten von den Menschen nur als Gemeinschaftsaufgabe bewältigt werden konnten. Das Bild zeigt als Ergebnis der künstlichen

Bewässerung üppige Vegetation. Durch mehrere Pumpschwegel hintereinander konnte es gelingen, Wasser auf höher liegende Felder zu heben.

Hinweise zu Leitfragen und Aufgaben

Zu S. 72/ Leitfragen

Der Nil forderte zu einer großen Aufgabe heraus, die bei Gelingen das Leben der Menschen im Staat des Alten Ägypten sicherte. Diese Leistungen führten zum Entstehen der Frühen Hochkultur in Ägypten.
Wenn die Gruppen über die Bilder ihre Ergebnisse vorgetragen haben, kann lehrerseits das folgende Schema präsentiert werden (s.u). Die SuS können durch Verbindungslinien zwischen den Feldern herausarbeiten, wie die einzelnen Aspekte sich gegenseitig bedingten und förderten:

- Die **künstliche Bewässerung und der Schutz vor Hochwasser** führten zu guten Ernten, der Arbeitseinsatz an den Bewässerungsanlagen wurde mit schriftlichen Plänen organisiert, mithilfe des Kalenders konnten die Ägypter den Beginn des Hochwassers berechnen und sich darauf einstellen, aufgrund der guten Ernten konnten Vorräte angelegt werden.
- **Schrift** wurde benutzt beim Planen und Organisieren der Arbeiten an den Deichen und Bewässerungsanlagen, beim Einziehen der Ernte sowie dem Lagern und Verwalten der Vorräte, beim Messen und Berechnen, bei der Fixierung des Kalenders und der Ergebnisse der Sternbeobachtung.
- Der **Kalender** wurde schriftlich fixiert, dafür war ein Zahlensystem (Messen und Rechnen) notwendig, mithilfe des Kalenders und der Beobachtung der Sterne konnte der Beginn des Hochwassers vorhergesagt werden, die Menschen konnten die Deiche und Bewässerungsanlagen auf das Hochwasser einstellen, das führte zu guten Ernten.
- **Messen und Rechnen** war unverzichtbar für den Arbeitseinsatz an den Bewässerungsanlagen (s.o.), die Ergebnisse etwa der Seilspanner wurden schriftlich festgehalten (s. o.), die Vorräte wurden berechnet (s. o.), der Abstand zwischen zwei Nilhochwassern wurde berechnet (s. o.).
- **Berufliche Spezialisierung:** Indem Menschen sich aufgrund der guten Ernten auf bestimmte Aufgabenfelder spezialisierten, konnten die Ergebnisse immer weiter verbessert werden, sei es im Handwerk (Bild S. 73) oder in der Bewässerungstechnik, in der Erstellung von Kalendern und bei der Beobachtung der Sterne, in der Verwaltung sowie in der Technik des Ausmessens und Berechnens.
  Ergebnis: Herausgefordert durch den Nil entwickelten die Ägypter Leistungen, die sich gegenseitig beeinflussten. So konnten die Leistungen im Laufe der Jahrhunderte immer weiter verbessert werden.

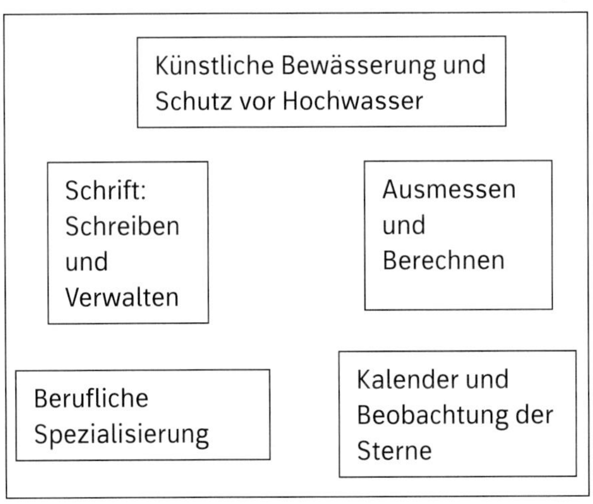

Mögliches Ergebnis:

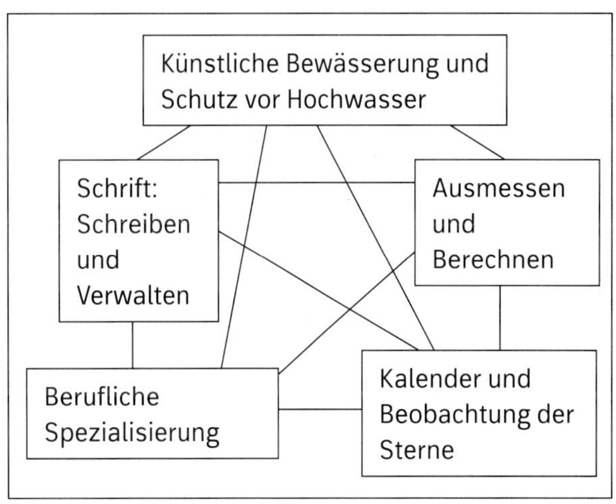

Alternative: Leichter wäre es für die SuS, wenn in die Mitte der Grafik ein Kreis gezeichnet und darin „Ernte“ eingetragen würde. Dann läge die Aufgabe darin, eine Verbindungslinie von dem Kreis zu jedem der Felder zu ziehen und den Zusammenhang zu erklären. Das Ergebnis wäre ähnlich wie oben:

- Vor der Ernte werden die Felder ausgemessen.
- Die Ergebnisse sowohl des Ausmessens als auch der Ernte selbst werden schriftlich fixiert
- Künstliche Bewässerung und Hochwasserschutz führen zu guten Ernten.
- Durch Kalender gelingt es, die Arbeit zu planen und den Einsatz der Arbeitskräfte bei Ernte und Vorratshaltung zu organisieren..
- Gute Ernten ermöglichen es, dass nicht mehr alle Menschen in der Landwirtschaft arbeiten müssen, also: Möglichkeit der beruflichen Spezialisierung.

(S. 76 – 77) TLE 4: Geschichte einmal anders – Wir schreiben Hieroglyphen und rechnen wie die Ägypter

Hinweise zur Unterrichtsgestaltung

Diese fakultative Einheit ist geeignet, bei SuS Anregungen zu einer über den Unterricht hinausgehenden Betätigung zu führen.
Den Kasten „Rechnen wie ein ägyptischer Schreiber" können die SuS als ein Spiel nutzen: Eine Gruppe stellt eine Rechenaufgabe in beide Richtungen.
Ähnlich lassen sich Hieroglyphen spielerisch nutzen. Für einen spielerischen Umgang findet sich im Internet sogar ein Hieroglyphen-Übersetzer (aus dem Deutschen): www.blinde-kuh.de.
Den SuS kann nach der Lektüre des Informationstextes zu den **Hieroglyphen** die Frage vorgelegt werden, ob ein heutiger Ägyptologe und ein zum Leben wiedererweckter ägyptischer Schreiber sich verständigen könnten. Antwort: nur schriftlich, da die wirkliche Aussprache unbekannt ist.
Für einen ernsthaften Umgang bietet sich interessierten SuS eine Möglichkeit bei den Arbeitsblättern.

Fachliche Hinweise und Erläuterungen

Das auf S.77 angelegte Konzept stellt einen spielerischen Umgang mit den **Hieroglyphen** dar. Deutsche Wörter in Hieroglyphenschrift zu schreiben, darf nicht zu der Annahme verleiten, es handele sich um eine leicht zu handhabende Schrift. Bewusst erfolgte eine Beschränkung auf Einkonsonantenzeichen. Es gab neben den Einkonsonantenzeichen auch Zwei- und Dreikonsonantenzeichen.

Einige **ägyptische Zahlen** können befragt werden nach dem Zusammenhang zur Nillandschaft:
- Die Zahl 10 ist das Zeichen „Rindergespann",
- 100: Messschnur (Zusammenhang zur Arbeit der Seilspanner),
- 1 000: Wasserlilie,
- 100 000: Kaulquappe; nach der Überschwemmung waren im Wasser unzählige Kaulquappen zu sehen. Da der Laich im Schlamm nicht sichtbar war, sahen die Ägypter das neue Leben aus dem Schlamm entstehen, das wurde in Bezug gesetzt zu dem Urschlamm, aus dem alles Leben entstanden war. Der Frosch stand für Geburt und Erneuerung, die froschköpfige Göttin Heqet war eine Geburtshelferin.

Entzifferung der Hieroglyphen durch Champollion

Die Entzifferung der Hieroglyphen war ein hochkomplexer Prozess, der sich in einem Schulbuch nicht darstellen lässt. Dazu ein Auszug aus der Fachliteratur:
„Mehr als 15 Jahrhunderte haben die Menschen fasziniert auf die ägyptischen Hieroglyphen gestarrt, ohne ihre Bedeutung zu erkennen. Die letzten, die diese Schriftzeichen gebraucht haben, waren ägyptische Priester des 4. Jahrhunderts n. Chr. und diese taten so geheimnisvoll, dass europäische Gelehrte der Zeit – und danach – geglaubt haben, dass die Hieroglyphen mystische Zeichen einer geheimnisvollen Sekte seien. Erst im Jahre 1822 gelang es einem französischen Linguisten auf dramatische Weise zu beweisen, dass die sitzenden Vögel, die starrenden Gesichter und die geringelten Schlangen auf den ägyptischen Monumenten Wörter bilden können, die mit ihrem Aussehen nicht in Verbindung stehen [...].
Der Schlüssel zur Enträtselung der Hieroglyphen ist ein Stück schwarzen Basalts, das während Napoleons ägyptischer Kampagne im Jahre 1799 von französischen Soldaten in der Nähe von Rosette gefunden wurde [...]. Unschätzbar aber ist die Tatsache, dass der Text zusätzlich in zwei Sprachen eingemeißelt ist: In Griechisch und in einer spätägyptischen Schrift, die demotisch genannt wird. Obwohl die Gelehrten die außerordentliche, geradezu sensationelle Wichtigkeit dieses Fundes sofort erkannten, dauerte es noch 23 Jahre, ehe der „Stein von Rosette" sein Geheimnis durch die Entzifferung eines einzigen Wortes preisgab: Der Name Ptolemäus, der im griechischen Text des Steins als Ptolemaios erscheint, war das erste Wort in Hieroglyphen, das entziffert wurde. Frühere Versuche, die acht Hieroglyphenzeichen zu interpretieren, wurden durch die traditionelle Ansicht zum Scheitern verurteilt, dass alle Hieroglyphen als Bilder für Wörter übersetzt werden könnten [...].
Endlich kam Champollion der Gedanke, dass Ptolemäus phonetisch gelesen werden könnte. Er rekonstruierte den Namen Laut für Laut vom Griechischen und Koptischen über das Demotische

zum Hieratischen (einer frühen Form der ägyptischen Schreibschrift) und schließlich zur Hieroglyphenform [...].
Im Jahre 1822 wurde Champollion die Kopie einer Inschrift von einem Obelisken zugänglich gemacht, der sieben Jahre vorher ausgegraben worden war. Er entdeckte einen Namen in Hieroglyphen, den er oft anhand eines demotischen Papyrus rekonstruiert hatte: die Kartusche der Kleopatra. Champollion verglich zwei königliche Namen aus der Philaeinschrift – Ptolemäus und Kleopatra – und identifizierte zunächst drei phonetische Symbole – die Laute p, o, l –, die in beiden Namen vorkommen. Champollion schloss weiter, dass die beiden verschiedenen t-Zeichen (eine Hand im Schriftzug „Kleopatra" und ein Brotlaib im Schriftzug „Ptolemäus") Homophone seien, etwa wie f und v im Deutschen. Da er nun mit vier gesicherten Buchstaben ausgerüstet war, konnte er die fehlenden aus ihrer Stellung erschließen. So verfügte er nun über 12 Lautwerte. So gelang es ihm, nach Ptolemäus und Kleopatra eine dritte Kartusche zu entziffern: Alexander."
(Lionel Casson, Das Alte Ägypten, Amsterdam 1966, S. 149 ff., bearb.)

Hinweise zu Leitfragen und Aufgaben

Zu S. 76/ Leitfrage

An der Stelle der uns vertrauten Buchstaben basieren viele Hieroglyphen auf gegenständlichen Zeichen, z. B. bei Einkonsonantenzeichen Geier (A), Fuß mit Unterschenkel (B), Vorderarm (E oder A), Kruguntersatz (G), Gedrehter Flachs (H), Hornviper (F oder V), Schilfblatt (I), Kobra (J), Korb mit Henkel (K), Eule (M), Wasseroberfläche (N), Lasso (O oder U oder W), Untersatz (P), Sandabhang (Q), Mund (R), gefaltetes Tuch (S), Türriegel (S), Gartenteich (SCH), Brotlaib (T), Wachtelküken (U oder W), Weg mit Büschen (V oder W).
Grundsätzlich werden die Hieroglyphen aber ähnlich genutzt wie die Buchstaben unseren Alphabets.

Zu den Arbeitsblättern

Bei den **Arbeitsblättern** findet sich eine Übung für SuS, die sich zu den Hieroglyphen etwas mehr zutrauen, als damit nur zu spielen.

(S. 78 – 79) TLE 5: Hochkultur: Ohne Staat geht es nicht

Hinweise zur Unterrichtsgestaltung

Die SuS bearbeiten den darstellenden Text nach dem vorgeschlagenen Verfahren. Sie können ihre Stichwortsammlung zur Erklärung der Bilder nutzen.

Fachliche Hinweise und Erläuterungen

Der ägyptische Staat entwickelte sich aus zunächst kleinen Siedlungen (Dörfern) zu den Reichen Oberägypten und Unterägypten. Das Zusammenfügen dieser beiden Reiche zu einem Gesamtreich hatte Spuren in der Erinnerung im Alten Ägypten hinterlassen. Jeder Pharao trug den Titel „Herr der beiden Länder", bzw. „König von Ober- und Unterägypten". Allerdings galten die Herrschaftszeichen Krummstab und Geißel als von den Göttern verliehen. Die lange vertretene Meinung, in einem kriegerischen Konflikt habe Oberägypten Unterägypten besiegt, ist überholt. Zwar setzte sich Oberägypten gegen Unterägypten durch, aber das war eine lange, etwa 200 Jahre dauernde Entwicklung.

Hinweise zu Leitfragen und Aufgaben

Zu S. 79/ Leitfrage

Das Relief M 2 ist leicht zu deuten: Die Papyruspflanze ist das Symbol für Unterägypten (Nildelta), die Lotuspflanze für Oberägypten. Wenn zwei Götter diese Symbole zusammenbinden, bedeutet das, dass die Vereinigung der beiden Landesteile göttlichen Ursprungs ist. Kontrastierend stellen die SuS den Erkenntnisstand heutiger Wissenschaftler dar.

- Der ägyptische Staat entwickelte sich in einem langen Prozess aus kleinen Siedlungen zu zwei Reichen, die sich schließlich zu einem Staat vereinigten.
- Auf dem Bild des Tutanchamun-Sarges (M 1, S. 78) sind mit den Herrschaftszeichen Krummstab und Geißel Arbeitsgeräte aus der Zeit *vor* der Vereinigung zu sehen. Bei der Vereinigung setzte sich Oberägypten (überwiegend Viehhirten) gegen Unterägypten durch: Die Menschen in Unterägypten

waren sesshafte Bauern, für sie waren Krummstab und Geißel nicht typisch, das waren Arbeitsgeräte von Viehhirten. Die früheren Arbeitsgeräte wurden zu Zeichen des Herrschers.

Zu S. 79/ Aufgabe zu M 2

Das Bild M 2 (S. 79) zeigt, dass die Ägypter glaubten, die Vereinigung sei durch Götter bewirkt worden: Die Papyruspflanze ist Symbol für Unterägypten (also das Nildelta); die Lotuspflanze ist das Symbol für Oberägypten; das Zusammenbinden soll zeigen, dass Ober- und Unterägypten vereinigt wurden. Nach dem Glauben der Ägypter haben Götter die Vereinigung verwirklicht.

(S. 80 – 82) TLE 6: An der Spitze des Staates: der Pharao

Hinweise zur Unterrichtsgestaltung

Die SuS sollen – so der Vorschlag – in einem Kreisgespräch die Frage „Mensch oder Gott?" erörtern. Das hat als unverzichtbare Voraussetzung eine angemessene Information. Das leisten die Darstellungstexte und die Bilder (S. 81). Ein Einstieg in die Unterrichtseinheit kann über das Bild „König und Gott" (M 2, S. 81) erfolgen. Die Leitfrage „Mensch oder Gott" sollte *aus der Sicht der Menschen im Alten Ägypten* betrachtet werden (ex tunc).
Angesichts des Methodenschwerpunkts sollten zunächst die Bilder befragt werden. Danach erfolgt ein erster systematischer Zugriff auf die Textquellen und abschließend das Kreisgespräch.

Fachliche Hinweise und Erläuterungen

An mehreren Stellen in diesem Kapitel sehen die SuS die ägyptischen Götter in der Gestalt von Tieren oder mit menschlichem Körper und dem Kopf eines Tieres. Dafür bietet sich folgender Erklärungszusammenhang an: Die frühen Bewohner des Niltals lebten eng mit wilden Tieren zusammen. In ihrer unmittelbaren Umgebung erlebten sie furchterregende oder bewundernswerte Eigenschaften von Tieren, etwa die Kraft des Löwen oder den Flug des Falken. Die Ägypter sahen in den Tieren Eigenschaften, über die der Mensch nicht verfügte. Ein Wesen mit den Fähigkeiten eines Tieres zusätzlich zu den Fähigkeiten eines Menschen war also mehr als ein Mensch, also: Gott. Die Ägypter werden jedoch kaum angenommen haben, dass der Gott Horus wie ein Falke aussah. Die Darstellung als Tier oder als Mischwesen zeigt nur die Idee von dem Gott, nicht den Gott selbst.
Die Gottheiten hatten nach dem Glauben der Ägypter Bedürfnisse wie Menschen: Essen und Trinken, Kleidung, auch hörten sie gerne Musik.

Hinweise zu Leitfragen und Aufgaben

Zu S. 81/ Aufgaben

Bild M 1 zeigt die göttliche Abstammung, M 2 die Nähe zu dem Gott, M 3 die Aufgabe des Pharao, Götter zu versorgen. Bei der Statuengruppe M 2 scheinen Pharao und Gott auf gleicher Stufe zu sitzen. Allerdings ist es Gott, der Lebenskraft (Anch-Zeichen) verleiht und durch das Umlegen des Armes die Nähe bekundet, also keine Gleichheit sondern Nähe. Der Gott Horus trägt in seiner linken Hand das Anch-Zeichen, hier nur undeutlich zu sehen, deutlicher erkennbar ist das Anch-Zeichen auf den Bildern „Die Geburt des Pharaos" (M 1) (insgesamt neunmal) oder bei den Göttern des Totengerichts (S. 92), (ebenfalls neunmal).
Dem Geburtszyklus kann eine göttliche Abstammung des Pharao entnommen werden: Sein Vater ist Gott. Auch aus dem Titel „Gottestochter" für die Mutter des Pharao ergibt sich göttliche Abstammung. Bild M 3 zeigt den Pharao bei der wichtigen Aufgabe, einen Gott oder eine Göttin zu versorgen. Der Pharao war dadurch in die Nähe der Gottheiten gerückt, nur er konnte diese Aufgaben erfüllen, er konnte höchstens vertreten werden durch einen beauftragten hohen Priester. Zudem sollte ein Relief wie M 3 die Versorgung auf ewig gewährleisten. In den Textquellen (M 4 und M 5) wird der Pharao als ein Gott bezeichnet, wobei letztlich offen bleibt, inwieweit dies nur Titulatur ist. Den Bildkommentaren entnehmen die SuS die relevanten Informationen.
Vermutlich werden die SuS die Lösung wählen, den Pharao nicht mit den Göttern gleichzusetzen, ihn wohl aber in die Nähe der Götter zu rücken, möglicherweise als „Gottmensch" bezeichnen, also Mensch, aber Nähe zu den Göttern. Das kann durchaus offengehalten werden. Erinnert sei daran, dass die Frage sich nur auf die *Sicht der Menschen im Alten Ägypten* bezieht.

Zu S. 82/ Methode

Textquellen befragen

1. Schritt / „Leitfrage“: Pharao – Mensch oder Gott?
2. Schritt / „Verfasser“: bei beiden Textquellen Menschen aus dem Alten Ägypten, also Menschen, die zur Zeit eines Pharao lebten.
3. Schritt: erstes Lesen
4. Schritt: genaues Lesen; nach Hinweisen auf die Leitfrage suchen.

- **M 4:** Majestät, Thron von Gold, dieser Gott.
- **M 5:** Herr des Himmels, lebende Sonne, Sonnengott, Schöpfergott, Säule des Himmels, König, unsere Sonne, bei dessen Erscheinen die Welt zu leben beginnt.

5. Schritt: In der Erzählung Sinuhe **(M 5)** zeigt sich der Erzähler wie geblendet von der Nähe des Pharao, er bezeichnet ihn einmal als Gott. Vermutlich sieht der Betroffene (Sinuhe) den Pharao als Mensch mit Gottesähnlichkeit, zumal der Pharao den Betroffenen anspricht.
Im Loblied für Ramses **(M 6)** deuten mehr Aussagen auf Göttlichkeit. Hier wird eher das Entrückte hervorgehoben, also eher: Gott. In der Literatur wird bei Ramses II. vermutet, dass er sich selbst Göttlichkeit attestierte.
6. Schritt: Da das Loblied wohl in Anwesenheit des Pharao vorgetragen wurde, kann es keine objektive Aussage darstellen. Auch in der Erzählung des Sinuhe ist schwer zu klären, ob der Erzähler den Pharao als Gott oder nur als gottähnlich sieht. Vermutlich ist er von der Pracht des Pharao geblendet.
Vermutlich werden die Ägypter den Pharao in der Nähe der Götter gesehen haben, Tendenz: Gottmensch.

(S. 83) TLE 7: Es gab auch Pharaoninnen

Hinweise zur Unterrichtsgestaltung

Diese fakultative Unterrichtseinheit ist getragen von der Recherchearbeit der SuS. Nach der Präsentation könnten die Ergebnisse im Unterrichtsgespräch strukturierend geordnet werden: Bei Nofretete und Kleopatra liegt die Bedeutung vor allem in der Rezeption (s.u.).

Fachliche Hinweise und Erläuterungen

Herausragend war die Rolle der **Hatschepsut** (reg. ca. 1479 – 1458 v. Chr.). Allerdings blieb das ohne Folgewirkung: Eine Frau auf dem Thron entsprach nicht dem traditionellen Rollenverständnis. Nach ihrem Tod wurde versucht, den Namen der Hatschepsut zu tilgen.
Die Berühmtheit der **Nofretete** resultiert wesentlich aus dem wohl berühmtesten aller Exponate in Museen zum Alten Ägypten. Die Büste wurde 1912 von einem deutschen Ausgräberteam gefunden. Nofretete war die Ehefrau des Pharao Echnaton. Dieser regierte von ca. 1353 bis ca. 1336. Echnaton ist ein sehr bekannter Pharao; er führte eine religiöse Neuerung durch, die im Alten Ägypten wie eine Revolution wirken musste: An die Stelle des Polytheismus setzte er die Herrschaft des einzigen Gottes Aton (Monotheismus). Das Todesdatum der Nofretete ist nicht bekannt. Denkbar, dass unter den SuS schon jemand in Berlin die Büste in der beeindruckenden Präsentation gesehen hat. Die Bedeutung der Büste wird auch erkennbar an dem nicht enden wollenden Streit: Ägypten fordert beharrlich die Rückführung der Büste nach Ägypten. Ggf. könnte eine vierte Gruppe zu diesem Teilaspekt im Internet recherchieren.
Kleopatra herrschte zwar allein, aber sie hatte wenig Macht. Mit ihr ging das ägyptische Reich endgültig unter. Heutige Menschen interessieren sich vor allem für ihre Liebesbeziehungen zu den Römern Caesar und Antonius sowie für ihren freiwilligen Tod durch Schlangenbiss im Jahre 30 v. Chr. Daher sind über sie schon zahlreiche Romane geschrieben und Filme gedreht worden.

Hinweise zu Leitfragen und Aufgaben

Wenn die SuS selbständig recherchieren, ist es sehr wahrscheinlich, dass sie unterschiedliche Lebensdaten nennen werden. In der Ägyptologie gibt es abweichende Berechnungsgrundlagen.

(S. 84 – 85) TLE 8: Der Pharao braucht Beamte

Hinweise zur Unterrichtsgestaltung

Der Einstieg kann erfolgen über die Skulptur des Schreibers Heti mit den zugeordneten vielfältigen Aufgaben (erste Leitfrage). Die Frage kann dann gesteuert werden hin auf die 2. Leitfrage, ob es – trotz der offensichtlich vielen Arbeit – erstrebenswert war, Beamter zu werden. Dazu die vorgeschlagene Gesprächsszene. Abschließend sollte eine kritische Beurteilung der Selbsteinschätzung der Beamten erfolgen (s.u.).

Fachliche Hinweise und Erläuterungen

Zu S. 84/M 1

Die **Skulptur des Schreibers Heti** ist eines der prominenten Exponate im Pelizaeus-Museum Hildesheim. Die Skulptur ist 52 cm hoch. Sie stammt aus dem späten Alten Reich, etwa um 2 300 v. Chr. Heti sitzt in der klassischen Haltung eines Schreibers, mit untergeschlagenen Beinen. Er trägt einen knielangen Schurz. Auf dem gespannten Schurz liegt eine Papyrusrolle, deren beide Enden zusammengerollt sind. In der rechten Hand hält Heti einen Schreibstift aus Metall, der nicht mehr vorhanden ist. Heti erweckt den Eindruck, als sei er bereit, Aufträge seines Herrn zu notieren. Schreiber in Aktion sind auch auf dem Bild „Schreiber notieren das Ergebnis der Ernte" (S. 74) zu sehen.
Heti ließ sich eine Grabstatue in dieser Pose herstellen, weil er das Ansehen und die Vorrechte eines Beamten mit in das Jenseits nehmen wollte. Heti ist als Schreiber dargestellt, aber es ist unsicher, welchen Platz er in der Beamtenhierarchie einnahm. Beamte ließen sich gern als Schreiber darstellen, auch wenn sie höhere Aufgaben zu erledigen hatten. Die Qualität der Statue lässt vermuten, dass Heti nicht nur einfacher Schreiber war.

Hinweise zu Leitfragen und Aufgaben

Zu S. 84/ Leitfrage

Bei **M 1** sind die wesentlichen Aufgaben der Beamten aufgelistet. Erstrebenswert war der Beruf angesichts ihrer Privilegien. Das Ansehen der Beamten war sehr hoch.

Zu S. 85/M 2-M 5

M 2: Dieser Quellenausschnitt ist gespickt mit tendenziösen Aussagen. Aus den Aufgabenfeldern (S. 84) und dem Darstellungstext (S. 85) wird ersichtlich, dass die Beamten zwar überwachten und Befehle erteilten, aber sie standen selbst in einer Befehlskette. Die erste Aussage ist also falsch. Die Aussagen „Du hast ein herrliches Wesen seit deiner Geburt" und „der Weizen hat sich dir am Tag deiner Geburt verbunden" weisen hin auf den Wohlstand eines Beamten und auf die seit der Geburt feststehenden Privilegien, er wurde also als Sohn eines Beamten geboren, dessen Berufsweg vorgezeichnet war.
M 3: Die Ausbildung verlief hart, gelegentlich gab es Prügel („Ohr ... auf seinem Rücken"). Solche Übungstexte mussten von den Schreiberschülern immer wieder abgeschrieben werden, um ihnen das Ziel hinter der mühevollen Ausbildung zu verdeutlichen: die herausgehobene Stellung des Beamten.
M 4: Die Aussage des Tjanuni spricht für großes Selbstbewusstsein: Der König erringt die Siege, Tjanuni aber verewigt sie. Die SuS könnten versuchen, den Text laut zu lesen und die Aussage des Tjanuni durch Betonung hervorzuheben: „*Ich* aber war es..." (Z4).
M 5: Gezielt werden in diesem Übungstext die negativen Aspekte anderer Berufe betont, um den Status des Beamten hervorzuheben. Das sollte die Schüler in den Schreiberschulen ermuntern, die harte Ausbildung zu bewältigen.

(S. 86 – 87) TLE 9: Typisch Hochkultur: Eine gegliederte Gesellschaft

Hinweise zur Unterrichtsgestaltung

Die Arbeit an der Gesellschaftspyramide sollte so ausgerichtet werden, dass die SuS befähigt werden, diese Darstellungsform kritisch zu befragen: Die Pyramide bietet sich gerade zur Darstellung der Gesellschaft im Alten Ägypten an, sachlich ist dies jedoch sehr vereinfacht (s. u.: Fachliche Hinweise und Erläuterungen). Das sollten die SuS selbständig erkennen können.

Fachliche Hinweise und Erläuterungen

Die Masse der Bevölkerung bildeten Bauern, Handwerker, etc. Das Feld in der Gesellschaftspyramide ist für diese Gesellschaftsschicht in der Relation erheblich zu klein. Umgekehrt sieht es mit den drei oberen Feldern aus: Für die geringe Zahl der Mitglieder dieser gesellschaftlichen Gruppen sind diese Felder zu groß.
Sklaven sind in der Gesellschaftspyramide nicht enthalten. Zum einen sind die Grenzen zu Unfreien und Hörigen fließend, zum anderen war die Zahl wohl eher gering, anders als in Rom und Griechenland.

Hinweise zu Leitfragen und Aufgaben

Zu S. 86/Leitfrage

Die Leitfrage zielt auf eine Versprachlichung des Schaubildes „Gesellschaftspyramide". Dazu wenden die SuS die Methode „Schaubilder lesen und verstehen" (S. 87) an. In der rechten Spalte sind Aussagen bereits vorformuliert.

Zu S. 87/Methode

Unter **„3. Schritt: Auswerten und Deuten"** wird gefragt, wie sinnvoll die gewählte grafische Form (also die Pyramide) ist. Die Frage, ob die Form der Pyramide als Schaubild für die ägyptische Gesellschaft geeignet ist, lässt sich bejahen und verneinen:
- Deutliches „Oben und Unten" spricht für diese Darstellungsform, zudem: Bezug der Pyramide zum Alten Ägypten.
- Der Pharao steht auch in der Gesellschaftspyramide alles überragend an der Spitze.
- Der Lerneinheit „Hochkultur: Ohne Staat geht es nicht" konnten die SuS die Bevölkerungszahl (S. 79) im Alten Ägypten entnehmen: ca. 1 Million Menschen. Wenn der Pharao an der Spitze der Darstellungsform „Pyramide" ein Feld einnimmt, liegt die Frage nahe, welchen Raum der Rest der Bevölkerung von rund einer Million Menschen eigentlich beanspruchen müsste.
- Dass es sich bei der Gruppe der Beamten um eine relativ kleine Gruppe handelte, konnten die SuS dem darstellenden Text „Der Pharao braucht Beamte" entnehmen (S. 84).
- Die Abstände zwischen oben und unten waren größer als es das Schaubild der Pyramide suggeriert.

Aufgabe bei fakultativem Einsatz von Arbeitsblättern

Unter **„Arbeitsblätter"** finden sich fünf Rollenbeschreibungen ägyptischer Kinder. Diese Texte sind zwar fiktiv, jedoch nicht frei erfunden, sondern das Ergebnis der Auswertung von Bild- und Textquellen, sowie relevanter Fachliteratur.
Eine Gruppe von fünf SuS kann jeweils eine der Rollen übernehmen und vor der Klasse vortragen. Die Klasse wäre aufgefordert, die Kinder der Gesellschaftspyramide zuzuordnen.
- Die Lebensbedingungen von Kindern im Alten Ägypten waren in deutlicher Weise vom gesellschaftlichen Rang der Familie – d. h. vorrangig: vom Beruf des Vaters – abhängig. Kinder aus oberen Gesellschaftsschichten lebten in Wohlstand.
- Der Alltag der Familien war geprägt vom sozialen Stand: In den unteren Gesellschaftsschichten waren alle Familienmitglieder in die Sicherung der Lebensgrundlage eingebunden. In den oberen Gesellschaftsschichten halfen Diener bei der Bewältigung der täglichen Aufgaben.
- Ein Vergleich damals – heute ist schwierig. Einige Elemente sind sicher:
  - Zwar beeinflusst auch heute noch der soziale Stand der Familie die Zukunft von Kindern, aber Kinder, egal welcher sozialen Schicht sie angehören, haben heute grundsätzlich Aufstiegschancen.
  - Das staatliche Bildungssystem fördert alle Kinder.
  - Mädchen haben die gleichen Bildungschancen wie Jungen.
  - Kinder unterer sozialer Schichten sind, nicht wie im Alten Ägypten, schon früh in die Sicherung der Lebensgrundlage der Familie eingebunden.

(S. 88–91) TLE 10: Wir forschen gemeinsam – Der Glaube an das Weiterleben nach dem Tode

Hinweise zur Unterrichtsgestaltung

Die SuS sollen in Gruppen anhand der Bilder in die Rolle eines Museumsführers schlüpfen. Nach der Bearbeitung der Bilder und der dazugehörigen Texte erklärt jede Gruppe an den Bildern wesentliche Elemente der altägyptischen Jenseitsvorstellung.

Fachliche Hinweise und Erläuterungen

Das Grab („per-djet“ – „Haus der Ewigkeit“, „Haus für die Ewigkeit“, „Haus der ewigen Zeit“) hatte für die Ägypter eine enorme Bedeutung. Die Ägypter glaubten, dass sie nach dem Tod weiterleben konnten. Mit einem gut ausgestatteten Grab konnten sie beeinflussen, wie ihr Leben im Jenseits aussah.
Eine **Grabanlage** war nicht billig. Es gab unterschiedliche Ausführungen, abhängig von den finanziellen Möglichkeiten des Grabbesitzers. Aufwändige Gräber mit mehreren Räumen konnten sich nur wenige leisten. Allein die einfachste Ausstattung einer Sargkammer entsprach etwa 30 – 35 Monatslöhnen eines Handwerkers, eine etwas bessere Ausstattung entsprach etwa 100 Monatslöhnen eines Schreibers. Der innerste der drei Särge des Pharao Tutanchamun ist aus reinem Gold und wiegt 110 kg. Das entspricht etwa 35 000 Monatslöhnen eines Handwerkers. Dabei ist nur der reine Materialwert erfasst, nicht die Herstellungskosten, z. B. die Löhne der hochspezialisierten Handwerker. Wer sich kein Grab leisten konnte, wurde nach dem Tode in ein Tuch eingewickelt und im Wüstensand vergraben. Die Aussichten auf ein Leben im Jenseits waren für diesen Ägypter düster.
Meist war der Grabbesitzer ein Mann. Es hing von ihm ab, mit welchen Familienmitgliedern er im Jenseits leben wollte.
Wie lange dauerte die Ewigkeit? Schon zur Zeit des Alten Ägypten wurden Gräber ausgeraubt. Vor allem die Königsgräber mit den wertvollen Schätzen wurden von Grabräubern geplündert. Alle Pharaonengräber wurden ausgeraubt – außer dem des Tutanchamun.
Die Ägypter glaubten, dass die Reliefs und Malereien in den Gräbern belebt waren. Die Brote auf dem Speisetisch des Junu sahen aus wie hoch aufgestellt. Das ist nur die spezielle Darstellungsweise. In der Realität haben die Brote hinter- oder übereinander auf dem Tisch gelegen haben müssen. Mit einer realistischen Darstellungsweise hätte die Vielzahl der Brote nicht gezeigt werden können.

Mumie/Mumienforschung: Im Gegensatz zu modernen Verfahren, Mumien zu untersuchen, ohne sie zu zerstören (Computer-Tomographie), sind Forscher über Jahrhunderte rücksichtslos mit Mumien umgegangen. In Europa schrieb man dem aus Mumien gewonnenen Pulver Heilkraft zu. Noch 1924 führte eine angesehene deutsche Arzneimittelfirma „Mumia vera Aegyptica“ zum Kilopreis von 12 Goldmark in ihrer Verkaufsliste. Die aus Mumien gewonnenen Substanzen wurden als Ersatz für das echte „mumija“ benutzt: Dies ist die persische Bezeichnung für ein am Toten Meer und im Zweistromland natürlich vorkommendes Erdpech. Dieses echte „mumija“ war im Handel oft nur schwer erhältlich und zudem auch sehr teuer. Einfacher war es, an die harzige Salbölsubstanz zu kommen, die die altägyptischen Balsamierer in Schädel, Brust- und Bauchraum Verstorbener gegossen hatten, um die Körper zu konservieren. Anfangs kratzte man das Salböl aus den Körpern heraus, später griff man der Einfachheit halber auf zermahlene Mumienteile zurück. Im Laufe der Zeit wurde die Bezeichnung für das Erdpech auf die altägyptischen Balsamierungssubstanzen und schließlich auf die balsamierten Körper selbst übertragen. (Renate Germer, Das Geheimnis der Mumien, München/New York 1997, S. 95 f.)
Die Mumie (M 2) befindet sich im Museum August Kestner, Hannover.

Zu S. 88/Abb.

Junu: Vor dem Grabinhaber befinden sich Dinge, die er für ein angenehmes Leben im Jenseits braucht, Speisen, sowohl in Hieroglyphenschrift (Salbe, Feigen, Wein, Weihrauch) als auch bildlich dargestellt: Brote, Rinderschenkel, Gans, und ein Handwaschgerät (Krug in Schale). In der Zeile über seinem Kopf steht ein Ehrentitel: sa nisut = Sohn des Königs. Bei Junu ist dies ein Ehrentitel. Ursprünglich war es Praxis am Hof des Pharao gewesen, die hohen Ämter an Königssöhne zu vergeben. Das stieß bald an Grenzen: Für die zunehmenden Aufgaben im Staate fehlte es an Qualifizierten. Junu hatte folgende Funktionen:
- mer sau schemau = Vorsteher der Arbeitsgruppen von Oberägypten
- wer medsch schemau = Großer des Zehnerrates von Oberägypten.

Junu lebte um 2540 v. Chr., also: Altes Reich, 4. Dynastie, Herrschaft des Pharao Cheops (ca. 2545 – 2520 v. Chr.). Cheops war der Erbauer der größten Pyramide Ägyptens. Das Bild im Schulbuch zeigt nur einen Ausschnitt des Reliefs, Format der gesamten sogen. Opfertafel: Höhe 39 cm, Breite 54 cm. Das Relief befindet sich im Pelizaeus-Museum Hildesheim.

Zu S. 89/M 1

Intef und seine Familie: In der Inschrift über dem Paar heißt es u.a. „der Versorgte Intef“, geboren von Ipi (also seine Mutter). „Versorgt“ bedeutet, dass Intef kultisch versorgt ist bei zwei genannten Göttern, die ihm Anteile von ihren Opfergaben überlassen. In den Kolumnen 5 – 8: „Die versorgte Heqet, geboren von Hapi selig“ (also ihre Mutter).

Vor dem Ehepaar ein reich gedeckter Opfertisch: kegelförmige Brote, Gänse, Rinderschenkel, Fleischstücke, Weintrauben, Bierkrug, Lattich, Gurke. Rechts unter dem Tisch: zwei Wassergefäße und eine Gans. Die Darstellungsweise entspricht dem Grundprinzip ägyptischer Künstler: Der Gegenstand soll in seiner typischen Ansicht erkennbar sein. Bei realistischer Darstellung würden sich die Gegenstände gegenseitig verdecken.
Direkt vor dem Ehepaar: „seine Tochter Henutsen, selig". Sie ist nackt mit der typischen Jugendlocke, sie hält eine Lotusblüte an ihre Nase.
In dem Register rechts oben stehen zwei Männer, die jeweils eine Gans bringen: vorne „sein geliebter Sohn Nesu-Month", dahinter „sein Bruder Amen-em-het, sein Liebling, der täglich das tut, was er (= Intef) lobt, selig, Herr der Ehrwürdigkeit".
Im Register rechts unten stehen drei Frauen: als erstes die klein dargestellte Heqet (vermutlich Enkelin), danach die Töchter Renesanch und Hapi. Auch die Frauen bringen Opfergaben.
Intef und seine Familie lebten um 2000 v. Chr. (Ende der 1. Zwischenzeit).
Das Relief (Format: Höhe 46 cm, Breite 62 cm) befindet sich im Museum August Kestner Hannover).

Zu S. 91/M 3 **Mundöffnung:** Ein Priester mit der Maske des Gottes Anubis hält vor dem Grabeingang (rechts) den mumifizierten Körper. Vor der Mumie zwei Priester, die die Mundöffnung mit besonderen Geräten durchführen. Unten kniet eine Angehörige, um Abschied zu nehmen.

Zu S. 91/M 4 **Sen-nefer** war als Bürgermeister von Theben ein hoher Beamter. Er lebte unter dem Pharao Amenophis II. (reg. ca. 1439 bis 1413, also: Neues Reich, 18. Dynastie). Da das Grab unter dem Besucheransturm litt, wurde es in einem aufwändigen Verfahren reproduziert. Das nachgebaute Grab des Sen-nefer kann im Pelizaeus-Museum Hildesheim besichtigt werden.

Hinweise zu Leitfragen und Aufgaben

Zu S. 89/Leitfrage
- **Junu** sitzt an einem gut gedeckten Opftertisch. So stellt er sich sein Leben im Jenseits vor.
- Der Beamte **Intef** und Heqet wünschten, im Jenseits gut versorgt und im Beisein von ihrer Familie zu leben.
- **Mumie:** Die SuS entnehmen den Begleittexten Informationen zur Mumifizierung.
- **Mundöffnung:** Diese Zeremonie war von höchster Bedeutung: In die Mumie kehrte Leben zurück. Es wurde darüber hinaus bewirkt, dass im Grab alle in Stein gemeißelte Objekte (etwa Brote, Gänse, etc.) belebt wurden. Links oben führen zwei Priester mit rituellen Geräten die Mundöffnung durch.
- **Grab des Sen-nefer.** Das Grab des Sen-nefer gilt als eines der prächtigsten Privatgräber aus dem Alten Ägypten. Es ist voller Wandmalereien. Eine solche Ausstattung konnten sich nur wenige leisten.

Zu S. 89/ Alternative Unter der angegeben Internetadresse **www.45-minuten-stunde.de** finden die SuS vertiefende Informationen zu Mumien, Mumifizierung und Mumienforschung.

(S. 92 - 93) TLE 11: Eine Hürde vor dem Weg in die Ewigkeit: Das Totengericht

Hinweise zur Unterrichtsgestaltung

Die SuS wenden die Methode „Eine Bildquelle untersuchen" an. Das Bild des Totengerichts ist gut geeignet, da der dargestellte Handlungsablauf gut nachzuvollziehen ist. Die Einführung in das systematische Verfahren der Arbeit mit einer Bildquelle sollte mit dem vorliegenden Material gut gelingen, für die SuS liegt die Hürde nicht allzu hoch.

Fachliche Hinweise und Erläuterungen

Der über der Wiegeszene fixierte Text (das sog. „negative Schuldbekenntnis") kann verglichen werden mit den christlichen Zehn Geboten. Ein wesentlicher Unterschied liegt in der Grundstruktur der Aussagen: „Ich habe nicht ..." und in den Zehn Geboten: „Du sollst nicht ...".
Eine solche Malerei war sehr teuer, ein Original auf Papyrus hat ein Format von ca. 120 x 57 cm.

Hinweise zu Leitfragen und Aufgaben

Zu S. 93/ Anwendung der 3-Schritt-Methode

Betrachten/Beschreiben: Der Schreiber Hunefer hat sich das Bild des Totengerichts, so wie er sich den Ablauf und das Ergebnis erwünschte, in sein Grab legen lassen. Er wird von dem schakalsköpfigen Gott Anubis zur Waage geführt. Dort wird sein Herz (Sitz der Wahrheit) gegen die Feder der Göttin Maat aufgewogen. Maat galt als die Göttin der Wahrheit und Gerechtigkeit. Eine kleine Figur der Maat sitzt oben auf der Waage, erkennbar an der Feder auf dem Kopf. Anubis leitet den Wiegeprozess. Unter der Waage sitzt das Ungeheuer Ammit (Körper von Löwe und Nilpferd, Kopf eines Krokodils) bereit, bei ungünstigem Ausgang das Herz aufzufressen. Das hätte den endgültigen Tod bedeutet. Das Herz sollte leichter als die Feder sein, was beim Herzen des Hunefer – so das Bild – gelungen war. Neben der Waage steht Thot, der ibisköpfige Gott der Weisheit, er war der Schreiber der Götter. Der falkenköpfige Gott Horus geleitet Hunefer nach der erfolgreich bestandenen Prüfung zu Osiris, dem Herrscher des Totenreichs. Osiris verkündet das Urteil. In der oberen Bildzeile kniet Hunefer vor 14 Gottheiten, von denen sieben das Anch-Zeichen („Leben") halten. Außerdem halten Anubis (links) und Horus das Anch-Zeichen. Auch dies ist ein Hinweis auf den zu erwartenden positiven Ausgang.
Unter **„Deuten"** kann über die Intention des Hunefer nachgedacht werden: Er wollte das Ergebnis durch das Bild beeinflussen, auch durch das negative Schuldbekenntnis.
Beim 1. Schritt des „Betrachtens" ziehen die SuS die ergänzenden Informationen hinzu. Beim 2. Schritt werden die Informationen an dem Bild angewandt. Beim 3. Schritt „Deuten" begeben sich die SuS auf eine höhere Ebene als bei den Sachaussagen bei Schritt 1 und 2. Es liegt nahe, dass es hier auch unter den SuS zu differierenden Aussagen kommen kann. Wenn die SuS ihre Ergebnisse präsentieren, sollte darauf geachtet werden, dass der Schritt „Deuten" sich klar von dem Beschreiben des Bildes abhebt.

(S. 94–95) TLE 12: Stopp: mehr wissen – mehr können

Hinweise zur Unterrichtsgestaltung

Die SuS sollten in der Lage sein, die vorgegebenen Bilder und Stichworte für Sprechanlässe zu nutzen.
Zur Gestaltung ergeben sich vielfältige Möglichkeiten.

Hinweise zu den Aufgaben

Zu S. 94 oben

Bildmemory
- Totengericht (S. 92): Glaube an ein Leben nach dem Tode. Der große Aufwand war nur dadurch möglich, dass einige Menschen (etwa Priester und Künstler) von der Nahrungsproduktion freigestellt waren. Die künstlerische Gestaltung/Leistung ist ein Merkmal Früher Hochkulturen.
- Schreiber Heti (S. 84): Wichtige Aufgaben der Beamten, gegliederte Gesellschaft. Staat als Merkmal der Frühen Hochkultur. In besonderem Maße war die Entwicklung der Schrift ein Merkmal Früher Hochkulturen.
- Hochwasser am Nil (S. 70): Alle Frühen Hochkulturen entstanden an Flüssen, die Bewältigung des Hochwassers und der künstlichen Bewässerung zwang zu Kooperation zwischen verschiedenen Gesellschaftsgruppen.
- Das Vermessen der Felder (S. 74) war eine besondere Spezialisierung, ohne Spezialisierung keine Frühe Hochkultur.
- Man arbeitet an Wasserhebegeräten („Schaduf", S. 73): Die künstliche Bewässerung musste sorgfältig geplant und überwacht werden. Diese Aufgabe wurde in den Frühen Hochkulturen zentral gesteuert.
- Pharao und Gott (S. 81): Alle Frühen Hochkulturen entwickelten differenzierte religiöse Systeme. In Ägypten sahen sich die Herrscher durch Götter legitimiert.

Zu S. 94 unten

„Ich erläutere am Beispiel Ägypten" ...
- Zur Enstehung einer Hochkultur kam es durch die Herausforderungen des Nil.
- Die besonderen Herausforderungen waren Schutz vor Hochwasser und künstliche Bewässerung.
- Die Gesellschaften in allen frühen Hochkulturen waren hierarchisch gegliedert, klares Oben und Unten.

- Die frühe Hochkultur ist eine Stufe in der Entwicklung der Menschheit. Wesentliche Kennzeichen sind Arbeitsteilung, zentrale Verwaltung, Kenntnis einer Schrift, religiöse Kulte, besondere künstlerische Leistungen.
- Die Menschen haben durch Zusammenarbeit und Erfindungen zum Entstehen der Frühen Hochkultur beigetragen.
- Die Frühen Hochkulturen entstanden an Flüssen, dort wurden die Menschen zur Zusammenarbeit (Hochwasser, künstliche Bewässerung) gezwungen, wodurch gute Ergebnisse erzielt wurden, vor allem bei der Ernte.

Zu S. 95 oben

Bild: Ein Beamter überwacht Erntearbeiten
- Beim „Worfeln" werden Spreu und Weizen getrennt.
- Das Getreide wird vor dem Einlagern gemessen.
- Ein Beamter überwacht die Arbeiten.
- Zu sehen sind Arbeiter, ein Beamter von niederem Rang, ein hoher Beamter (unter Baldachin, mit Amtsstab).

Zu S. 95 unten

Recherche
Zur eigenständigen Recherche gibt es zahlreiche Möglichkeiten im Internet, v. a. unter den angegebenen Adressen.
Differenzierungsvorschlag: Mathematisch interessierte SuS können im Internet auf der Seite „Ägyptische Seilspanner" (www.informatix.at/margot/gss1.html) arbeiten oder auf den Seiten das „ägyptische Zahlensystem" oder "ägyptische Zahlen" (http://home.fonline.de/fo126//geschichte/ges1.htm) weiterarbeiten; dort gibt es auch schöne Rechenbeispiele.

Hinweise zu den Arbeitsblättern

Kinder im Alten Ägypten
Bei der TLE 9 „Typisch Hochkultur: Eine gegliederte Gesellschaft" sind Hinweise zum Einsatz der Rollenkarten.

Geheimnisvolle Hieroglyphen: Die Scheintür des Schepi
Insgesamt steht auf den beiden inneren und den beiden äußeren Pfosten:
- der Name „Schepi" 7x
- das Wort „peret-cheru" („Totenpfer") 6x
- die Formel „hetep di nesut" („ein Opfer, das der König gibt") 2x

Hieroglyphen: Aus dem Grab des Sen-nefer
Einen kleinen Schritt tiefer als bei der Suchaufgabe zu Schepi können die SuS bei der Inschrift aus dem Grab des Sen-nefer in die komplizierte Arbeit mit Hieroglyphen eindringen.
Die ausgewählte Inschrift lautet: *nebet per Merit maat cheru,* Übersetzung: *Merit, Herrin des Hauses, gerechtfertigt.*

Die ägyptischen Grabbauer haben ein Problem
Der Schacht wurde mit Sand aufgefüllt. Dann wurde der Sarkophag auf den zugeschütteten Schacht geschoben. Anschließend wurde auf allen Seiten der Sand neben dem Sarkophag entfernt. So senkte sich der Sarkophag langsam ab, bis auf den Grund des Grabschachtes.

Ein Rätsel aus dem Alten Ägypten
- silbern schillernde Perle = Das Nilhochwasser bedeckt weite Teile des Landes.
- schwarze Haut = Der fruchtbare schwarze Schlamm hat sich mit dem Sinken des Wassers abgelagert.
- grüner Edelstein = die üppig wachsenden Pflanzen
- leuchtendes Gold = das reife Getreide

Arbeitsblatt: Kinder im Alten Ägypten (1)

Kinder im Alten Ägypten

■ Ihr seid junge Ägypterinnen oder Ägypter. Unter jedem Bild findet ihr Informationen zu einzelnen ägyptischen Kindern. Lest die Texte gründlich und versucht dann, vor der Klasse die Rolle möglichst überzeugend zu spielen. Stellt euch zu Beginn vor: „Ich bin ..."

M 1 Der Bürgermeister Sen-nefer mit seiner Frau und seiner Tochter

Ich bin Nefertari. Mein Vater Sen-nefer ist ein hoher Beamter. Ich stehe auf dem Bild zwischen meinen stolzen Eltern.
Mein Vater bekam vom Pharao hohe Auszeichnungen. Bei besonders wichtigen Amtsgeschäften zeigt sich mein Vater mit dem Ehrengold. Das sind schwere Halsketten und goldene Schmuckstücke.
Meine Mutter hat den Titel einer königlichen Amme. Sie hat also Verantwortung für die Kinder des Pharao. Eine „königliche Amme" hat immer Zugang zum Hofe des Pharao. Gelegentlich darf ich meine Mutter begleiten. Dann darf ich mit einer Prinzessin zusammen spielen. In den königlichen Gärten unter den schattigen Bäumen und zwischen den großen Teichen ist das ein großes Vergnügen.
Wir wohnen in einem großen Haus. Die Arbeiten im Haus werden von vielen Dienerinnen und Dienern erledigt. Meine Mutter gibt dem Personal Anweisungen. Mein Vater hat vom Pharao große Ländereien erhalten. Die lässt er von Bauern bearbeiten. Davon leben wir – und das nicht schlecht. Mein Vater verdient zehnmal so viel wie ein Arbeiter oder ein Bauer.
Ich habe noch eine Schwester, einen Bruder habe ich leider nicht. Mein Cousin geht in eine Schreiberschule. Leider wohnt er in einer anderen Stadt, sonst könnte er mir helfen, etwas Lesen und Schreiben zu lernen. Mein Vater hat keine Zeit, mir dabei zu helfen.
Mein Vater sagt, er werde für meine Zukunft schon sorgen: Ich glaube, er hat schon einen Ehemann für mich ausgesucht. Ich würde das viel lieber selbst entscheiden. Sicher ist, dass ich eines Tages Sängerin im Tempel sein werde. Das ist ein ehrenvoller Titel. Meine ältere Schwester hat einen hohen Beamten geheiratet. Sie hat vier Kinder, zwei Kinder sind kurz nach der Geburt gestorben. Wie meine Mutter, muss sie sich um den Haushalt kaum kümmern. So hat sie Zeit für den Dienst im Tempel als Sängerin.
Neben uns wohnt die Familie des Oberpriesters. Mit deren Tochter Hetep bin ich befreundet. Unsere Familien sind in der Freizeit oft zusammen. Ein großes Vergnügen ist es, wenn am Ufer des Nils Vögel gejagt werden.
Ob mein Vater als meinen künftigen Ehemann an Seanch-Ptah gedacht hat, den Sohn des Oberpriesters? Mein Vater sagt immer: „Eine Frau wird eingestuft nach ihrem Ehemann, ein Mann wird eingestuft nach seinem Rang." Da beide Familien auf einem Rang stehen, würde Seanch-Ptah zu mir passen. Aber noch besser wäre es, wenn ich selbst einen Ehemann auswählen könnte.
Meine Eltern lieben es auch, Gäste zu einem Festessen einzuladen. Dann wird vorher das ganze Haus geputzt. Goldene und silberne Gefäße werden hervorgeholt. Musiker, Sänger und Tänzer werden bestellt. Wenn hohe Gäste erwartet werden, empfängt mein Vater sie draußen vor dem Haus und durchschreitet mit ihnen den Garten. Wenn die Gäste sich gesetzt haben, verteilen Diener Blumen und Duftstoffe. Zum Essen spielt Musik, nach dem Essen sollen sich die Gäste an Musik und Tanz erfreuen. Für uns Kinder ist das ein großes Ereignis

Arbeitsblatt: Kinder im Alten Ägypten (2)

M 2 **Die Kinder des Goldschmieds**

Ich bin Kasa. Ich bin zu sehen auf einem in Stein gehauenen Bild. Mein Vater hat es für sein Grab anfertigen lassen. Ich habe drei Brüder und drei Schwestern. Ich bin der Jüngste. Daher stehen auf dem Bild meine drei älteren Brüder vor mir. Meine drei Schwestern stehen hinter mir. Ich bin erst acht Jahre alt, mein Vater aber hat mich so darstellen lassen, als wäre ich genauso alt wie meine älteren Geschwister. Mein ältester Bruder ist für das Grab der Eltern verantwortlich. Auf dem Bild sind wir sieben Kinder mit Gaben für den verstorbenen Vater dargestellt. Ich trage Gefäße mit Wasser.

Mein Vater war Goldschmied. Mein Vater war besonders tüchtig. Sein Vater war auch Goldschmied. Bei ihm ging mein Vater in die Lehre.

Mein Vater war zunächst Goldschmied an einem Tempel. Dort wurde er oberster Goldschmied am Tempel. Dann bekam er den Titel „Oberster der Goldschmiede des Königs". Das war für ihn ein riesiger Aufstieg. Wie stolz mein Vater war, kann man daran sehen, dass er gerne alle drei Titel führte.

Als einfacher Handwerker hätte er sich ein so gut ausgestattetes Grab nicht leisten können. Gute Handwerker verdienen doppelt so viel wie Bauern und Arbeiter. Und mein Vater verdiente sogar noch etwas mehr. Künstler unter den Handwerkern können sich neben ihrem Lohn durch private Aufträge etwas hinzuverdienen. Künstler haben ein hohes Ansehen, wenn sie gute Arbeit leisten.

Einige Häuser weiter wohnt die Familie eines einfachen Schreibers. Denen geht es noch besser als uns.

Ich werde auch Goldschmied. Bevor mein Vater gestorben ist, habe ich drei Jahre lang den ganzen Tag zusammen mit ihm in der Werkstatt verbracht. So habe ich viel gelernt. Seit dem Tod meines Vaters lerne ich weiter bei Seth, meinem ältesten Bruder, einem sehr tüchtigen Goldschmied.

Obwohl es uns relativ gut ging, hatte meine Mutter immer viel Arbeit im Haus. Sie hat einen Diener und eine Dienerin, die ihr bei der Arbeit helfen. Meine Mutter muss sich darum kümmern, dass Brot gebacken wird, dass gesponnen und gewebt wird, dass Kleidung hergestellt wird. Die schweren Arbeiten, wie das Wasser vom Fluss holen oder die Wäsche im Fluss waschen, überlässt sie dem Diener und der Dienerin.

Seit mein Vater nicht mehr lebt, bekommt sie Hilfe von meinem Bruder Piai. Ihm wird sie dann wohl auch das Haus vererben.

Meine Schwestern haben geheiratet, als sie 12 und 14 Jahre alt waren. Vorher haben sie von meiner Mutter gelernt, wie ein Haushalt zu führen ist.

Arbeitsblatt: Kinder im Alten Ägypten (3)

M3 Streit bei der Ernte

Ich bin Achmose, der Sohn des Bauern Schepi. Unter dem Korb sammele ich Ähren. Mein Vater muss den größten Teil der Ernte abliefern. Für uns bleibt dann oft wenig übrig. Auch in diesem Jahr wird es wieder eng. Heuschrecken und Mäuse haben großen Schaden angerichtet. Die Beamten des Pharao kümmert das wenig. Die sagen: So groß ist euer Feld, also müsst ihr genau die von uns festgelegte Menge Getreide abliefern. Mein Vater hat mich auf die Felder geschickt, um heruntergefallene Ähren einzusammeln. Wie man sehen kann, sind andere auch auf diese Idee gekommen.

Ich kenne die beiden Mädchen, die sich nebenan um die Ähren streiten: Da ist Taim-hotep, die Tochter des Maurers und daneben ist Teje, die Tochter des Fischers. Ich kenne beide gut, denn sie wohnen in unserer Siedlung mit den einfachen Häusern. Die Häuser stehen so eng beieinander, dass man alles von nebenan mitbekommt.

Unsere Väter arbeiten den ganzen Tag hart. Wir Kinder müssen schon früh bei der Arbeit helfen.

Als ich noch ganz klein war, habe ich den Männern das Essen auf die Felder gebracht. Das hat inzwischen meine kleine Schwester übernommen. Jetzt muss ich schon zupacken. Ich muss mich vor allem um die Esel und Kühe kümmern. Mein Bruder muss beim Pflügen die Tiere lenken, während mein Vater den Pflug in den Boden drückt. Wenn gesät wird, muss er dafür sorgen, dass immer genug Saatgut da ist. Sonst muss er nach Hause laufen und Nachschub holen. Bei der Ernte muss ich helfen, dass Rinder auf der Tenne über die Ähren geführt werden. Oft genug bleiben die Tiere einfach stehen.

Früher dachte ich, Fischer sei ein schöner Beruf. Mit dem Boot auf dem Nil fahren, das sollte doch eigentlich Spaß machen. Teje hat mir erzählt, wie hart ihr Vater arbeiten muss.

Und wie gefährlich! Eine noch größere Gefahr als die Krokodile, sind die Nilpferde. Wenn die sich gestört fühlen, werden sie aggressiv. Da ist schon manches Boot gekentert. Ein Bruder von Teje ist dabei ertrunken.

Taim-hoteps Vater ist Maurer. Seine Arbeit ist hart, aber auch langweilig. Überwiegend muss er aus Nilschlamm Ziegel formen. Dafür muss er den Schlamm mit Sand und gehäckseltem Stroh mischen. Mit den Füßen muss er den Schlamm kneten, dann in Formen füllen und zum Trocknen auslegen.

Es ist klar, ich werde Bauer, Tejes Brüder werden Fischer und Taim-hoteps Brüder werden Maurer. Wir haben schon als kleine Kinder viel von den Berufen unserer Väter gelernt. Wenn ich die Schreiber und Seilspanner sehe, denke ich: Die haben es besser.

Unsere Mütter haben außer den eigenen Töchtern keine Hilfe im Haus. Sie müssen die Nahrung zubereiten, spinnen, weben, Wasser am Fluss holen, Wäsche im Fluss waschen, die Kinder beaufsichtigen und wenn viel Arbeit anliegt, müssen sie den Männern helfen.

Unsere Schwestern werden heiraten oder in einem fremden Haus als Dienerin arbeiten.

Arbeitsblatt: Kinder im Alten Ägypten (4)

M4 Klagefrauen

Mein Name ist Hetepet. Ich bin zwölf Jahre alt und begleite meine Mutter bei der Arbeit. Ich bin die älteste von fünf Geschwistern.
Mein Vater war der Schreiber Nes-Monthu. Er war für die Überwachung von Ackerflächen zuständig. Er musste also notieren, welche Flächen die Seilspanner ausgemessen und wie viel Getreide die Bauern abzuliefern hatten.
Die Bauern hatten Angst vor meinem Vater. Einige Bauern versuchten, meinen Vater zu bestechen.
Als einfacher Schreiber hat mein Vater etwa dreimal so viel verdient wie ein Bauer oder ein Arbeiter.
Um etwas Geld zu verdienen, über das sie selbst bestimmen konnte, hat meine Mutter schon vor Jahren gelegentlich als Klagefrau gearbeitet.
Das sind Frauen, die bei Begräbnissen auftreten. Sie beschmieren sich ihre Gesichter mit Schlamm, raufen sich die Haare und klagen laut über den Verlust des Toten.
Als mein Vater vor einem Jahr starb, musste meine Mutter von den fünf Dienerinnen und Dienern vier entlassen. Denn außer dem Haus hat mein Vater uns nichts vererbt. Meine Mutter hat zwei Brüder, aber die weigern sich, sie zu unterstützen. Daher arbeitet sie nun regelmäßig als Klagefrau. Da das nicht genügt für das Leben für sie selbst und fünf Kinder, arbeiten meine drei Schwestern und ich auch so oft es geht bei den Klagefrauen. Sogar Nefer-renpet, meine jüngste Schwester, die erst acht Jahre alt ist, hilft schon mit.
Auf dem Bild steht meine Mutter direkt hinter mir und meine drei Schwestern sind direkt vor mir. Mein kleiner Bruder ist jetzt zwei Jahre alt. Er soll eines Tages zur Schreiberschule gehen. Ob das passiert, wird sich zeigen. Es soll die Möglichkeit geben, dass besonders begabte Jungen in die Schule gehen. Es ist aber noch nicht klar, wie man die Begabung meines Bruders erkennen soll oder ob er gar eine hat.
Früher hat meine Mutter mit den Dienerinnen und Dienern feine Stoffe hergestellt, die sie dann auf dem Markt gegen Sachen, die sie nicht selbst herstellen konnte, eingetauscht hat. So bekam sie Honig, Krüge aus Ton und Schmuck aus Silber.

Arbeitsblatt: Kinder im Alten Ägypten (5)

M5 Prinz Cha-em weset

Ich bin Prinz Cha-em-weset. Mein Vater ist der Pharao Ramses III.
Meine Eltern sehe ich selten. Meine Amme kümmert sich viel um mich. Deren Sohn Kenamun ist genau in meinem Alter. Immer wenn es geht, sind wir zusammen. Später, wenn ich einmal Pharao bin, will ich ihm ein Amt am Hof verschaffen. Er soll immer in meiner Nähe sein.
Mehrere Erzieher kümmern sich um mich. Ich habe Unterricht mit einigen wenigen Söhnen hoher Beamter und hoher Priester. In einer solchen Gruppe lerne ich Lesen und Schreiben.
Täglich werde ich geübt im Gebrauch von Waffen.
Von mir wird erwartet, dass ich eines Tages Feinde von Ägypten fernhalte. Auch soll ich dafür sorgen, dass Ägypter, die Gesetze übertreten, bestraft werden.
Ich lerne, einen Streitwagen und einen Jagdwagen zu steuern. Wenn es eines Tages zur Löwenjagd in die Wüste geht, darf ich keine Schwäche zeigen. Die Jagd soll auf den Krieg vorbereiten. Von mir wird erwartet, dass ich besser als andere den Bogen spannen kann. Auch im Reiten muss ich der Beste sein. Ich muss wissen, wie Pferde richtig gehalten werden. Ich muss lernen, wie der Dienst an den Göttern erfolgen muss.
Ich darf mich nicht blind auf die Beamten verlassen, sie müssen sehen, dass ich genau Bescheid weiß.
Mein Vater hat mich schon einmal einen ganzen Tag an den Aufgaben eines Pharao teilnehmen lassen. Früh morgens nach dem Wecken wurden die eingegangenen Briefe gelesen. Antworten wurden diktiert. Nach dem Bad legte er die königlichen Gewänder an. Er brachte den Göttern Opfer dar und hörte dem Oberpriester bei seinen Gebeten zu. Dann empfing er die königlichen Ratgeber. Es wurde Recht gesprochen. Botschafter fremder Länder wurden empfangen. Hohe Beamte und Priester wurden ernannt. Verdiente Beamte und tapfere Soldaten wurden mit Geschenken belohnt.

Arbeitsblatt

Geheimnisvolle Hieroglyphen: Die Scheintür des Schepi

Mit dieser Übung kannst du dich in die Situation eines Experten hineinversetzen, der daran arbeitet, die geheimnisvolle Schrift der Hieroglyphen zu entziffern. Stelle dir vor, du stehst in einem ägyptischen Grab vor der Tür, die auf dieser Seite abgebildet ist. Es handelt sich dabei um eine Scheintür. Sie sollte das Grab vor Grabräubern schützen und konnte nicht geöffnet werden. Die Ägypter glaubten jedoch, die Seele des Verstorbenen könne in Gestalt eines Vogels durch diese Tür aus dem Totenreich in das Reich der Lebenden hinein und wieder zurück fliegen. Die Scheintür, vor der du stehst, gehört zum Grab des Schepi.
Hieroglyphen wurden meist, aber nicht nur, von rechts nach links geschrieben (vergleiche dazu euer Schulbuch). Beachte außerdem, dass sie nicht – wie in unserer Schrift – ausschließlich hintereinander geschrieben wurden, sondern die Zeichen wurden oft wie in Rechtecken angeordent: nebeneinander und übereinander.

- Um dieses Grab als sein Eigenes zu sichern, hat Schepi seinen Namen mehrfach anbringen lassen. So wird er geschrieben: 
- Ebenfalls mehrfach auf der Tür muss das Wort „Totenopfer" zu finden sein. Für die Verstorbenen war es wichtig, Totenopfer zu erhalten. Schepi hat das Wort einmeißeln lassen, weil er für alle Ewigkeit festlegen wollte, dass er Totenopfer empfängt. So sieht das Wort „Totenopfer" aus:

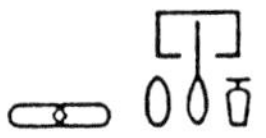

(*peret- cheru*)

- Nach dem Glauben der Ägypter konnten sich die Menschen nicht direkt an die Götter wenden. Nur der Pharao konnte eine Verbindung zu den Göttern herstellen. Außerdem konnte nur der Pharao den Göttern ein Opfer überbringen. Auf der Scheintür befindet sich dementsprechend die Formel „ein Opfer, das der König gibt". So sieht die Formel aus:

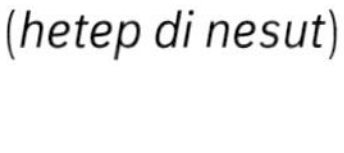

(*hetep di nesut*)

1 Wie oft findet man den Namen Schepi auf dieser Tur?

2 Wie oft findet man das Wort „Totenopfer"?

3 Wo befindet sich die geheimnisvolle Formel „ein Opfer, das der Konig gibt"?

4 Was kann man daraus folgern, dass Schepi einige Inschriften mehrfach in die Scheintür einmeißeln ließ?

Arbeitsblatt

Hieroglyphen: Aus dem Grab des Sen-nefer

In eurem Geschichtsbuch könnt ihr auf Seite 91 einen Blick in die Grabkammer des Sen-nefer werfen. Er war ein hoher Beamter. Über seinem Kopf seht ihr sieben von oben nach unten laufende Zeilen in Hieroglyphenschrift. Die werden Kolumnen genannt. In den vier Kolumnen rechts werden einige Titel des Sen-nefer genannt, u.a. Bürgermeister von Theben, der Hauptstadt des ägyptischen Reiches. Sen-nefer unterstanden auch große Ländereien um die Hauptstadt herum.
Von den Malereien an den Wänden des Grabes wurden Abzeichnungen angefertigt. Diese Abzeichnungen werden Strichzeichnung genannt. Es sind nur die Umrisse gezeichnet, diese kann man besonders deutlich erkennen.
Auf diesem Bild ist Sen-nefer mit seiner Ehefrau Merit und seiner Tochter zu sehen.
Hier könnt ihr erkennen, dass die Hieroglyphenschrift sehr kompliziert war. Versucht einige Teile der Inschrift zu entdecken. Beachtet auch hier die unterschiedlichen Schreibrichtungen!

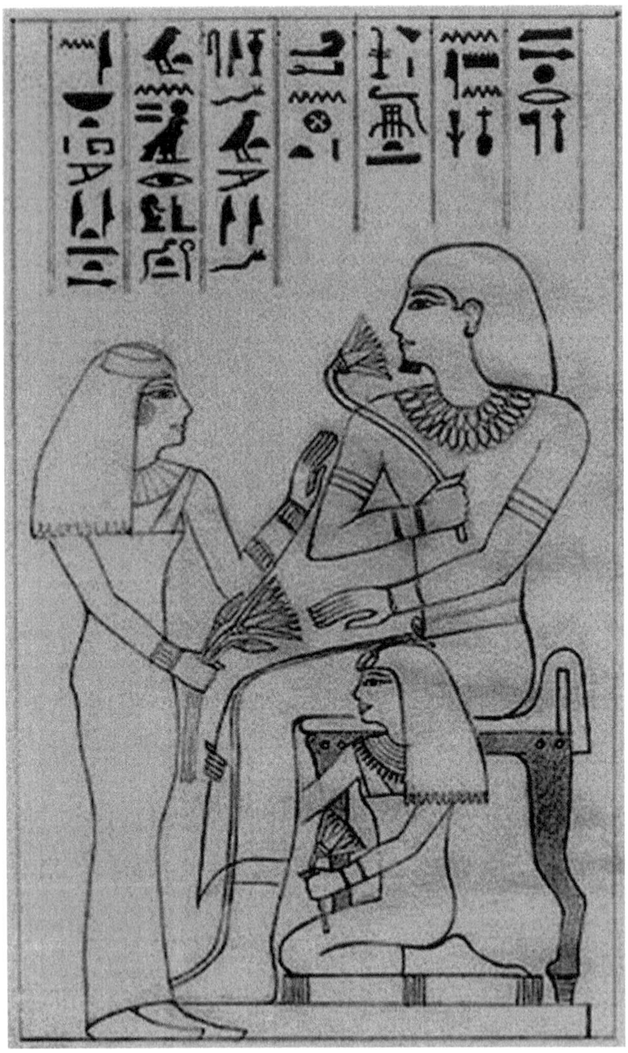

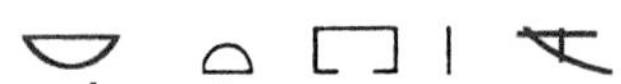

neb t per mer

i t ma a t cheru

„Nebet per" war ein Titel, den Frauen trugen: „Herrin des Hauses".
Ma at cheru bedeutet: gerchtfertigt, das heißt: Merit hat die Prüfung vor dem Jenseitsgericht bestanden.

Noch etwas Hieroglyphenkunde: 

bedeutet „neb" = „Herr": Durch das Anfügen des  (= t) ändert sich die Bedeutung zu „nebet" = „Herrin". Ähnlich bei „ma at cheru": Bei einem Mann entfällt das „t". Sucht die entsprechende Formel bei Sen-nefer.

Beachtet dabei: Das Zeichen  = „cheru" wird auch als liegendes Zeichen gezeigt.

Der Strich hinter dem Zeichen  bedeutet, dass das Zeichen hier nicht nur als Lautzeichen steht, sondern genau das bedeutet, was in der Hieroglyphe gezeigt ist: ein Hausgrundriss, also „Haus".
Und so schreibt sich der Name „Sen-nefer" in

Hieroglyphenschrift: 

Und hier der wichtigste Titel des Sen-nefer:

hati a n niut

Bürgermeister der Stadt Theben

Arbeitsblatt

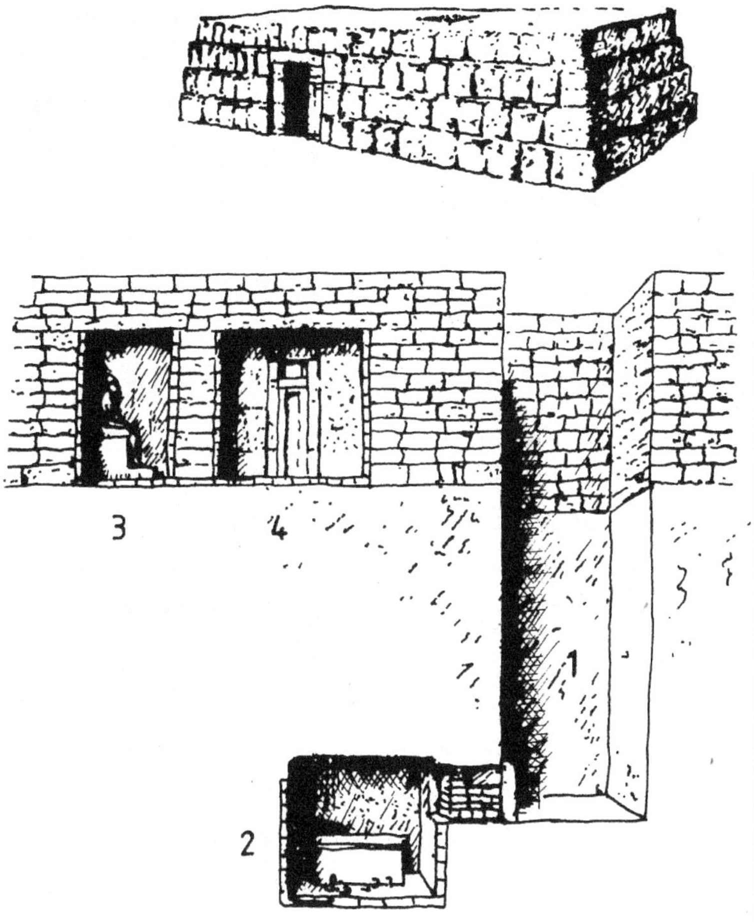

(Bettina Schmitz, Das alte Ägypten, Pelizaeus-Museum Hildesheim 1981, S. 7)

Die ägyptischen Grabbauer haben ein Problem

Im Alten Reich, das war die Zeit etwa von 2635 bis 2154 v. Chr., also die Zeit, in der die Pyramiden gebaut wurden, sahen die Gräber hoher Beamter so aus wie auf dem Bild gezeigt: Tief unten im Felsgestein befand sich der Grabschacht (Nummer 1). Am Ende dieses Grabschachtes lag die Sargkammer (Nr. 2). Diese beiden Teile des Grabes wurden zuerst in den Felsen geschlagen. Dann errichteten die Grabbauer den oberirdischen Teil der Grabanlage (A). Der bestand aus zwei verschiedenen Teilen: Die Opferkammer (Nr. 4) konnten Angehörige und Priester betreten und darin Opfer bringen, z.B. Speisen oder auch Weihrauch. Daneben, in einer nicht zugänglichen Kammer („Serdab“ genannt, Nr. 3), saß, in Gestalt einer Steinfigur, der Verstorbene. Genau in Höhe seiner Augen befand sich in der Wand ein Schlitz, durch den der Verstorbene – so der Glaube der Ägypter – sehen konnte, wer sich in der der Opferkammer aufhielt. Wie auf Bild A zu sehen, war die Außenwand bis auf den Eingang, selbstverständlich zugemauert (s. Pfeil). Der hier in Bild B offen gezeigte Grabschacht wurde auch zugemauert, sobald sich der Sarkophag in der Sargkammer befand. Aber dabei gab es ein Problem: Wie kam der oft mehrere Tonnen schwere Steinsarkophag in die Sargkammer? Der Schacht war bei manchen Gräbern mehr als 10 m tief. Eins vorweg: Mit Stricken ging es nicht, dafür war der Sarkophag zu schwer.

■ Wer kann den ägyptischen Grabbauern helfen?

Zum Schluss: Ein Rätsel aus dem Alten Ägypten

DREI MONATE EINE SILBERN SCHILLERNDE PERLE
DREI MONATE EINE SCHWARZE HAUT
DREI MONATE EIN GRÜNER EDELSTEIN
DREI MONATE LEUCHTENDES GOLD

Die Lebenswelt der griechischen Polis

Zur Konzeption: Im Zentrum des Kapitels steht die Entwicklung zur Demokratie in der Polis Athen als völlig neuartige Form der Gestaltung eines Gemeinwesens und der Verteilung von Macht und Herrschaft in einer ansonsten durch und durch aristokratisch-monarchisch geprägten Umwelt. Zugleich wird mit dem Thema Demokratie das, neben Philosophie und Wissenschaft, zentrale antike Erbe für die Gegenwart aufgegriffen. Des Weiteren werden überstaatliche Aspekte einer gemeinsamen griechischen Kultur aufgegriffen, die die Frage nach einer Einheit in der Vielfalt aufgreifen, ein Thema, das ebenfalls in hohem Maße Relevanz für die Gegenwart besitzt.
Die erste thematische Leitfrage lautet: Wie entstand aus Vielfalt (der unterschiedlichen Poleis) das Gefühl der Einheit und Zusammengehörigkeit (Sprache, Religion und Spiele)? Diese Frage besitzt besondere Bedeutung sowohl für gegenwärtige innernationale als auch supranationale Identitätsbildung.
Die zweite Frage heißt: Wie organisierten die Griechen ihr Zusammenleben, ihre Verteilung von Macht und Herrschaft? Im Mittelpunkt steht die Ausprägung der athenischen Demokratie und damit die politikgeschichtliche Dimension historischer Erfahrung. Die auf dem der Lerngruppe entsprechenden Niveau angestrebte erste Form einer Urteilsbildung betont den Zugewinn an Mitgestaltungsmöglichkeiten und arbeitet die historische Bedingtheit der griechischen Ausprägung der Vorstellung von Demokratie heraus. Damit verbunden wird ein Vergleich mit modernen Gleichheits- und Freiheitsidealen, der in Ansätzen die Möglichkeit zu Alteritätserfahrungen schaffen kann. Gleichzeitig wird am Beispiel Spartas die „Gleichzeitigkeit des Ungleichzeitigen“ als wesentliches Merkmal historischer Entwicklung verdeutlicht, ohne dabei vorschnell zu werten. Zugleich wird in dieser Sequenz die Verbindung von politischen und gesellschaftlichen Entwicklungen aufgezeigt und mit dieser Integration der Sozialgeschichte der Ansatz einer multikausalen Erklärung historischer Ereignisse vorgestellt und durchgeführt.
Thema der dritten thematischen Leitfrage ist: Wie sah das alltägliche Leben von Frauen, Kindern, Handwerkern und Sklaven im antiken Athen aus? Damit wird der Aspekt der Alltagsgeschichte aufgegriffen und den SuS vermittelt, das Geschichte nicht nur aus den „Taten der großen Männer“ besteht, sondern auch das Leben der „kleinen Leute“ in den Blick genommen werden kann und muss, um ein vollständiges Bild der Vergangenheit zu erhalten.
Die Ereignisgeschichte wird dabei auf exemplarische Vorgänge beschränkt. Die Anordnung des Materials erfolgt zwar prinzipiell grobchronologisch, der Schwerpunkt liegt jedoch auf der Strukturanalyse. Diese wiederum konzentriert sich auf die Blütezeit des klassischen Athen im 5. Jahrhundert v. Chr.

1. Übersicht über die Unterrichtsreihe

A. Vorschlag zur Sequenzplanung: Grundvariante und mögliche Schwerpunktsetzungen

Mögliche thematische Schwerpunktsetzungen	Thematische Lerneinheiten (TLE)	Unterrichtsstunden
Grundlagen	Nr. 1 – 10	15 Unterrichtsstunden

Jede/jeder Unterrichtende hat selbstverständlich die Möglichkeit einer eigenen Schwerpunktsetzung bzw. Reduktion.

B. Überblick über die Lerneinheiten der Unterrichtsreihe

Nr.	Titel/ Thema der Lerneinheit	Leitfragen	Kompetenzen/Schüleraktivitäten (nach dem KLP)	Produkt/Präsentation der Lernergebnisse
1	**Auftakt/Ein erster Blick** S. 96 – 99		Die Schülerinnen und Schüler ... ■ erklären an Hand einer fiktiven Reise durch das heutige Berlin, in welcher Weise die griechische Antike noch heute wirksam ist. (S 8) ■ beschreiben Fotos und recherchieren im Internet. (M 1)	Internetrecherche, Fotos beschreiben
2	**Griechenland – Berge und Meer** S. 101 – 103 *Methode: Geschichtskarten „lesen" und auswerten*	• Was ist das Besondere der griechischen Landschaft?	Die Schülerinnen und Schüler ... ■ erläutern die Besonderheit der griechischen Landschaft in einem Kurzvortrag. ■ werten eine Geschichtskarte aus. (M 1, M 8)	beamer- oder foliengestützter Kurzvortrag
3	**Die Griechen und ihre Poleis** S. 104 – 105	• Was waren die zentralen Merkmale einer griechischen Polis?	Die Schülerinnen und Schüler ... ■ stellen die Merkmale einer griechischen Polis dar. (M 6) ■ werten eine Rekonstruktionszeichnung aus. (M 10)	Rekonstruktionszeichnung auswerten oder Lückentext verfassen
4	***Wir forschen gemeinsam*: „Griechen" – wer sie sind und was sie überall verbindet** S. 106 – 107	• Was haben alle Griechen gemeinsam?	Die Schülerinnen und Schüler ... ■ benennen als Gemeinsamkeiten aller Griechen Sprache, Religion und Kultur. (M 6)	Stafettenpräsentation
4A	**Thema 1: Die Griechen und ihre Götter** S. 108 – 109	• Welche Götter verehrten die Griechen? • Welche Vorstellung von ihren Göttern hatten die Menschen? • Welche Rolle spielten die Götter in ihrem Leben?	Die Schülerinnen und Schüler ... ■ benennen die wichtigsten olympischen Götter und deren Eigenschaften sowie deren Bedeutung für das Leben der antiken Griechen. (M 6, M 14)	Wandplakat mit Steckbriefen
4B	**Thema 2: Olympische Spiele – mehr als ein Sportereignis** S. 110 – 113	• Wie verliefen die Olympischen Spiele im antiken Griechenland? • Was sind ihre Merkmale und Besonderheiten?	Die Schülerinnen und Schüler ... ■ erklären den Verlauf der antiken Olympischen Spiele sowie deren Merkmale und Besonderheiten. (M 6, M 10)	Stafettenpräsentation oder Wandplakat
5	**Athen – eine Polis auf dem Weg zur Demokratie Die erste Etappe: Von der Monarchie zur Aristokratie** S. 114 – 115	• Wie sah die Gesellschafts- und Herrschaftsordnung in der Frühzeit der Polis Athen aus?	Die Schülerinnen und Schüler ... ■ beschreiben und erklären die Gesellschafts- und Herrschaftsordnung in der Frühzeit der Polis Athen. (S 5, M 14)	Wandplakat mit Schaubildern oder Zeitzeugenschilderung

Nr.	Titel/ Thema der Lerneinheit	Leitfragen	Kompetenzen/Schüleraktivitäten (nach dem KLP)	Produkt/Präsentation der Lernergebnisse
6	**Die zweite Etappe: Einstieg in die Demokratie – „Solon schlichtet“** S. 116 – 117	• Wie kam es zur Krise der Aristokratie in Athen? • Welche Lösung wählte Solon zur Beseitigung der Krise? • War Solons Vorgehen ein erster Schritt in Richtung Demokratie?	Die Schülerinnen und Schüler ... ■ beschreiben die Krise der Aristokratie in Athen, erklären den Lösungsansatz Solons und beurteilen in Ansätzen, ob mit diesem Maßnahmen der „Einstieg in die Demokratie“ erreicht worden ist. (S 5, U 5) ■ visualisieren ihre Ergebnisse in einer Strukturskizze. (M 14)	Strukturskizze und Kreisgespräch
7	**Am Ziel: Demokratie auf Griechisch – Athen unter Perikles** S. 118-121 *Methode: Schaubilder auswerten*	• Wie sind Staat und Gesellschaft Athens aufgebaut? • Wie funktionierte politische Mitwirkung in Athen? • Ist es gerechtfertigt, diese Form der Demokratie in Athen nun als „vollendet“ anzusehen?	Die Schülerinnen und Schüler ... ■ beschreiben und erklären den Aufbau von Staat und Gesellschaft in Athen, die politische Mitwirkung der Bürger in diesem Gemeinwesen und beurteilen in Ansätzen, ob damit die Demokratie als „vollendet“ angesehen werden kann. (S 5, U 5) ■ werten methodisch angeleitet ein Schaubild aus. (M 10)	Gruppenvortrag und Kreisgespräch oder zeitgenössischer Brief
8	**Demokratie im antiken Athen – moderne Demokratie heute** S. 122 – 123	• Was hat unsere moderne Demokratie mit der antiken Demokratie zu tun?	Die Schülerinnen und Schüler ... ■ erklären den Zusammenhang zwischen antiker und moderner Demokratie. (S 8, S 9) ■ verfassen einen kurzen „Schulbuchtext“.	Darstellungstext für Schulbuch oder Wandplakat
9	***Wir forschen gemeinsam*: Lebensalltag in der Polis Athen** S. 124 – 129 *Methode: Abbildungen auf Vasen, Tellern und Töpfen zum Sprechen bringen*	• Wie sah das alltägliche Leben von Frauen, Kindern, Handwerkern und Sklaven im antiken Athen aus?	Die Schülerinnen und Schüler ... ■ beschreiben methodisch angeleitet auf der Grundlage u.a. von Abbildungen den Lebensalltag in der Polis Athen. (S 6, S 7, M 6) ■ präsentieren eine Wandzeitung bzw. gestalten ein Rollenspiel. (M 7, H 1)	Wandzeitungsbeiträge oder Rollenkarten
10	**Sparta: Herrschaft und Gesellschaft in einer Polis der Krieger** S. 130 – 133	• Wie wurde Sparta regiert? • Wie sah der Lebensalltag der Menschen, die in der Polis Sparta lebten, aus? • Wie bewertet ihr die Lebenswelt Sparta?	Die Schülerinnen und Schüler ... ■ beschreiben die Regierungsform und das Alltagsleben der Menschen in Sparta und bewerten in Ansätzen diese Lebenswelt. (S6, S7, U 5) ■ präsentieren ihre Ergebnisse in Form eines bildgestützten Vortrags. (M 14)	bildgestützter Gruppenvortrag oder Spielszenen
11	**Stopp: mehr wissen – mehr können** S. 134 – 135		Die Schülerinnen und Schüler ... ■ erläutern anhand von Schaubildern Besonderheiten des antiken Griechenlands, Schlüsselsituationen der Entwicklung der Demokratie in Athen sowie deren Merkmale und Aspekte des Alltagslebens. (S 5, S 6, U 5, H 2) ■ beschreiben methodengeleitet Abbildungen. (S 5, M 14) ■ recherchieren im World-Wide-Web auch über das Lehrbuch hinaus gehende Informationen zum Thema antikes Athen (Wissenschaft, Philosophie, Konflikte mit Persien, Peloponnesischer Krieg ...). (S 6, S 7) ■ dokumentieren ihre Ergebnisse auf einer Plakatwand. (M 14)	Kompetenzcheck

2. Hinweise und Erläuterungen zu den Lerneinheiten

(S. 96 – 99) TLE 1: Auftakt/Ein erster Blick

Hinweise zur Unterrichtsgestaltung

Das Auftaktbild, die Materialien aus „Ein erster Blick“ sowie die Zeitleiste können genutzt werden, um Vorkenntnisse und Vorerfahrungen der SuS zu aktivieren. Des Weiteren bieten sich unter gegenwartsgenetischen Aspekten Bezüge zur Architektur, zur Philosophie und zur Wissenschaft, den Olympischen Spielen sowie zur Demokratie als Herrschaftsform, die von den Prinzipien der Freiheit und Selbstbestimmung gleichberechtigter Bürger ausgeht, an.
Mit Hilfe der Zeitleiste kann eine erste grundlegende chronologische Gliederung und Periodisierung erreicht werden. Im Sinne der Förderung des Zeitverstehens kann ein Vergleich zur Blütezeit der ägyptischen Hochkultur angestellt werden, der deutlich macht, das mit dem Zeitsprung zwischen ägyptischer und griechischer Hochkultur auch eine neue Periode der Weltgeschichte begann. Die Zeitleiste kann auch auf ein Wandplakat oder in Schülerhefte übertragen und während der Unterrichtsreihe sukzessive ergänzt werden.

Hinweise zu Leitfragen und Aufgaben

Zu S. 99/
Aufgabe 1 und 2

Das **Brandenburger Tor** ist ein Wahrzeichen der deutschen Hauptstadt Berlin. Es wurde von 1789 bis 1791 gebaut. 1793 wurde die Quadriga auf dem Tor angebracht. Während der Zeit der deutschen Teilung nach dem Zweiten Weltkrieg bis zur Wiedervereinigung markierte das Brandenburger Tor auch die Grenzen zwischen dem Ostblock und Westeuropa und seinen amerikanischen Verbündeten.
Das **Schauspielhaus am Gendarmenmarkt** ist ebenfalls ein Wahrzeichen der Hauptstadt Berlin und steht, ebenso wie das Brandenburger Tor, im Bezirk Berlin Mitte. Es wurde 1821 als Königliches Schauspielhaus eröffnet, war von 1919 bis 1945 Preußisches Staatstheater, erlitt im Zweiten Weltkrieg schwere Schäden und wurde nach der Rekonstruktion und diversen Umbauten 1984 wieder eröffnet. 1994 erhielt es den Namen Konzerthaus Berlin.
Die **drei Büsten** stellen die drei griechischen Philosophen Aristoteles (384 – 322 v. Chr.), Sokrates (469 – 399 v. Chr.) und Platon (428/7 – 348/7 v. Chr.) dar. Alle drei lebten und lehrten in Athen, dabei war Sokrates der Lehrer des Platon und dieser der Lehrer des Aristoteles. Ihr Denken stellte den Höhepunkt der klassischen griechischen Philosophie dar und sie begründeten Wissenschaften wie Ethik, Anthropologie, Erkenntnistheorie, politische Philosophie, Metaphysik, Ästhetik, aber auch Biologie, Physik und Kosmologie. In allen Bereichen sind ihre Gedanken bis heute wirksam.
Die **Olympischen Spiele in London 2012** waren die vorletzten modernen Olympischen Spiele. Die Einführung der Olympischen Spiele der Neuzeit wurde 1894 als Wiederbegründung der antiken Festspiele in dem Ort Olympia auf der Peloponnes auf Anregung des französischen Barons Coubertin beschlossen. Als „Treffen der Jugend der Welt“ sollten sie dem sportlichen Vergleich und der Völkerverständigung dienen. Seit 1896 finden alle vier Jahre Olympische Spiele und, seit 1924, Olympische Winterspiele statt. Seit 1994 wechseln Winter- und Sommerspiele im zweijährigen Rhythmus.
Der **Reichstag in Berlin** ist seit 1999 der Sitz des Deutschen Bundestages. Der deutsche Bundestag repräsentiert das deutsche Volk als höchsten Souverän. Seine Aufgaben sind die Gesetzgebung auf Bundesebene, die Wahl des Bundeskanzlers bzw. der Bundeskanzlerin, die Kontrolle der Regierung und die Festlegung des Bundeshaushalts.
Das Gebäude wurde von 1884 bis 1894 errichtet und beherbergte sowohl den Reichstag des Deutschen Kaiserreiches als auch den der Weimarer Republik. Durch den Reichstagsbrand von 1933 und durch die Auswirkungen des Zweiten Weltkriegs wurde das Gebäude schwer beschädigt, in den 1960er-Jahren in modernisierter Form wiederhergestellt und von 1991 bis 1999 noch einmal grundlegend umgestaltet.

Zu S. 106/ Differenzierungs-vorschlag „Jugendlexikon“

Artikel über die Götter: Die Griechen glaubten an eine Vielzahl von Göttern. Diese lebten wie die Menschen auch in einer Familie zusammen. Auch in der Götterfamilie gab es wie bei den Menschen vielfachen Streit. Die Götter besaßen menschliche Gestalt und Eigenschaften. Sie lebten nach der Vorstellung der Griechen auf dem Berg Olymp, weshalb sie auch als „Olympier“ bezeichnet wurden. Die Götter hatten weder die Menschen noch die Welt erschaffen. Allerdings waren sie unsterblich und verfügten über ewige Jugend. Die drei höchsten Götter waren Jupiter, Poseidon und Hades, die den Himmel, das Meer und die Unterwelt regierten.
Artikel Olympische Spiele: Die Olympischen Spiele wurden seit dem Jahre 776 v. Chr. in dem Ort Olympia alle vier Jahre zu Ehren des Zeus durchgeführt. Ursprünglich dauerten die Spiele nur einen Tag und es gab nur einen Wettkampf: den Stadionlauf über 192 Meter. Im Laufe der Zeit erhöhte sich die Zahl der Wettkampftage auf fünf und es kamen weitere Wettkämpfe hinzu: Speer- und Diskuswurf, Wagenrennen, Weitsprung, Ring- und Faustkampf. Die Sieger erhielten als Zeichen ihres Sieges einen Kranz aus Olivenzweigen. In ihrer Heimatstadt bekamen sie darüber hinaus Ehrenplätze, Steuerfreiheit oder auch lebenslang freie Verpflegung.

(S. 108–109) TLE 4A: Thema 1: Die Griechen und ihre Götter

Hinweise zur Unterrichtsgestaltung

Als Einstieg kann eine Erstrezeption der Götterbilder und ein Vergleich mit den ägyptischen Göttern dienen. Die einleitende Beschreibung und der Vergleich führen zu ersten Vermutungen über die Besonderheiten der griechischen Götter ausgehend von deren menschlicher Gestalt. Auf der Grundlage des Darstellungstextes und der Schaubilder im Buch, können die Informationen selbstständig erschlossen und dann in Form eines Steckbriefs präsentiert werden.

Hinweise zu Leitfragen und Aufgaben

Zu S. 108/ Leitfragen

Die Griechen verehrten die „Olympischen Götter“, das sind insbesondere Zeus, Hades, Poseidon, Hera, Ares, Aphrodite, Artemis, Athene, Apoll und Hephaistos. Dabei stellten sich die Griechen die Götter im Grunde wie Menschen vor, allerdings waren sie unsterblich, besaßen ewige Jugend und verfügten über eine übermenschliche Macht. Die Götter mischten sich oft in das Leben der Menschen ein. Um sie gnädig zu stimmen, brachten die Menschen ihnen Opfer und beteten um Hilfe.

Zu S.108/ Stammbaum

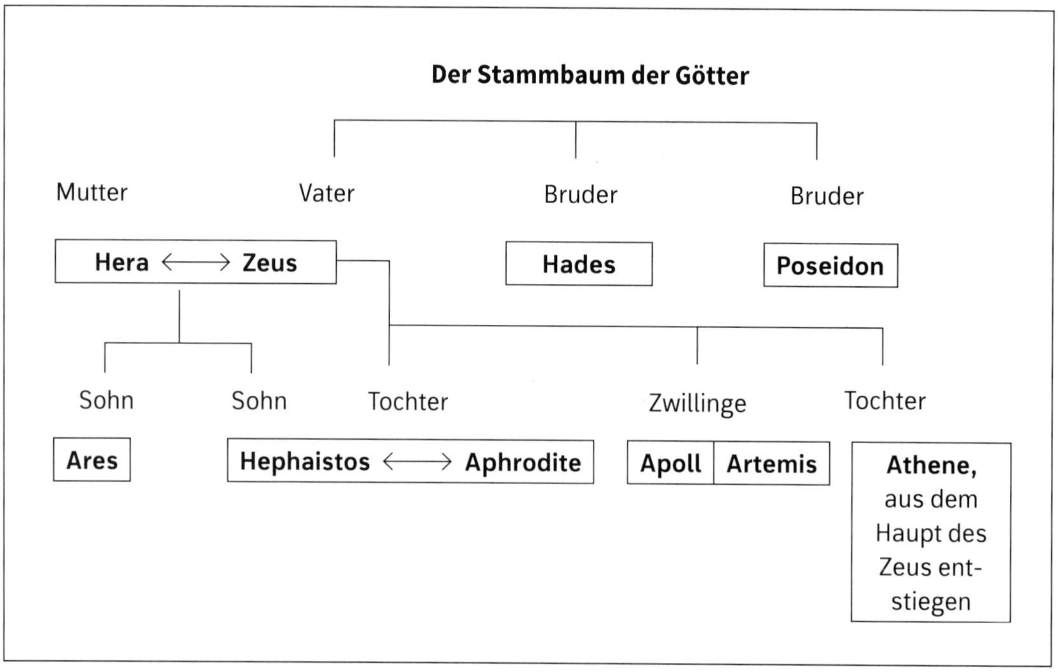

TLE 4B: Thema 2: Olympische Spiele – mehr als ein Sportereignis

Hinweise zur Unterrichtsgestaltung

Als Einstieg können gewählt werden: Erkundung des antiken Olympia für Reiseprospekte oder ein Reiseführer, Ausschnitte aus modernen Olympischen Spielen oder der Vergleich eines modernen Olympischen Dorfs mit der antiken Olympiastätte. Abschließend werden die Arbeitsergebnisse in einer Stafettenpräsentation vorgestellt, wobei auf die visuelle Gestaltung besonderer Wert gelegt werden sollte.

Hinweise zu Leitfragen und Aufgaben

ZU S. 110/ Leitfragen

Zum Ablauf der Olympischen Spiele im antiken Griechenland: Alle vier Jahre fanden in Olympia Wettspiele zu Ehren des obersten Gottes Zeus statt. Am ersten Tag zogen die Sportler und Priester in den heiligen Bezirk von Olympia ein und schworen den Olympischen Eid. Am zweiten Tag wurden folgende Wettkämpfe durchgeführt: Laufen, Springen, Ringen, Diskuswerfen und Speerwurf. Der dritte Tag war ein Opfertag. Am vierten Tag wurden die Waffenläufe durchgeführt und am fünften fanden die Siegerehrungen statt.

Merkmale und Besonderheiten der antiken Olympischen Spiele: Neben den sportlichen Wettkämpfen gab es auch musische Wettkämpfe; wer bei der Verletzung des olympischen Eides erwischt wurde, musste eine Bronzestatue für Zeus stiften; die Athleten trugen ihre Wettkämpfe nackt aus; zeitlich versetzt zu den Olympischen Spielen gab es eine „Mini-Olympiade“ für Jungfrauen; während der Zeit der Olympischen Spiele herrschte in Griechenland für zwei Monate Gottesfrieden.

Zu S. 110 / Differenzierungsvorschlag „Wandplakat“

Olympische Spiele in der Antike und in der Gegenwart		
	Unterschiede	Gemeinsamkeiten
Sinn/Zweck	**Antike:** Religiöses Fest zu Ehren des Gottes Zeus mit friedlichem Wettstreit **Gegenwart:** Sportlicher Wettkampf ohne religiösen Mittelpunkt	Sportliche Vervollkommnung, Gedanke eines friedlichen Wettkampfs
Ablauf	**Antike:** ursprünglich nur einen Tag, dann fünf Tage **Gegenwart:** etwa zwei Wochen	Feierliche Gestaltung
Wettkämpfe	**Antike:** Weitsprung, Speerwurf, Stadienlauf, Ringkampf, Faustkampf und künstlerische Wettkämpfe; eigene "Mini Olympiade für Jungfrauen“ **Gegenwart:** Vielzahl von Sportarten, ca. 30 Sportarten mit verschiedenen Disziplinen; Aufteilung in Sommer- und Winterspiele	Sport als Mittel zur Gesundheitsförderung und zur Völkerverbindung
Ehrungen	**Antike:** persönlicher Ruhm für den Athleten und Ruhm für die Heimatstadt, persönliche Vergünstigungen **Gegenwart:** Medaillen, Nutzung durch Werbung, Ansehen	Persönliche Vorteile, „Starkult“
Probleme	**Antike:** Bestechung, Betrugsversuche **Gegenwart:** Doping, Kommerzialisierung	Übertretung von Regeln

(S. 114–115) Athen – eine Polis auf dem Weg zur Demokratie
TLE 5: Die erste Etappe: Von der Monarchie zur Aristokratie

Hinweise zur Unterrichtsgestaltung

Als Einstieg in die übergreifende Sequenz zur Entwicklung der Demokratie kann das Gemälde auf S. 114 dienen. Hier können die SuS Vermutungen darüber äußern, welche Gruppen an der Entscheidungsfindung beteiligt waren, wie die Entscheidungsmöglichkeiten verteilt waren und welche Rolle besondere Individuen und deren Handeln in diesem Prozess gespielt haben. Die hierbei formulierten Hypothesen können dann im Verlauf der Gesamtsequenz „Entwicklung zur Demokratie" überprüft werden. Diese Sequenz ist chronologisch angelegt, dabei sollte aber auch vermittelt werden, dass dieser Prozess nicht zwangsweise so verlaufen musste, sondern auch andere Entwicklungspfade möglich gewesen wären.

Hinweise zu Leitfragen und Aufgaben

Zu S. 115/ Leitfrage – Schaubild

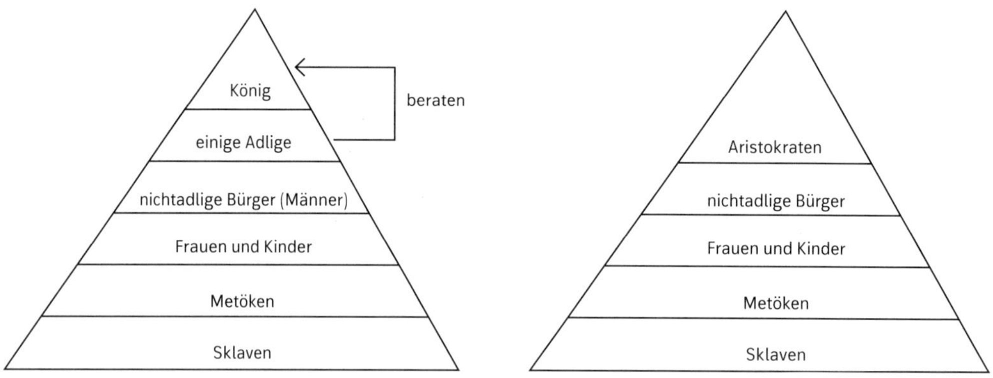

Zu S. 115/ Differenzierungsvorschlag „Zeitreise"

Ein Polisbewohner schildert die Verhältnisse im 7. Jh.: Wir haben jetzt zwar keinen König mehr, dafür regieren aber nun einige Adlige. Die regeln untereinander, wie es bei uns zugehen soll. Wir können das nur akzeptieren, denn mitbestimmen dürfen wir immer noch nicht. Das kann noch nicht die Lösung sein, irgendwie muss es jetzt noch weitergehen.
Ein Metöke schildert die Verhältnisse im 7. Jh.: Es gibt in Athen nun keinen König mehr und einige Adlige regieren. Die Bürger dürfen aber auch nicht viel mitbestimmen, aber immerhin sind sie Bürger und haben gewisse Rechte. Wir tun weiterhin viel für den Wohlstand der Stadt, leben aber immer noch nur am Rande der Gesellschaft in einer untergeordneten Stellung. Aber immerhin – wir sind keine Sklaven.
Ein Sklave schildert die Verhältnisse im 7. Jh.: Es gibt zwar keinen König mehr, aber für uns hat sich gar nichts verändert. Unser Leben ist nach wie vor hart und schwer, wir müssen alle schlechten Arbeiten verrichten und haben überhaupt keine Rechte. Unsere Herren können mit uns immer noch tun, was sie wollen.

(S. 116–117) TLE 6: Die zweite Etappe: Einstieg in die Demokratie – „Solon schlichtet"

Hinweise zur Unterrichtsgestaltung

Diese TLE greift in chronologischer Hinsicht die Ergebnisse der vorhergehenden auf. Gleichzeitig kann das Handeln Solons auch im Sinne eines Fallbeispiels behandelt werden, bei dem deutlich wird, wie eine gelingende Konfliktlösung aussieht und welche Rolle ein Einzelner dabei spielen kann, ohne dass Geschichte auf die „Taten großer Männer" reduziert wird.

Fachliche Hinweise und Erläuterungen

Solons Politik war in zweifacher Hinsicht bemerkenswert. Er hob wieder ins Bewusstsein, dass es eine gemeinsame Interessenlage der Polisbewohner, also von Adligen und Bauern, gab. Die Verelendung der Bauern muss über kurz oder lang auch die Adligen in ihrer Existenz bedroht haben. Wenn die Adligen also nachhaltig agierten und auf kurzfristige Gewinne verzichteten, profitierten langfristig alle. Christian Meier sieht in der Einstellung und dem Handeln Solons „die Entstehung des Politischen". Es entwickelte sich das Bewusstsein, dass durch geeignete selbstbestimmte Maßnahmen eine konsensfähige politische Praxis ermöglicht wurde, um gefährliche Entwicklungen zu stoppen und damit jene zu disziplinieren, die die Gemeinschaft sprengen würden, indem sie den Weg der Tyrannis beschritten. Meier spricht in diesem Zusammenhang von einem „Neubeginn der Weltgeschichte".

Die Maßnahmen Solons waren spektakulär: Sozialpolitisch setzte er einen weitgehenden Schuldenerlass durch. Langfristig ebenso bedeutsam war die Verfassungsreform. Solon teilte die Bevölkerung in Klassen ein, die nach ihrem Einkommen gestaffelt wurden. Je nach Klassenzugehörigkeit waren Rechte und Pflichten verteilt. Damit war das aristokratische Prinzip der Stellung in der Gesellschaft nach Abstammung und Geburt gebrochen. Wer reich war und viel für die Polis tun konnte, wer im Krieg Schiffe und Pferde stellte, hatte großes Gewicht und konnte alle Ämter bekleiden. Das galt auch für den freien Bauern. Wer keine Rüstung bezahlen konnte, war von politischen Ämtern ausgeschlossen. Aber auch der Ärmste konnte in der Volksversammlung mitbestimmen. Damit wurde das Volk für würdig befunden, Einfluss auf die Politik zu nehmen, ein in dieser Form bis dahin einzigartiger Vorgang. Solons Reformen etablierten im Prinzip eine Timokratie, eine Herrschaft der Reichen, aber die Reichen waren gezwungen, ihre Macht mit den Bürgern zu teilen. Bürgerliche Verantwortung wurde institutionell verankert. Insofern wurde das Tor zur Demokratie geöffnet.

Hinweise zu Leitfragen und Aufgaben

Zu S. 116/ Leitfragen

Krise der Aristokratie in Athen: Die Bauern verarmten immer mehr und empfanden ihre Situation als ungerecht. Sie stellten sich gegen die Adligen, von denen sie abhängig waren und die sie in Schuldknechtschaft nahmen oder sogar als Sklaven verkaufen konnten. Damit stand die Polis am Rande eines Bürgerkriegs.

Lösung Solons: Solon ergriff in dieser Lage drei Maßnahmen: Zuerst wurden den Bauern die Schulden erlassen und sie bzw. ihre Angehörigen aus der Sklaverei freigekauft, aber es kam zu keiner Landreform. Danach führte Solon eine neue politische Ordnung ein: Alle freien Männer der Polis Athen durften in einer Volksversammlung über die Gesetze der Polis entscheiden und die Staatsbeamten wählen, wobei die Mehrheit entschied. Die höchsten Staatsämter wurden aber weiterhin von Adligen ausgeübt.

Erster Schritt in Richtung Demokratie: Die sozialen und politischen Reformen Solons können als erster Schritt in Richtung Demokratie verstanden werden, wenngleich die Adligen noch bestimmte Vorrechte behielten. Das folgende Schaubild veranschaulicht den Prozess der langsamen „Demokratisierung":

Zu S. 116/ Strukturskizze

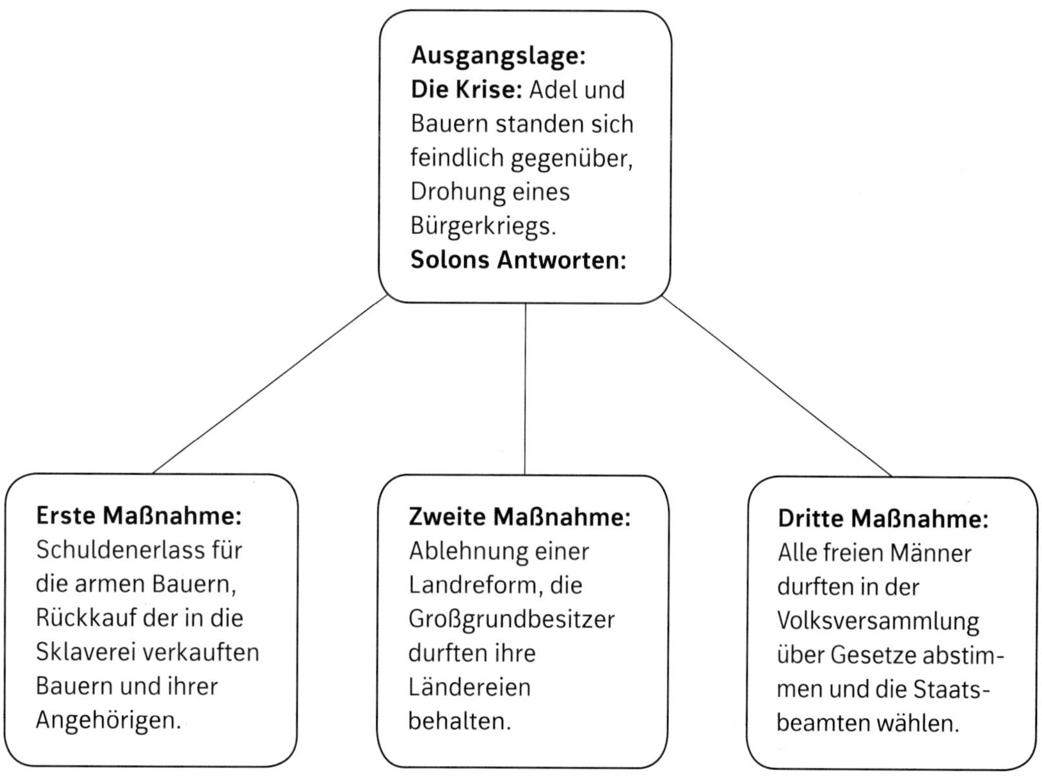

Zu S. 117/ Aufgaben 1 und 2

Beschreibung Schaubild: An der Spitze der Pyramide befinden sich jetzt Adlige und nichtadlige Bürger. Zwischen ihnen besteht kein Unterschied mehr und die Bürger können mitbestimmen. Darunter stehen Frauen und Kinder, Metöken und Sklaven.
Unterschiede zum Schaubild S. 115: Der König fehlt. Außerdem stehen Adlige und nichtadlige Bürger jetzt auf einer Stufe. Gleich geblieben ist die Position von Frauen und Kindern, Metöken und Sklaven.

(S. 118–121) TLE 7: Am Ziel: Demokratie auf Griechisch – Athen unter Perikles

Hinweise zur Unterrichtsgestaltung

Im Vordergrund dieser TLE steht methodisch die Erläuterung von komplexen Schaubildern mit Hilfe eines erzählenden modernen Textes. Die Ergebnisse dieser Arbeit sollen dann in Form eines Gruppenvortrags präsentiert werden. Als anspruchsvolle Erweiterung soll in einem Kreisgespräch diskutiert werden, ob die Demokratie als vollendet angesehen werden kann. Auf der Ebene eines Sachurteils, das den historischen Horizont der Zeit ins Auge fasst, kann diese Frage bejaht werden. Auf der Ebene eines mit heutigen Maßstäben gefällten Werturteils muss dies in Hinblick auf die Rolle von Frauen, Metöken und Sklaven jedoch anders gesehen werden.

Fachliche Hinweise und Erläuterungen

In der athenischen Demokratie wurden erstmalig zwei für die Gegenwart zentrale Prinzipien der politischen Ordnung realisiert: politische und rechtliche Gleichheit (Volksversammlung, Los zur Besetzung von Beamten- und Richterstellen, an die keine Qualitätsanforderungen im Sinne einer professionalisierten Ausbildung gestellt wurden, gleicher Zugang zum Gericht, Unterwerfung unter Gesetze) sowie Freiheit (unmittelbare Volkssouveränität).
Die attische Demokratie strebte jedoch keine Gewaltenteilung im modernen Sinne an, denn die Volksversammlung fungierte als Legislative, Exekutive und Gericht. Auch Chancengleichheit als wesentliches Merkmal moderner gegenwärtiger Gesellschaften befand sich nicht im Horizont der antiken Demokratie. Gewaltenteilung und Chancengleichheit sind dezidiert moderne Werte bzw. Prinzipien. Aus heutiger Sicht lassen sich mangelnde Rechtssicherheit, Eindringen in die Privatsphäre und Reglementierung des Privatlebens, mangelnde Kontinuität in der Politik sowie die Verachtung von nicht politisch Interessierten kritisieren.
Fachwissenschaftlich wird betont, dass die Freiheit vieler nicht ohne die Unterdrückung anderer, z. B. aus ökonomischen Gründen, möglich gewesen sei. Zudem war Demokratie kein antiker Wert an sich, sie wurde – auch aus Opportunitätsgründen – nur in einzelnen Poleis realisiert.

Hinweise zu Leitfragen und Aufgaben

Zu S. 118/ Leitfragen

Zu den Leitfragen 1 und 2 vgl. die Auswertung des Schaubilds. Zur Frage nach der „Vollendung" der Demokratie kann gesagt werden, dass sie aus damaliger Sicht als vollendet angesehen werden kann (Sachurteil), dass man aus der Sicht von heute jedoch z.T. gravierende Mängel benennen kann: Rolle der Frauen, Stellung der Metöken in der Gesellschaft, Unterdrückung der Sklaven.

Zu S. 119/ Aufgabe

Stichwortsammlung „So geht Demokratie in Athen": Mitglied des Rates konnte jeder athenische Bürger werden, der mindestens 30 Jahre alt war, nicht zugelassen waren Frauen, Metöken und Sklaven; die Kandidatur war freiwillig; beim Losverfahren gab es schwarze und weiße Bohnen, wer eine weiße Bohne zog, war ausgelost; Ratsmitglieder verwalteten die Heiligtümer und die Schätze, beaufsichtigten den Bau der öffentlichen Gebäude, kontrollierten die Verwaltung, bereiteten die Volksversammlung vor und leiteten diese; ihre Entlohnung betrug den Verdienst eines ungelernten Arbeiters an einem Tag.

Zu S. 121/ Schaubild

Schritt 1: Leitfrage(n) formulieren	Wie sind Staat und Gesellschaft aufgebaut? Wie funktionierte politische Mitwirkung in Athen?
Schritt 2: Thema benennen	Das Schaubild zeigt den Staatsaufbau und die Gesellschaft zur Zeit des Perikles.
Schritt 3: Das Schaubild beschreiben	Das *Schaubild zum Staatsaufbau Athens* besteht aus fünf farblich unterschiedlichen Feldern. Einige sind gelb, grün, rot, braun und blau. Im gelben Feld sind Gruppen genannt, die keine Rechte haben. Die in den grünen Feldern genannten Menschen verfügen über die Bürgerrechte und üben diese auch aus (Wahl, Teilnahme am Volksgericht). Im braunen Feld wird die Arbeit des Stadtrats beschrieben, in den blauen Feldern werden Aufgaben der „Regierung“ dargestellt und das rote Feld bezeichnet den Heeres dienst. Von den einzelnen Feldern gehen Pfeile aus. Von den Metöken (Fremden) führt ein Pfeil in das Feld „Heer“, was bedeutet, dass die Metöken zwar im Heer Dienst leisten konnten/mussten, aber nicht Heerführer (dunkelrotes Feld) werden konnten. Von der Volksversammlung gehen fünf Pfeile aus, davon führen zwei Pfeile zum Feld „Heer“. Der dünne Pfeil zeigt an, dass die Vollbürger ebenfalls Heeresdienst leisten mussten, der dicke grüne Pfeil bedeutet, dass sie auch die Heerführer wählen konnten. Von dem Feld „Volksversammlung“ gehen noch drei weitere Pfeile aus. Der Pfeil, der zu dem Feld „Rat der 500“ führt, bedeutet, dass die Vollbürger per Losentscheid Ratsmitglieder für ein Jahr werden konnten, dies aber nur zweimal im Leben. Außerdem führen zwei weitere Pfeile zu den Feldern „Archonten“ und „Volksgericht“, was anzeigt, dass Vollbürger durch das Los auch zu diesen Ämtern berufen werden konnten. Das Schaubild *Gesellschaft zur Zeit des Perikles* sieht aus wie die Vorderfront eines griechischen Tempels und ist in vier Bereiche eingeteilt. Diese vier Bereiche zeigen die unterschiedlichen Gesellschaftsgruppen und ihre Rechte bzw. Pflichten. Zum Bereich links gehören die Vollbürger, das sind Männer über 20 Jahren, die allein die politischen Rechte haben. Der Bereich rechts daneben zeigt die Gruppe der Frauen und Kinder, die keine politischen Rechte besitzen. Weiter rechts wird die Gruppe der Fremden oder Metöken dargestellt, die zwar Steuern zahlen und Kriegsdienst leisten müssen, aber keine politischen Rechte haben. Ganz rechts wird die Gruppe der Sklaven abgebildet, die keine politischen oder privaten Rechte haben.
Schritt 4: Das Schaubild auswerten	Es gibt eine Volksversammlung in Athen. Die Volksversammlung war für Wahlen und die Gesetzgebung zuständig. Während der Versammlung wählten die Bürger der Polis die Heerführer und sie konnten durch das Los auch Mitglieder des Rates der 500 und des Volksgerichts werden. Ihr gehörten die athenischen Vollbürger an, ca. 30 000 Männer. Der Rat der 500 beriet und beschloss die Gesetze, traf politische Entscheidungen und kontrollierte die hohen Beamten. Die Richter im Volksgericht wurden aus der Volksversammlung per Los bestimmt. Die Heerführer hingegen wurden von der Volksversammlung gewählt. Die Regierung waren die Archonten, die vom Areopag, einer Versammlung ehemaliger Archonten, beraten wurden. Die größte Macht lag bei der Volksversammlung. Von der Machtausübung ausgeschlossen waren Frauen und Kinder, Metöken und Sklaven.

(S. 122 – 123) TLE8: Demokratie im antiken Athen – moderne Demokratie heute

Hinweise zur Unterrichtsgestaltung

Im Zentrum dieser TLE steht ein Vergleich von antiker und moderner Demokratie. Anhand dieses Vergleichs sollen die SuS die Zeitbedingtheit politischer Herrschaftsformen erkennen, aber auch die Möglichkeit einer Alteritätserfahrung aufgezeigt bekommen. Methodisch geht es darum, Informationen zielgerichtet und adressatengerecht zu verwerten, indem ein Darstellungstext für ein Schulbuch verfasst wird.

Hinweise zu Leitfragen und Aufgaben

Zu S. 122/ Leitfrage

„Was hat unsere moderne Demokratie mit der antiken Demokratie zu tun?“ (Schulbuchtext)
Die moderne Demokratie leitet sich her von der antiken Demokratie. Allerdings ist sie in manchen Dingen anders als die erste Demokratie der Welt in Athen. So durften zwar alle Bürger in der

Volksversammlung über Gesetze und Entscheidungen mitbestimmen, aber Bürger damals waren nur wenige, nämlich die volljährigen Männer. Deshalb waren nicht alle Menschen gleich. Außerdem gab es keine Menschenrechte wie Gleichheit und Freiheit für alle Menschen. Allerdings herrschten in der antiken Demokratie nicht nur die Reichen oder ein König, sondern auch die Armen konnten theoretisch am politischen Leben teilhaben. In der Antike gab es das Amt eines Politikers, aber nicht als Beruf im heutigen Sinne. Politiker wurden für ihr Amt bezahlt, aber sie konnten nicht davon leben. Im Gegensatz zu heute gab es auch keine politischen Parteien.

Zu S. 122/ Differenzierungsvorschlag „Tabelle“

Antike und moderne Demokratie			
	Gemeinsamkeiten	**Ähnlichkeiten**	**Unterschiede**
Teilnehmer	Teilnehmen an der Demokratie können die Bürger des Staats.		
Bürgerrechte			Bürgerrechte besitzen in der antiken Demokratie nur die Männer über 20 Jahren, in der modernen Demokratie Männer und Frauen ab 18 Jahren.
Menschenrechte			Menschenrechte wie Freiheit und Gleichheit gab es in der antiken Demokratie nicht.
Mitbestimmung		Die politische Mitbestimmung ist theoretisch allen Bürgern möglich.	
Parteien			Parteien im modernen Sinne, die die Interessen von Menschen bündeln und an der politischen Willensbildung beteiligt sind, gab es in der Antike nicht.

(S. 124 – 129) TLE 9: Wir forschen gemeinsam – Lebensalltag in der Polis Athen

Hinweise zur Unterrichtsgestaltung

Die vorliegende TLE eignet sich besonders zur Freiarbeit. Das Material lässt sich auf der Basis der Aufgabenstellung selbstständig in Gruppenarbeit bearbeiten. Da mehrere Materialien zu bearbeiten sind, erscheint es sinnvoll, an die unverzichtbare Einzelarbeit („Think“) zu erinnern, um das geeignete Material genau zu erfassen. Danach erfolgt der Austausch mit dem Partner („Pair“) und schließlich der Austausch in der Gruppe („Share“). Da die Einzelmaterialien mit Erschließungsfragen versehen sind, lässt sich aus Gründen der Zeitökonomie eine häusliche Bearbeitung von Einzelmaterialien (Verteilung in der Lerngruppe) vermutlich nicht vermeiden. Die Ergebnisse können dann in der Schule zusammengetragen werden, ggf. nach einer Zwischensicherung, in Form eines Kurzvortrags.

Fachliche Hinweise und Erläuterungen

Kontrastierend zur Idee der Gleichheit und Freiheit verdeutlichen die Materialien dieser TLE die geschlechts- und schichtenspezifischen Differenzierungen in der patriarchalischen Gesellschaft Athens, mit der Benachteiligung von Frauen und Mädchen sowie der körperlich Arbeitenden, insbesondere der Sklaven.

Hinweise zu Leitfragen und Aufgaben

Zu S. 124/ Differenzierungsvorschlag „Zeitreise“

Rollenkarte zu Alexandros: Ich bin Alexandros, 10 Jahre alt und der Sohn von Megakles. Mein Vater ist ziemlich reich und deshalb habe ich einen Haussklaven, der sich um mich kümmert. Er bringt mich auch zur Schule. Dort lerne ich Schreiben und Lesen, aber ich bekomme auch Unterricht in Musik und lerne verschiedene Instrumente. Manchmal haben wir auch Sport im Gymnasium, dort trainieren wir in unterschiedlichen Sportarten. Aber am Nachmittag habe ich auch Zeit zum Spielen.
Rollenkarte zu Helena: Mein Name ist Helena, ich bin die Frau von Megakles und die Mutter von Alexandros. Bei meiner Hochzeit habe ich das Glück gehabt, dass mein Vormund mich mit Megakles verheiratet hat. Den hätte ich nämlich auch genommen, wenn man mich gefragt hätte, was aber bei uns in Athen nicht passiert. Ich kümmere mich um den Haushalt und die Kinder. Weil wir reich sind, muss ich auch auf die Sklaven aufpassen und meinem Mann darüber Rechenschaft ablegen.
Rollenkarte zu Glaukon: Ich heiße Glaukon und übe das Schmiedehandwerk aus. Das ist eine schwierige und anstrengende Arbeit, bei der man sehr genau sein muss. Obwohl unsere Waffen und Geräte für die Stadt Athen von großer Bedeutung sind und vom Hafen Piräus aus in die ganze Welt verschickt werden, sind wir nicht sehr hoch angesehen. Wir haben nämlich nicht die Zeit, uns mit Kunst und Kultur zu befassen. Das gilt aber für einen angesehenen und gebildeten Bürger als unerlässlich.
Rollenkarte zu Aesopos: Mein Name ist Aesopos. Ich arbeite als Sklave im Haushalt des Megakles. Vor fünf Jahren bin ich als Kriegsgefangener dorthin gekommen. Zum Glück bin ich ziemlich gebildet, sodass ich mich als Paidogogos um den Sohn des Hauses Alexandros kümmern darf. Andere Gefangene hatten nicht so viel Glück. Sie müssen als Sklaven auf den Feldern oder sogar im Bergwerk arbeiten. Das überlebt man nicht sehr lange, weil man dort nicht wie ein Mensch, sondern wie eine Sache behandelt wird.

Zu S. 125/ Anregungen

Freizeit und Pflichten der Kinder/Vergleich zu heute: Eine Schulpflicht wie heute gab es nicht für Kinder im antiken Athen, stattdessen hatten Eltern die Möglichkeit, Kinder gegen Bezahlung in die Schule zu schicken. Ebenfalls anders als heute gab es für Lehrer die Möglichkeit, Kinder zu schlagen, wenn sie Fehler machten. Die Schulfächer waren ähnlich wie heute: Schreiben, Lesen, Rechnen, hoher Wert wurde auch der musisch-kulturellen Bildung zugemessen. Ebenfalls stand Sportunterricht auf dem Programm. Aber die Kinder hatten auch Freizeit, die sie zum Spielen nutzen konnten, vielleicht auch mit einem Haustier.

Zu S. 126/ Anregungen

Rolle und Lebensalltag der Frauen/Vergleich zu heute: Im antiken Athen waren die Frauen im Gegensatz zu heute nicht gleichberechtigt gegenüber den Männern. So hatten sie z. B. keine politischen Rechte und standen ihr Leben lang unter der Vormundschaft des nächsten männlichen Verwandten. Ebenso wie auch heute noch in vielen Fällen, kümmerten sich die Frauen um den Haushalt (Erziehung der Kinder, Versorgung der Familie, aber auch Spinnen von Stoffen). Wenn sie Glück hatten, erhielten sie auch eine Ausbildung, die über die Haushaltsführung hinaus ging (musische Bildung).

Zu S. 127/ Anregungen

Handwerkerberufe und Einstellung gegenüber den Handwerkern: Typische Handwerkerberufe im antiken Athen waren Schmied, Bronzegießer und Töpfer. Gerade die Erzeugnisse der letzten Berufsgruppe hatten eine große Bedeutung für Athen, denn attische Keramik war im gesamten Mittelmeerraum beliebt und erzielte hohe Preise. Dennoch waren die Handwerker nicht sehr angesehen, denn ihnen fehlte die Zeit, sich mit Kunst und Kultur zu beschäftigen, was für einen angesehenen Bürger als notwendig galt.

Zu S. 129/ Anregungen

Formen, Lebensbedingungen und Rechtfertigung der Sklaverei: Viele Kriegsgefangene wurden zu Sklaven, auch Kinder von Sklaven wurden automatisch selbst zu Sklaven. Sklaven hatten keine Rechte in der Gesellschaft und galten als eine Ware, die man kaufen und verkaufen konnte. Die Griechen rechtfertigten die Sklaverei, indem sie sagten, dass es Menschen gebe, die von Geburt an zum Dienen bestimmt seien, weil sie Vernünftiges zwar verstehen könnten, selbst aber keine Vernunft hätten.
Wenn man von den Menschenrechten heutzutage ausgeht, dann ist der Umgang der antiken Griechen mit den Sklaven nicht akzeptabel, da ein Mensch unverlierbare Rechte besitzt, egal ob er im Krieg gefangen wird oder irgendwelchen Behinderungen oder Einschränkungen unterworfen ist.

TLE 10: Sparta: Herrschaft und Gesellschaft in einer Polis der Krieger

Hinweise zur Unterrichtsgestaltung

Vor dem Hintergrund der Gemeinsamkeiten der griechischen Poleis erfolgt in dieser TLE die Kontrastierung des Modells einer demokratischen Entwicklung mit individuellen Entfaltungsmöglichkeiten (Athen) mit dem eines spezifisch staatlich ausgerichteten Gleichheitsmodells (Sparta). Dabei geht es um die Mitwirkungsmöglichkeiten der Bürger und die Rolle der Nichtbürger sowie um das Selbstverständnis der Spartaner, das beispielhaft an den Erziehungsgrundsätzen und Leitbildern für die spartanische Jugend herausgearbeitet werden soll.

Fachliche Hinweise und Erläuterungen

Da das Staatsverständnis Spartas in mancherlei Hinsicht Widerspruch provoziert, ist im Sinne des Urteilens und Wertens die historische Entstehungssituation des spartanischen Gemeinwesens zu berücksichtigen, welche durch Eroberung entstand. Die spezifische spartanische Form der Machtausweitung brachte das Institut der Heloten hervor. Die Spartiaten wurden ein „Erbadel von Berufskriegern“. Sparta sicherte sich seine Autarkie durch kriegerische Vervollkommnung und Einsatz für die Polis, mit der Voraussetzung der Unterdrückung anderer Bevölkerungsgruppen. Grundideal der spartanischen Ordnung war die Gleichheit der Führungskaste. Das Individuum ordnete seine Interessen der Polis unter. Ordnung, karge Lebensführung und Anpassung wurden höher bewertet als Freiheit und persönliche Entfaltung.

Hinweise zu Leitfragen und Aufgaben

S. 130/ Differenzierungsvorschlag „Zeitreise“

Rollenkarte Spartiate: Ich bin ein Spartiate und mein Beruf ist der des Soldaten. Soldat sind alle 5000 Spartiaten, denn wir müssen ständig aufpassen, dass die Heloten, die viel mehr sind als wir, nämlich etwa 180000, keinen Aufstand gegen uns starten. Jeden Tag treffe ich mich mit 15 anderen Spartiaten bei einer Speisegemeinschaft. Das ist gut für das Gemeinschaftsgefühl, denn wir „Tischgenossen“ bilden auch eine Einheit im Heer. Mit den anderen Spartiaten bilde ich die Heeresversammlung, in der wir alle eine Stimme haben und über die Gesetze abstimmen, aber da wird nicht lange rumdiskutiert, denn der Rat der Alten weiß schon, was gut für uns ist.

Rollenkarte spartanischer Junge: Ich bin ein spartanischer Junge. Als ich sieben Jahre alt geworden war, kam ich in ein Internat. Hier werden wir vor allem militärisch geschult, aber wir lernen auch Lesen, Schreiben und Staatskunst. Das Leben im Internat ist hart, denn wir schlafen auf dünnen Schilfmatten, laufen stets barfuß und dürfen nicht mehr als einen Mantel im Jahr tragen. Ältere Jungen passen genau auf, ob wir einen Fehler machen, und dann gibt es Peitschenhiebe. Und dann gibt es noch eine Mutprobe: Wir müssen eine Ziege aus dem Stall eines Heloten stehlen, was ziemlich gefährlich ist, denn die Heloten sind auf Spartiaten gar nicht gut zu sprechen.

Rollenkarte Spartiatin: Ich bin eine Spartiatin. Zwar darf ich in der Heeresversammlung nicht mitstimmen, denn ich kann ja nicht in den Krieg ziehen. Aber da mein Mann häufig nicht zu Hause ist, denn er muss ja oft kämpfen, habe ich eine große Verantwortung für den Besitz unserer Familie, den ich zusammenhalten muss. Es ist schade, dass meine Söhne alle mit sieben Jahren aus dem Haus müssen, denn sie werden dann als Krieger ausgebildet. Aber wenigstens bleiben meine Töchter noch so lange bei mir, bis sie heiraten.

Rollenkarte spartanisches Mädchen: Ich bin ein spartanisches Mädchen. Im Gegensatz zu den Mädchen in Athen, die schön und elegant aussehen wollen, achte ich darauf, dass ich auch sportlich bin. Ich trainiere Diskus- und Speerwurf, Laufen und sogar Ringen. Dann kann ich später einmal eine gute Mutter werden und so dazu beitragen, dass es Sparta auch in Zukunft gut geht.

Gespräch zwischen Helot und Periöke: P.: Es ist schon eine Last. Da wohnen wir im Land der Spartiaten und dürfen nicht mitbestimmen, was bei uns geschehen soll. Dabei müssen wir im Ernstfall mit den Spartiaten zusammen in den Krieg ziehen. H.: Das soll eine Last sein? Ihr müsst zwar in den Krieg ziehen, aber ihr seid wenigstens einigermaßen frei und könnt als Handwerker leben. Wir müssen wie die Tiere leben, machen die härteste Arbeit und werden manchmal sogar von den Spartiaten gejagt. Da haben es ja sogar die Sklaven in Athen besser. P.: Wir müssen zwar Steuern an die Spartiaten zahlen, aber das ist immer noch viel besser als euer Leben, das stimmt schon. H.: Das kann auch nicht ewig so weiter gehen, vielleicht werden sich die Spartiaten noch einmal ganz gehörig wundern. P.: Was meinst du damit? H.: Ach, vergiss es.

Zu S. 131/ Aufgaben 2 – 4

Aufgabe 2: Ganz unten in der Gesellschaftsstruktur stehen die Heloten, die gar keine Rechte haben und für die Spartiaten wie Sklaven arbeiten müssen. Auf der nächsten Stufe stehen die Periöken, d.h. die Umwohner, die meist Handwerker und Händler und zu Steuerzahlung und Heeresdienst verpflichtet sind. Dann kommen die Frauen der Spartiaten. Alle diese Gruppen haben keine politischen Rechte. Die höchste Gruppe ist die der Spartiaten selbst, das sind alle waffenfähigen Männer mit Bürgerrecht. Aus ihrer Mitte werden der Rat der Alten und die fünf Ephoren gewählt.
Aufgabe 3: Die Grundlage des spartanischen Staatsaufbaus stellt die Vollversammlung oder Heeresversammlung dar. Sie beschließt die Gesetze und wählt die Mitglieder des Rates der Alten und die fünf Ephoren. Der Rat der Alten bereitet die Gesetze vor, über die die Volksversammlung dann abstimmt. Die Regierung bilden die fünf Ephoren, die das Leben der Spartaner, den Rat der Alten und sogar die Könige kontrollieren. Die beiden Könige werden nicht gewählt, da der Königstitel erblich ist. Sie führen das spartanische Heer, kontrollieren sich aber auch gegenseitig, so dass keiner von ihnen die Macht allein übernehmen kann.
Aufgabe 4: Bei der Verfassung von Athen und Sparta ist gleich, dass eine Volksversammlung als höchste Instanz die Gesetze beschließt. Der Rat in Athen wird aber ausgelost und hat 500 Mitglieder, während die in Sparta nur 30 Mitglieder gewählt werden. Das Heer führen in Athen gewählte Strategen, in Sparta erbliche Könige. Die Regierung führen in Athen die Archonten, in Sparta die Ephoren. Dies ist ähnlich, aber die Ephoren haben mehr Macht.
Eine Bewertung könnte beinhalten, dass Sparta kritischer als Athen gesehen wird, weil es dort Einschränkungen der persönlichen Freiheit gibt. Dies könnte im Sinne eines Gemeinschaftsgefühls aber auch positiv gesehen werden. Eine historische Argumentation könnte auf die prekäre Situation zwischen Spartiaten und Heloten hinweisen.

Zu S. 132/ Aufgabe zu M 4

Neugeborene: Über das Leben der Neugeborenen entschieden nicht die Eltern, sondern die ältesten Spartiaten. Sie ließen das Kind am Leben, wenn es gesund und kräftig war. Sie ließen es zu einem Abgrund bringen, wenn es schwächlich und missgestaltet war, weil es besser für das Kind und den Staat war, wenn ein solches Kind nicht weiterlebte.

Zu S. 132/ Aufgaben zu M 5

Stichwortzettel „Ausbildung der Jungen": Die Ausbildung der Jungen begann im Alter von sieben Jahren; in einem Internat wurden sie dann erzogen und lernten Lesen, Schreiben, Staatskunde und Redekunst; sie müssen Kälte, Schmerz und Hunger ertragen sowie barfuß laufen; besitzen dürfen sie nur einen Mantel pro Jahr; in der Speisegemeinschaft wurde das Gemeinschaftsgefühl der Spartiaten weiter gestärkt und der Zusammenhalt auch für den Kampf trainiert.
Die Bewertung kann Ablehnung aufgrund der Härte und der vielen Einschränkungen beinhalten, aber auch Zustimmung aufgrund der Abhärtung und des Gemeinschaftsgefühls, auch hier ist eine historische Argumentation in Bezug auf das Helotenproblem möglich.

Zu S. 133/ Aufgaben 2 – 4

Mädchen und Frauen in Sparta: Die Statue zeigt eine Frau bei einer Übung oder einem Tanz. Die Frau ist kräftig. Sie trägt ein Gewand, das sie mit der linken Hand leicht über das Knie anhebt.
Die spartanische Frau wirkt athletisch und entschlossen. Im Vergleich dazu wirkt die Frau aus Athen eher elegant. Man kann sich vorstellen, dass die Frau aus Athen ihr Leben genießen und gefallen will. Die Frau aus Sparta will eher die Aufgaben erfüllen, die der Staat ihr stellt.
Plutarch berichtet, dass die spartanischen Mädchen sportlich trainiert werden. Dadurch sollen sie die Geburt eines Kindes leichter überstehen können. Die spartanischen Frauen nehmen genauso wie ihre Männer am Streben nach Tapferkeit und Ruhm teil.
Auch hier ist eine differenzierte Bewertung möglich. Einerseits könnten die SuS das eher „männlich" ausgerichtete Leben ablehnen, andererseits könnten sie darauf verweisen, dass auf diese Weise eine Art von Gleichberechtigung entsteht.

(S. 134 – 135) TLE 11: Stopp: mehr wissen – mehr können

Hinweise zur Unterrichtsgestaltung

In dieser abschließenden TLE geht es um eine Zusammenfassung des Gelernten. Dabei sollen nicht nur Kenntnisse wiederholt und in neue Zusammenhänge eingebettet werden, sondern auch die adressatengerechte Präsentation geübt werden. Das Thema „Antikes Athen im World-Wide-Web" kann auch als längerfristig angelegtes Projekt gestaltet werden.

Hinweise zu Leitfragen und Aufgaben

Zu S. 134/ Dokumentation

Plakatwand „Antikes Griechenland":

- *Die Landschaft der Griechen:* Das griechische Festland ist gebirgig und zerklüftet, die Ebenen sind klein und werden von hohen Gebirgszügen umgeben. Die fruchtbaren Landstreifen ziehen sich an der Küste entlang. Dem griechischen Festland sind viele Inseln vorgelagert.
- *Griechische Kolonien:* Seit dem 8. Jahrhundert v. Chr. wuchs die Bevölkerung in Griechenland stark an. Deshalb konnten sich die Menschen nicht mehr vom vorhandenen Ackerland ernähren. Die Folge war, dass ein Teil der jüngeren Polisbewohner die Heimat verlassen und auswandern musste. Sie siedelten sich in den fruchtbaren Küstenstreifen rund um das Mittelmeer und das Schwarze Meer an. Das Zeitalter der Kolonisation dauerte von 750 – 550 v. Chr.
- *Athen – eine griechische Polis:* Athen gehörte zu den größten griechischen Poleis. Ursprünglich gab es in Athen, wie auch in Sparta, eine Monarchie. Der König von Athen lebte in einer Burg oberhalb der Stadt, der Akropolis. Er konnte über viele Dinge allein bestimmen und wurde von einigen Adligen beraten. Um 700 gelang es den Adligen, immer mehr Macht und Einfluss zu gewinnen und den König zu stürzen. So entstand eine neue Herrschaftsform: die Aristokratie. Aber auch in dieser Herrschaftsform durften viele Bürger weiterhin nicht mitbestimmen und Frauen, Kinder, Metöken und Sklaven behielten ihre untergeordnete Stellung in der Gesellschaft.
- *Die Demokratie in Athen:* Nach etwa 100 Jahren geriet die Herrschaft der Aristokraten in eine Krise. Um diese Krise zu bewältigen wurde der Adlige Solon mit einer grundlegenden Reform des Staatswesens beauftragt. Er begann mit sozialen Reformen. Den notleidenden Bauern wurden die Schulden erlassen und die versklavten Bürger wurden freigekauft. Danach folgten die politischen Reformen. Alle freien Männer aus Athen konnten in einer Volksversammlung über die Gesetze der Polis entscheiden und die Staatsbeamten wählen. Die höchsten Staatsämter wurden aber weiterhin von Adligen ausgeübt. Damit war der Einstieg in die Demokratie gelungen.
  Nach einigen weiteren Schritten hin zur Demokratie erreichte sie ihre volle Entfaltung im Zeitalter des Perikles zwischen 443 und 430 v. Chr. Zu dieser Zeit konnten die Bürger Athens durch das Los in den Rat der 500 und in das Volksgericht gewählt werden. Außerdem wählten sie die Heerführer. Jeder Bürger war aufgefordert, sich am politischen Leben zu beteiligen. Damit dies auch für die Ärmeren möglich wurde, sorgte Perikles dafür, dass die politische Mitarbeit der Bürger bezahlt wurde.
- *Alltag der Menschen in Athen:* In Athen konnte man nicht nur Politik machen, sondern man musste auch den Alltag bewältigen. Dies galt vor allem für die Menschen, die nicht reich waren. In Athen gab es neben den Bauern auch viele Handwerker (Schmiede, Töpfer, Bronzegießer) und Kaufleute, die für den Wohlstand Athens sehr wichtig waren, aber nicht so hoch angesehen wurden wie diejenigen Bürger, die sich vor allem der Politik widmen konnten. Auch die Frauen in Athen konnten politisch nicht mitbestimmen, sie hatten aber viele Rechte und Pflichten im Haushalt. Für die Kinder bestand keine Schulpflicht, aber wer es sich leisten konnte, schickte sie in eine Schule, in der sie Schreiben und Lesen lernten, aber auch im musisch-sportlichen Bereich gebildet wurden. Eine wichtige Rolle spielten im Alltagsleben auch die Metöken, die ihren Lebensunterhalt als Kaufleute und Handwerker verdienten, aber in Athen politisch nicht mitbestimmen durften, obwohl sie auch in den Krieg ziehen mussten. Das griechische Alltagsleben ist ohne Sklaven nicht vorstellbar, die viele schwierige und gefährliche Arbeiten ausführen mussten, aber keinerlei Rechte hatten und wie eine Ware verkauft werden konnten.

Zu S. 134/ Vasenbild

Schritt 1: Leitfrage formulieren	Was erfahren wir über das alltägliche Leben von Handwerkern/ Schuhmachern?
Schritt 2: Erstes Betrachten und Thema benennen	Auf der Vase wird eine Szene aus einer Schuhmacherwerkstatt dargestellt.
Schritt 3: Das Bild beschreiben	Auf dem Bild sind vier Männer oder Jungen zu sehen. Ein Mann steht am rechten Rand und deutet auf eine kleinere Person, die auf einem Tisch steht und etwas in der Hand hält, das ein Stück Leder sein könnte. Rechts, neben der Person auf dem Tisch, sitzt ein Mann auf einem Hocker und hält ebenfalls etwas in der Hand, wohl auch ein Stück Leder. Am linken Rand des Bildes ist ein großer Mann zu sehen, der auch auf einem Hocker sitzt und in der rechten Hand etwas hält, was aussieht wie ein Werkzeug

	zum Schneiden des Leders. Am oberen Rand des Bildes sind einige Gegenstände zu sehen, die anscheinend an einer Wand hängen. Dabei handelt es sich um Lederstücke und zwei bereits fertig gestellte Schuhe mit einem hohen Schaft. Außerdem ist eine Art Maßband zu sehen.
Schritt 4: Antworten auf die Leitfrage formulieren	Aus dem Bild können wir erfahren, dass in einer Schuhmacherwerkstatt mehrere Personen arbeiteten, vielleicht ein Meister mit seinen Gehilfen/Sklaven. Die Menschen, die neue Schuhe benötigten, gingen in die Werkstatt. Dort wurde Maß genommen und danach das Leder zugeschnitten und zu neuen Schuhen verarbeitet.

Arbeitsblatt

Meine Griechenlandkarte

■ Trage wichtige Poleis in die Karte ein. Markiere Besonderheiten der Landschaft (Täler, Gebirge, Küstennähe)

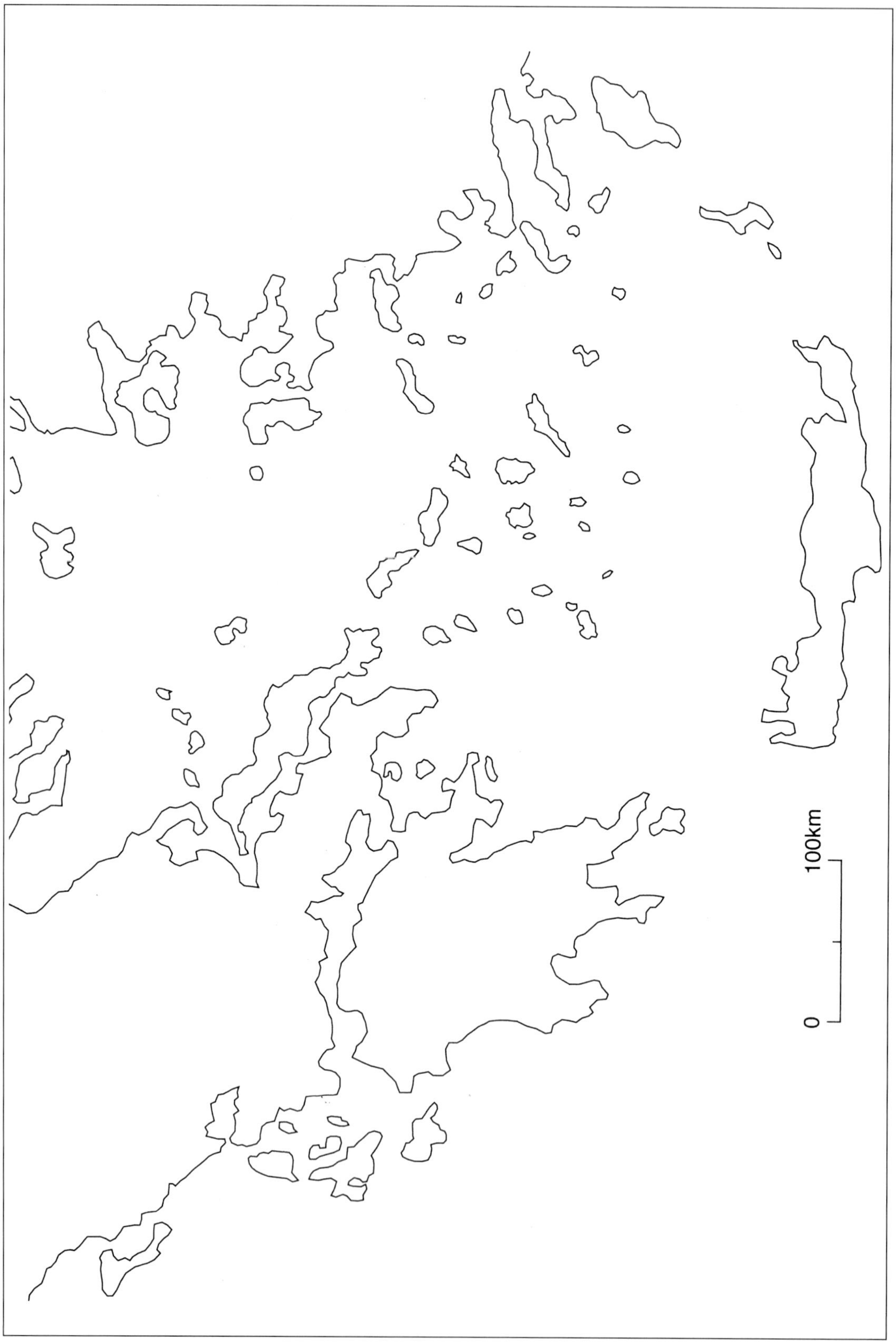

Arbeitsblatt

Dies war allen Griechen gemeinsam – ein Überblick

■ Bilder und Silben sollen dir helfen, die Gemeinsamkeiten zu finden.
Schreibe sie in der richtigen Reihenfolge untereinander. Die in den Silben fettgedruckten Buchstaben ergeben anschließend von oben nach unten gelesen das Lösungswort.

A; A; CH**E**; DU**N**G; GE**N**; GÖT; KLEI; KRO; LE; **L**IS; LYM; O; PEL; PISC**H**E; PO; SA; SPIE; SPRA; TH**E**; TEM; T**E**R; TER

1 – Hierbei waren Frauen nicht zugelassen

____

2 – Mittel zur Verständigung

____

3 – In allen Stadtstaaten oben, aber in Athen top

____

4 – Ein den Göttern geweihtes Bauwerk

____

5 – Mal zürnten sie, mal waren sie gnädig

____

6 – Zu olympischen Wettkämpfen trat man ohne sie an

____

7 – Um sich zu unterhalten, gingen auch die Griechen schon gerne ins ...

____

8 – Geschichten von Göttern und Helden

____

Lösungswort:

____

Dies war ihr gemeinsamer Name, den sich die Griechen selbst gegeben haben. Die Bezeichnung „Griechen" stammt aus der Römerzeit.

Arbeitsblatt

Die griechische Götterwelt

1 Bei der Lösung des Kreuzworträtsels kommt es darauf an, dass du wichtige Namen und Begriffe richtig verwendest und dir die Erklärungen einprägst.

2 Wenn du das Rätsel richtig löst, erhältst du als Lösungswort den Namen dieses Gottes: Er schmiedet Waffen in den feuerspeienden Bergen und gilt als Gott der Schmiedekunst.

① An diesen Ort reisten die Griechen, wenn sie den Rat des Gottes Apollon einholen wollten.

② Dieses Wort bezeichnete bei den alten Griechen einen Ort, an dem die Götter den Menschen geheimnisvolle Weissagungen übermittelten. Heute verwenden wir das Wort für einen nicht leicht zu verstehenden Ratschlag.

③ Er ist der Gott der Jugend und wird mit einem Musikinstrument dargestellt.

④ Diese Göttin entstieg bei ihrer Geburt dem Kopf des Zeus und trägt den Namen einer berühmten Stadt.

⑤ Sie ist die Ehefrau des Göttervaters und war die Schutzgöttin der Ehe und Familie.

⑥ Der Name dieser Göttin ist noch heute berühmt, weil sie die Göttin der Schönheit und der Liebe ist.

⑦ Er ist ein Bruder des Göttervaters und der Gott des Meeres.

⑧ Eine Priesterin, die in einem Tempel saß und Fragen beantwortete – allerdings ziemlich rätselhaft.

⑨ Hier wohnen die Götter und von hier aus regieren sie die Welt.

⑩ Er macht Stürme und Gewitter und ist der Vater aller Götter.

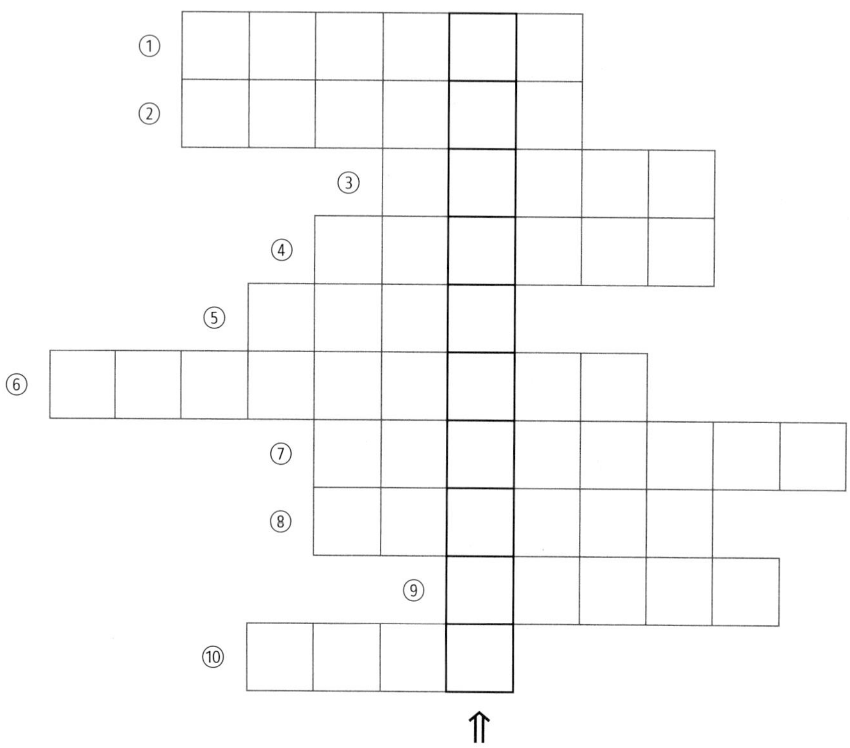

Das Lösungswort lautet:

Arbeitsblatt

Die Olympischen Spiele

In dem folgenden Text über die Olympischen Spiele im antiken Griechenland haben sich leider acht schlimme Fehler eingeschlichen. Er muss unbedingt korrigiert werden, weil Schülerinnen und Schüler sonst ganz falsche Dinge über die damalige Zeit lernen. Kannst du helfen?

■ Schreibe eine fehlerfreie Fassung dieses Textes.

Viele Fehler!

776 nach Christus sollen in dem griechischen Ort Olympia die ersten Wettkämpfe stattgefunden haben. Alle Männer und Frauen, die freie Griechen waren, durften an den Olympischen Spielen teilnehmen.

Wegen der häufigen Kriege zwischen den griechischen Stadtstaaten war die Hin- und Rückreise allerdings oft gefährlich. Die Wettkämpfe dauerten sieben Tage. Am ersten Tag wurden vor dem Tempel des Poseidon Opfer gebracht und die Teilnehmer wurden vereidigt. Die Eintrittskarten für die Zuschauer waren sehr teuer. Die Sportler kämpften in den farbigen Trikots der Stadt, aus der sie kamen. Wer als Sieger aus den Wettkämpfen hervorging, erhielt eine Goldmedaille.

Alles richtig!

Was erzählen zwei geheimnisvolle Figuren über das Leben in Sparta?

Stelle dir einmal die folgende Situation vor: Du bist zu Besuch in Griechenland und befindest dich gerade an dem Ort, an dem einst der Stadtstaat Sparta stand. Du schaust einer Gruppe von Altertumsforschern bei ihren Grabungen zu. Plötzlich halten die Wissenschaftler zwei Statuen in der Hand, die sie soeben entdeckt haben. Doch sie können gar nichts mit den beiden Figuren anfangen.

■ Kannst du die Geheimnisse der beiden Figuren lösen? Hilf den Forschern bei der Beantwortung ihrer Fragen.

Was ist das für eine Statue? Warum ist die Figur so verhüllt? Warum umklammert eine Hand den Schwertgriff? Welche Wirkung sollte wohl von dieser Figur ausgehen? Was erzählt sie über den Staat Sparta?

Welche Tätigkeit übt diese Frau wohl gerade aus? Warum ist sie so leicht bekleidet? Warum wirkt sie so kräftig? Was erzählt sie uns über die Rolle der Frauen in Sparta?

Arbeitsblatt

Die Entwicklung der Demokratie in Athen

Auf dem Weg zur Demokratie in Athen hat es mehrere staatliche Ordnungen gegeben. Und es gab neue Einrichtungen die diese Entwicklung förderten. Auch haben Personen in diesem Prozess entscheidende Rollen gespielt. Aber: Was ist was? Und: Wer ist wer? Das solltest du dir einprägen können.

■ Ordne die Namen der Personen sowie die Begriffe für die staatlichen Ordnungen und Einrichtungen den dazu passenden Erklärungen zu, d.h. gib den Texten die richtige Überschrift.

1. Monarchie		2 Aristokratie		3 Demokratie
	4 Perikies		5 Solon	
6 Volksversammlung		7 Kleisthenes		8 Diäten

A ______

Die Griechen prägten diesen Begriff für eine Staatsform, in der der Adel die Herrschaft ausübt.

B ______

Er war ein angesehener Adliger und wurde von den Athenern damit beauftragt, den Streit zwischen den Adeligen und den Bauern zu schlichten. Er ließ die versklavten Bauern frei und richtete Volksgerichte und die Volksversammlung ein.

C ______

Er ermöglichte es, dass alle Bürger sich an der Politik beteiligen konnten, auch die Armen. Deshalb gilt er als Vollender der Demokratie.

D ______

Es wurden Geldzahlungen an Beamte, Ratsherren und Richter in Athen eingeführt. So konnten es sich auch die unteren Schichten erlauben, ein politisches Amt zu übernehmen.

E ______

Wörtlich übersetzt heißt der Begriff „Herrschaft des Volkes". Diese politische Ordnung wurde im alten Athen entwickelt. Hier hatte das Volk das Recht zu bestimmen, was in der Politik passiert. Mit „Volk" bezeichneten die Griechen allerdings nur die freien und männlichen Bürger.

F ______

Durch diese Einrichtung konnten alle freien männlichen Bürger Athens an der Herrschaft teilnehmen.

G ______

Er machte die Volksversammlung zum wichtigsten Entscheidungszentrum und schuf eine Ordnung, die vielen Menschen die Teilnahme an der Politik ermöglichte. Außerdem richtete er das „Scherbengericht" ein.

H ______

So bezeichneten die Griechen die Herrschaft von Königen.
Um 700 v. Chr. gelang es den Adeligen in Athen, die Könige zu vertreiben.

Das antike Rom: Lebenswelt Imperium Romanum

Zur Konzeption: Im ersten Teil des Kapitels geht es – ausgehend von der Gründung Roms – um die äußere und innere (gesellschaftliche und politische) Entwicklung der antiken Stadt vom Dorf zum Weltreich. Im zweiten Teil wird zunächst der Wechsel in der politischen Ordnung (Augustus) thematisiert, um dann die Gesellschaft des Kaiserreiches – das Leben und der Alltag der Menschen – in den Blick zu nehmen. Die Begegnung von Römern und Germanen sowie der Zerfall des römischen Reiches im Zuge der Völkerwanderung bilden den Abschluss des Kapitels.
Gesellschaftliche und politische Strukturen und Entwicklungen werden durchgehend in ihrem Zusammenhang behandelt. Besonders der zweite Teil des Kapitels (Kaiserreich) hat einen deutlichen alltagsgeschichtlichen Schwerpunkt, der – auch aus Gründen der Zeitökonomie – arbeitsteilig erarbeitet bzw. zur inneren Differenzierung genutzt werden kann.

1. Übersicht über die Unterrichtsreihe

A. Vorschlag zur Sequenzplanung: Grundvariante und mögliche Schwerpunktsetzungen

Mögliche thematische Schwerpunkte	Thematische Lerneinheiten (TLE)	Anzahl der Unterrichtsstunden
Grundlagen	Nr. 1, 2, 3, 4, 5, 6, 7, 8, 9, 10, 11, 12, 13, 15, 16	34 Unterichtsstunden
Erweiterung: Vertiefung des Aspekts „kulturelle Differenz“	Nr. 14	+ 2 Unterichtsstunden

Jede/jeder Unterrichtende hat selbstverständlich die Möglichkeit einer eigenen Schwerpunktsetzung bzw. Reduktion.

B. Überblick über die Lerneinheiten der Unterrichtsreihe

Nr.	Titel/ Thema der Lerneinheit	Leitfragen	Kompetenzen/Schüleraktivitäten (nach dem KLP)	Produkt/Präsentation der Lernergebnisse
1	**Auftakt/Ein erster Blick** S. 136 – 139		Die Schülerinnen und Schüler ... ■ kennen Zeiten und Räume antiker Überlieferung und charakterisieren mittels eines ersten Orientierungswissens die Epoche des römischen Reiches. (S 4) ■ identifizieren Spuren der Vergangenheit in der Gegenwart. (S 8)	Internetrecherche, Erfahrungsbericht
2	**Wer gründete Rom?** S. 140 – 143	● Was erzählten die alten Römer in ihrer Sage über die Gründung ihrer Stadt? ● Wie beschreiben heutige Wissenschaftler die Gründung der Stadt Rom? ● Was kann uns ein Vergleich der beiden Sichtweisen zeigen?	Die Schülerinnen und Schüler ... ■ kennen Zeiten und Räume antiker Überlieferungen. (S 4) ■ informieren exemplarisch über Lebensbedingungen im antiken Rom (Königszeit). (S 6) ■ unterscheiden im Hinblick auf die Gründung Roms zwischen Belegbarem und Vermutetem. (U 1) ■ entnehmen gezielt Informationen aus Darstellungstexten. (M 3, M 6)	Nacherzählung und Kreisgespräch oder Ausstellungsstück vorstellen
3	**Die römische Republik: Staat und Gesellschaft** S. 144 – 146	● Wer stritt sich mit wem? ● Worüber genau haben die Römer gestritten? ● Welche Lösung haben die Römer am Ende gefunden?	Die Schülerinnen und Schüler ... ■ charakterisieren mittels eines ersten Orientierungswissens die Epoche der römischen Republik. (S 1) ■ beschreiben Plebejer und Patrizier als wichtige gesellschaftliche Gruppen in ihren Rollen und Handlungsmöglichkeiten. (S 5) ■ beschreiben die „res publica“ als wesentliche Herrschaftsform der römischen Antike. (S 7) ■ vollziehen Motive, Bedürfnisse und Interessen von Patriziern und Plebejern nach (Fremdverstehen). (U 2) ■ erklären in einfacher Form Zusammenhänge zwischen politischen und sozialen Ordnungen. (U 5) ■ untersuchen ein Schaubild zur Herrschaftsform der Republik und entnehmen die enthaltenen Informationen. (M 10)	Wandzeitung oder ein Gespräch weiterschreiben
4	**Roms Entwicklung zur Weltmacht – Geschichtskarten erzählen** S. 147 – 149 *Methode: Einen Kartenfilm zum Sprechen bringen*	● Was waren die Stationen des Aufstiegs Roms von einem Stadtstaat zu einem Weltreich?	Die Schülerinnen und Schüler ... ■ kennen Zeiten und Räume der Ausdehnung des römischen Reiches. (S 4) ■ untersuchen Geschichtskarten und entnehmen ihnen Informationen über die Ausdehnung des römischen Reiches. (M 9)	kartengestützter Vortrag oder Darstellungstext für Schulbuch oder Zeitleiste

Nr.	Titel/ Thema der Lerneinheit	Leitfragen	Kompetenzen/Schüleraktivitäten (nach dem KLP)	Produkt/Präsentation der Lernergebnisse
5	**Warum die Römer Krieg führten – Das Beispiel „Punische Kriege“** S. 150 – 151	● Warum führten die Römer eigentlich Krieg?	Die Schülerinnen und Schüler ... ■ informieren exemplarisch über Lebensbedingungen im antiken Rom. (S 6) ■ vollziehen exemplarisch Motive und Interessen der römischen Kriegsführung nach (Fremdverstehen). (U 2) ■ entnehmen gezielt Informationen aus Texten niedriger Strukturiertheit. (M 3) ■ beschreiben historische Sachverhalte sprachlich angemessen. (M 15)	Mindmap und Kreisgespräch oder Internetrecherche
6	**Herrschen und Verwalten – aber wie?** S. 152 – 153	● Vor welcher Aufgabe standen die Römer nach der Eroberung neuer Gebiete? ● Mit welchen Strategien haben die Römer diese Herrschafts- und Verwaltungsprobleme zu lösen versucht? ● Wie beurteilt ihr die einzelnen Problemlösungen der Römer?	Die Schülerinnen und Schüler ... ■ charakterisieren mittels eines ersten Orientierungswissens wesentliche Strukturen und Merkmale der imperialen Herrschaft Roms. (S 4) ■ vollziehen Motive und Interessen der römischen Expansion und Kriegsführung nach (Fremdverstehen). (U 2) ■ betrachten die römische Kriegsführung und Herrschaft aus verschiedenen Perspektiven. (U 3).	Expertenrunde oder zeitgenössische Gesprächsbeiträge
7	**Nach außen mächtig – Streit im Inneren** S. 154-156	● Was waren die Ursachen dafür, dass es zum Streit zwischen verschiedenen gesellschaftlichen Gruppen kam? ● Wer waren die Streitgegner, die sich auf dem Höhepunkt der Krise im Bürgerkrieg gegenüberstanden? ● Welche Lösungsansätze zur Krisenbewältigung gab es im Verlauf der Krise?	Die Schülerinnen und Schüler ... ■ informieren exemplarisch über die Lebensbedingungen im Römischen Reich zur Zeit der Bürgerkriege. (S 6) ■ beschreiben die Reformversuche der Gracchen, des Marius und des Sulla als wesentliche Veränderungen am Ende der Republik. (S 9) ■ vollziehen Motive, Bedürfnisse und Interessen der Bürgerkriegsparteien nach (Fremdverstehen). (U 2) ■ erklären in einfacher Form Zusammenhänge zwischen politischen und sozialen Ordnungen. (U 5) ■ untersuchen ein Schaubild zur Krise der Republik und entnehmen ihm wesentliche Informationen zur Konfliktursache und -konstellation. (M 10)	Erzählung, Brief oder Gespräch aus zeitgenössischer Sicht
8	**Ein politischer Mord: Der Tod des Gaius Julius Caesar** S. 157 – 159	● Warum wurde Caesar ermordet?	Die Schülerinnen und Schüler ... ■ informieren im Zusammenhang mit Caesars Ermordung über wesentliche Gruppen der römischen Gesellschaft. (S 5, S 6) ■ unterscheiden in einfacher Form zwischen Belegbarem und Vermutetem. (U 1) ■ entnehmen einem Text niedriger Strukturiertheit wesentliche Informationen. (M 3)	Pressekonferenz

Nr.	Titel/ Thema der Lerneinheit	Leitfragen	Kompetenzen/Schüleraktivitäten (nach dem KLP)	Produkt/Präsentation der Lernergebnisse
9	**Augustus – Herrschaft und Gesellschaft im Kaiserreich** S. 160 – 163	• Was sind die charakteristischen Merkmale des Aufstiegs und der Politik des Augustus? • Was sind die charakteristischen Merkmale der römischen Gesellschaft und des römischen Staates in der Kaiserzeit?	Die Schülerinnen und Schüler ... ▪ beschreiben den Prinzipat als wesentliche Herrschaftsform der römischen Kaiserzeit. (S 7) ▪ beschreiben den Übergang von der Republik zur Kaiserzeit als wesentliche Veränderung in der römischen Geschichte. (S 9) ▪ verdeutlichen im Kontext des Bürgerkriegs und der Herrschaft des Augustus Möglichkeiten, Grenzen und Folgen zeitgenössischen Handelns. (U 4) ▪ erschließen Lehrbuchtexte, indem sie Kernaussagen wiedergeben. (M 6) ▪ untersuchen ein Schaubild der Herrschaftsordnung des Prinzipats, indem sie Thema, Strukturelemente und wesentliche enthaltene Elemente benennen. (M 10)	Wandzeitung oder Diskussion
10	***Wir forschen gemeinsam*: Alltag im Zentrum des Römischen Reiches: Menschen in der Hauptstadt Rom** S. 164 – 167	• Wie lebten Familien, Kinder und Sklaven in Rom?	Die Schülerinnen und Schüler ... ▪ beschreiben Sklaven als wichtige gesellschaftliche Gruppe in der römischen Gesellschaft. (S 5) ▪ informieren über die Rolle der Frauen und Mädchen in der römischen Gesellschaft. (S 5) ▪ informieren exemplarisch über die Lebensbedingungen von Familien, Kindern und Sklaven in der römischen Gesellschaft. (S 6) ▪ beschreiben in Bildquellen Einzelheiten und stellen Zusammenhänge dar. (M 7)	Mindmap und Kurzvortrag, ggf. beamergestützt
11	***Wir forschen gemeinsam*: Leben in Rom – Gebäude erzählen vom Leben in einer antiken Weltstadt** S. 168 – 173 *Methode: Stadtführer informieren über historische Gebäude*	• Was erzählen uns antike Ruinen und Gebäudereste über das Leben der Römer in der Antike?	Die Schülerinnen und Schüler ... ▪ informieren exemplarisch über die Lebensbedingungen in der Stadt Rom zur Kaiserzeit. (S 6) ▪ erklären in einfacher Form den Zusammenhang zwischen der politischen Ordnung des Kaiserreiches und den Lebensbedingungen in Rom. (U 5) ▪ nutzen das Geschichtsbuch als schriftliches Medium der historischen Information und deutenden Darstellung. (M 1) ▪ beschreiben die Lebensbedingungen in Rom sprachlich angemessen. (M 15)	Stafettenpräsentation oder Flyer, Prospekt oder Plakat
12	**Miteinander oder Gegeneinander? Das Beispiel Christen im Römischen Reich** S. 174 – 175	• Warum wurden die Christen im Römischen Reich verfolgt? • Warum wurde das Christentum später zu einer „Staatsreligion“?	Die Schülerinnen und Schüler ... ▪ beschreiben die Christen bzw. das Christentum als wichtige Gruppe bzw. religiös-kulturellen Faktor im römischen Reich. (S 5) ▪ beschreiben den Wechsel der Rolle des Christentums von einer verfolgten Minderheit hin zu einer Staatsreligion. (S 9) ▪ vollziehen Motive, Bedürfnisse und Interessen der christlichen Minderheit und der römischen Mehrheit nach (Fremdverstehen). (U 2) ▪ entnehmen gezielt Informationen aus dem Darstellungstext. (M 3, M 6)	Kurzvortrag, Bildbesprechung

Hinweise zu Leitfragen und Aufgaben

Zusammenfassende Antworten:

Zu S. 141/ Leitfragen

- Leitfrage 1: Nach der Sage wurde Rom von Romulus gegründet – einem von zwei Brüdern die am Fluss Tiber ausgesetzt und von einer Wölfin aufgezogen worden waren.
- Leitfrage 2: Nach den Erkenntnissen der Wissenschaftler siedelten auf den sieben Hügeln am Tiber zunächst Latiner. Deren Dörfer wurden vor allem unter etruskischem Einfluss zu einer Stadt verbunden, vor allem durch die Trockenlegung der sumpfigen Niederungen („cloaca maxima") und der Errichtung des Forum sowie einer Stadtmauer.
- Leitfrage 3: Die Konstruktion der Sage verweist auf wesentliche Elemente des römischen Selbstverständnisses: griechische Wurzeln, kriegerisches Selbstverständnis (Mut, Heldentum, Abschreckung).

Zutreffende Elemente in der Sage („Körnchen Wahrheit"):

Zu S. 141/ Aufgabe 5

- Rom wurde am Fluss Tiber gegründet.
- Die Stadt „Alba" gab es tatsächlich.
- Herkunft des Aeneas aus Troja – die Etrusker hatten Kontakt zur griechischen Kultur.
- Die Beobachtung des Vogelflugs gehörte tatsächlich zur römischen Religion.
- Die Rolle der Rhea Silvia als Priesterin entspricht der der historischen Vestalinnen.

Zur Aussageabsicht der Sage („was die Römer über sich selbst aussagen wollten"):

Diese Elemente der Sage könnten ...	... diese Bedeutung haben
Romulus und Remus sind Söhne des Kriegsgottes Mars.	Die Römer sind mutig und heldenhaft. Sie verstehen sich als Krieger.
Romulus und Remus bitten die Götter um Rat.	Die Römer glauben an die Bedeutung von Göttern.
Remus wird mit dem Tod bestraft, weil er unerlaubt die Grenze nach Rom überschreitet.	Die Grenze der Stadt soll streng bewacht und seine Bewohner vor Feinden geschützt werden. Warnung an Feinde.
Aeneas rettete sich aus Troja.	Die Römer verstehen sich als Nachfolger der Griechen.
Aeneas war ein Held.	Die Römer stammen von Helden ab.

Zu S. 142/ Aufgabe 2 und 3

Aeneas – Troja – Latium – Alba Longa/Hochzeit der Priesterin Rhea Silvia mit dem Kriegsgott Mars – Zwei Söhne: Romulus und Remus/Aussetzung auf dem Tiber – Aufzucht durch eine Wölfin - Hirt Faustulus/Gründung der Stadt – Streit um das Königsrecht – Vogelflug – Romulus gewinnt – Furche als Stadtgrenze/Remus widersetzt sich und wird getötet.

Zu S. 143/ Aufgaben

Aufgabe 2 (s. Aufgabe 4)
Aufgabe 3:

- M 3: Siedlungsgebiete der Latiner und Etrusker.
- M 4: Verlauf des Tiber, Anlage der Stadt unter etruskischem Einfluss (Stadtmauer, Forum, Entwässerungskanal, Prozessionsstraße, Rennbahn).

Aufgabe 4 (möglicher Tafelanschrieb):

1000 v. Chr.:
Latiner besiedeln die Hügel Palatin und Quirinal mit kleinen Dörfern (Lehmhütten).

↓

700 v. Chr.:
Alle sieben Hügel sind besiedelt.

↓

600 v. Chr.:
Etrusker siedeln auf der gegenüberliegenden Flussseite. Mit der Zeit gewinnen sie Überhand über die Latiner (kulturelle Überlegenheit?).

↓

Weitere Entwicklung:
- Etrusker stellen Könige.
- Ableitung des Namens „Rom“ vom etruskischen Geschlecht der Romulier.
- Sümpfe werden trockengelegt („cloaca maxima“).
- Bau des Forum (zentraler Marktplatz) und einer Stadtmauer.

↓

Religion:
- Glaube an Götter
- Bedeutung der Opfer
- Deutung von Naturereignissen (z. B. Vogelflug) als Willen der Götter
- Tempel an der „via sacra“/heiliges Feuer
- Vestalinnen (Priesterinnen) (Hochzeitsverbot)

(S. 144 – 146) TLE 3: Die römische Republik: Staat und Gesellschaft

Hinweise zur Unterrichtsgestaltung

Im Mittelpunkt der TLE stehen die Ständekämpfe, deren Ergebnis das Gesicht der Republik wesentlich prägte. Ursachen, Verlauf und Ergebnis der Ständekämpfe werden in dieser Gliederungsfolge (Zwischenüberschriften) im Darstellungstext dargestellt. Der Vorschlag zur Gestaltung einer Wandzeitung im Aufgabenkasten (SB 144) bietet eine Strukturierungshilfe zum Verständnis des Darstellungstextes, die nach den gängigen Kriterien der Konfliktanalyse (Konfliktgegenstand – Konfliktgegner – Konfliktverlauf – Konfliktlösung) aufgebaut ist.
Auf diese Analyse der Ständekämpfe folgt (im unteren Teil der Wandzeitung) die Beurteilung der Ständekämpfe aus zwei historischen Perspektiven (Plebejer und Patrizier) sowie aus heutiger Perspektive im Sinne der Entwicklung von Urteilskompetenzen. Es versteht sich, dass es sich hier nur um erste Urteilsansätze handeln kann.

Fachliche Hinweise und Erläuterungen

Zu S. 146/M 1 — Hervorzuheben ist das Vetorecht der Volkstribunen als Ausdruck der Interessen der Plebejer.

Hinweise zu Leitfragen und Aufgaben

Zusammenfassende Antworten:

Zu S. 144/ Leitfragen

- Leitfrage 1: Die gesellschaftlichen Gruppen der Patrizier (Oberschicht) und der Plebejer (Unterschicht).
- Leitfrage 2: Gesellschaftliche Rechte und politische Mitbestimmungsmöglichkeiten. Nach und nach eroberten sich die Plebejer immer mehr Rechte (eigene Versammlungen, öffentliche Gesetze, Zugang zu hohen Staatsämtern, Zugang zum Priesteramt).
- Leitfrage 3: Eine politische Ordnung („res publica“), die einen Kompromiss zwischen den Interessen der Plebejer und der Patrizier darstellte. Die Rechte der Plebejer werden besonders durch die Plebejerversammlungen und das Amt des Volkstribuns gesichert.

Zu S. 144/
Aufgabe 2
SB 144

Mögliche Wandzeitung:

Plebejer
- Kleinbauern, Handwerker, Händler
- kein Landbesitz
- wohnen in Mietshäusern

= rechtlose Unterschicht

Gesellschaft

Patrizier
- vornehm und reich
- Landbesitz
- alle politischen Ämter
- Abgrenzung

= alleinherrschende Oberschicht

Der Streit

Worum ging der Streit?
Rechte und politische Mitbestimmungsmöglichkeiten der Plebejer

Wer stand sich gegenüber?
Patrizier und Plebejer

Wie verlief der Streit?
- Ständekämpfe (200 Jahre)
- Einfluss der Plebejer durch ihre Bedeutung in der Armee
- Zunehmende Rechte für die Plebejer (Zeittafel SB 145)

Wie wurde der Streit gelöst?
Durch eine neue politische Ordnung („res publica"), die den Plebejern Rechte und politische Mitbestimmung garantierte.

Wie es wohl die Beteiligten gesehen haben ...

Plebejer
positiv:
- Verbesserung gegenüber früheren Zeiten
- Vetorecht des Volkstribuns
- Zugang zu den Magistraten

aber:
- keine vollständige Gleichberechtigung

Patrizier
negativ:
- Machtverlust bzw. –teilung mit den Plebejern
- Verlust althergebrachter Vorrechte

aber:
- Berücksichtigung der Plebejer gerecht
- keine Konflikte zwischen Patriziern und Plebejern

Euer Urteil ist gefragt!
- gut: Lösung des Streits, innenpolitischer Frieden
- gerecht: Rechte und politische Mitbestimmungsmöglichkeiten für die Bevölkerungsmehrheit (Gleichheit)
- Kompromiss: berücksichtigt unterschiedliche Interessen, beide Seiten sind aufeinander zugegangen, Kompromiss als gute Konfliktlösungsstrategie
- ungerecht: Frauen und Sklaven weiter ohne Rechte (= Gleichheitsbegriff der Moderne)

Zu S. 144/
Differenzierungsvorschlag

Die Gesrächsszene sollte Gemeinsamkeiten und Unterschiede zwischen der griechischen Demokratie zur Zeit des Perikles (SB 120) und der römischen Republik (SB 146) aufgreifen. Beide staatlichen Ordnungen weisen viele Gemeinsamkeiten, aber auch Unterschiede auf.
Gemeinsamkeiten: Konstruktion von Archonten – Aeropag/Magistrate – Senat, Volksversammlung/Heeresversammlung, Rechtlosigkeit weiterer Bevölkerungsgruppen (Frauen, Sklaven, Fremde).
Unterschiede: Gesellschaftliche Teilung in der römischen Gesellschaft (Patrizier und Plebejer), die sich in den Institutionen der Plebejerversammlung und der Volkstribune niederschlägt.

Zu S. 145/
Aufgabe 1

Zwei gesellschaftliche Gruppen: Plebejer und Patrizier/Zuordnung durch Geburt/Patrizier: reich, Landbesitz, alle politischen Ämter, Könige/Plebejer: kein Landbesitz, einfache Leute, Mietshäuser, keine politische Mitbestimmung, Fußsoldaten.

Plebejer wehren sich gegen Machtaufteilung/Ohne sie ist die Armee kampfunfähig/Ständekämpfe. Streitlösung: „res publica“, kein König, Volk übt die Macht aus, komplizierte Ordnung.

Zu S. 146/ Aufgabe 1 und 2

Leitfrage formulieren	Welche Lösung haben die Römer am Ende gefunden?
Thema benennen	Die politische Ordnung der römischen Republik um 200 v. Chr. (am Ende der Ständekämpfe)
Schaubild beschreiben	Farbige Felder: Bevölkerungsgruppen, staatliche Einrichtungen (Ämter) Pfeile: Beziehungen, Rechte, Aufgaben
Schaubild auswerten	Gesellschaftsordnung: • Plebejer und Patrizier sowie Rechtlose (Frauen, Sklaven) Staatliche Ordnung: • Senat als eigentliches Machtzentrum (ehemalige Magistrate). • Patrizische Institutionen: Heeresversammlung, Senat und Magistrate • Plebejische Institutionen: Plebejerversammlung und Volkstribune • Schrittweise Öffnung der Magistrate und des Senates für Plebejer. • Kompromisscharakter, Bedeutung der Volkstribune (Veto)

(S. 147 – 149) TLE 4: Roms Entwicklung zur Weltmacht – Geschichtskarten erzählen

Hinweise zur Unterrichtsgestaltung

Im Mittelpunkt steht die Einführung der Methode „Einen Kartenfilm zum Sprechen bringen“. Der Kartenfilm (M 1 – M 5) visualisiert die Ausdehnung des Römischen Reiches von 500 v. Chr. bis 117 n. Chr. Neu hinzukommende Gebiete sind durch eine andere Farbe gekennzeichnet.
Die Karten nehmen in ihrer Komplexität zu und münden mit M 5 in eine Karte, die alle Aussagen der vorhergehenden Karten in sich aufnimmt. Den SuS kann so der Aufbau einer Geschichtskarte, die die zeitlich-chronologische Entwicklung eines Raumes visualisiert, anschaulich vermittelt werden. Da SuS oftmals Schwierigkeiten haben, die gemeinten und auf den Karten sichtbaren Räume zu versprachlichen, sollte hier die Lehrkraft unterstützen (s. „Tipp“ im Aufgabenkasten). Hilfreich ist auch eine Gegenwartskarte, der die SuS heutige Staatsgebiete entnehmen können.

Inhaltliche Detailaspekte/Anknüpfungspunkte:

- römische Stadtgründungen/Bauwerke (Rückbezug Auftaktseite SB 138/139)
- römische Provinzen in Kleinasien: biblische Geschichte
- Ausbreitung der romanischen Sprachen

Die inhaltliche Erarbeitung der entsprechenden Epochen der römischen Geschichte erfolgt in den folgenden TLE. Die vorliegende TLE dient auch als Grundlage zur räumlichen und zeitlichen Orientierung in der römischen Geschichte. Es empfiehlt sich, diese Grundlage (z. B. auf einem Wandplakat) zu visualisieren, während der Unterrichtsreihe präsent zu halten und ggf. in ihrem Verlauf durch weitere Lernergebnisse zu ergänzen (s. auch Differenzierungsaufgabe 2).

Differenzierungsaufgaben:

- Differenzierungsaufgabe 1: Verbale Darstellung der Ergebnisse der Methode „Einen Kartenfilm zum Sprechen bringen“ (inhaltliche Elemente siehe dort).
- Differenzierungsaufgabe 2: Kombination der Karten M 1 – M 5 mit der Zeitleiste auf SB 138/139 zum Beispiel auf einem Wandplakat. Wenn das Wandplakat großzügig angelegt wird, können Lernergebnisse der folgenden TLE sukzessive ergänzt werden.

Hinweise zu Leitfragen und Aufgaben

Zu S. 147/ Leitfrage

Zusammenfassende Antworten:
- 500 v. Chr./Stadtstaat: nur Stadtgebiet Rom
- 200 v. Chr./Republik: Ausdehnung auf ganz Italien und einen Küstenstreifen im heutigen Spanien
- 133 v. Chr./Republik: Zugewinne auf der iberischen Halbinsel und Griechenland
- 14 n. Chr./Ende der Republik: Weitere Zugewinne in Europa (v.a. Gallien), Kleinasien und Nordafrika
- 177 n. Chr./Kaiserzeit: Weitere Zugewinne in Nord- (v.a. Britannien) und Osteuropa sowie Kleinasien und Nordafrika.

→ Zusammenfassende Bewertung: Das Römische Reich dehnte sich von einem kleinen Stadtstaat zu einem riesigen Reich aus.

Zu S. 147/ Aufgaben

Kartengestützter Vortrag auf der Basis der Schritte der Methode „Einen Kartenfilm zum Sprechen bringen" (SB 148):

Leitfrage festlegen	Was sind die Stationen des Aufstiegs Roms von einem Stadtstaat zu einem Weltreich?
Thema benennen	Die Ausdehnung des Römischen Reiches zu verschiedenen Zeiten (500 v. Chr. bis 117 n. Chr.) (= etwas mehr als 600 Jahre)
Kartenlegende erfassen	Unterschiedliche Farbflächen = Eroberungen bzw. Zugewinne in bestimmten Zeiträumen Beschriftungen in den Farbflächen = Bezeichnungen der Provinzen in der römischen Antike mit Jahresangaben (Datum der Eroberung oder des Zugewinns) Punkte = Orte mit antiker Ortsbezeichnung, in Klammern: moderne Ortsnamen
Karten beschreiben und auswerten	• M 1: 500 v. Chr./Stadtstaat: Nur Stadtgebiet Rom • M 2: 200 v. Chr./Republik: Ausdehnung auf ganz Italien und einen Küstenstreifen im heutigen Spanien • M 3: 133 v. Chr./Republik: Zugewinne auf der iberischen Halbinsel und Griechenland • M 4: 14 n. Chr./Ende der Republik: Weitere Zugewinne in Europa (v.a. Gallien), Kleinasien und Nordafrika • M 5: 177 n. Chr./Kaiserzeit: Weitere Zugewinne in Nord- (v.a. Britannien) und Osteuropa sowie Kleinasien und Nordafrika.
Zusammenfassende Antwort auf die Leitfrage	Das Römische Reich dehnte sich innerhalb von sechs Jahrhunderten von einem kleinen Stadtstaat zu einem riesigen Reich aus. Die Ausdehnung begann auf der italienischen Halbinsel und umfasste schließlich (fast) ganz Europa, Kleinasien und Nordafrika. So entstand ein riesiges (Welt-)Reich.
Neue, offene Fragen	

(S. 150 – 151) TLE 5: Warum die Römer Krieg führten – Das Beispiel „Punische Kriege"

Hinweise zur Unterrichtsgestaltung

Nachdem in groben Zügen die Entwicklung Roms vom Stadtstaat zum Imperium beschrieben wurde, gilt es, diese zu erklären. Hierzu wird zuerst am Beispiel der Punischen Kriege ein Konflikt Roms wegen seines exemplarischen Charakters betrachtet.
Die SuS lesen den gesamten Darstellungstext, um einen Überblick über die drei Punischen Kriege zu erhalten. Anschließend untersuchen sie in Kleingruppen jeweils einen der drei Kriege im Hinblick auf die jeweiligen Kriegsgründe.

Hinweise zu Leitfragen und Aufgaben

Zu S. 150/ Leitfrage

Zusammenfassende Antwort: Entscheidend ist hier, dass die SuS erkennen, dass die römischen Kriegsmotive sehr unterschiedlicher Natur sein konnten und entsprechend – auch aus heutiger Sicht – unterschiedlich beurteilt werden können.

Zu S. 150/ Aufgaben

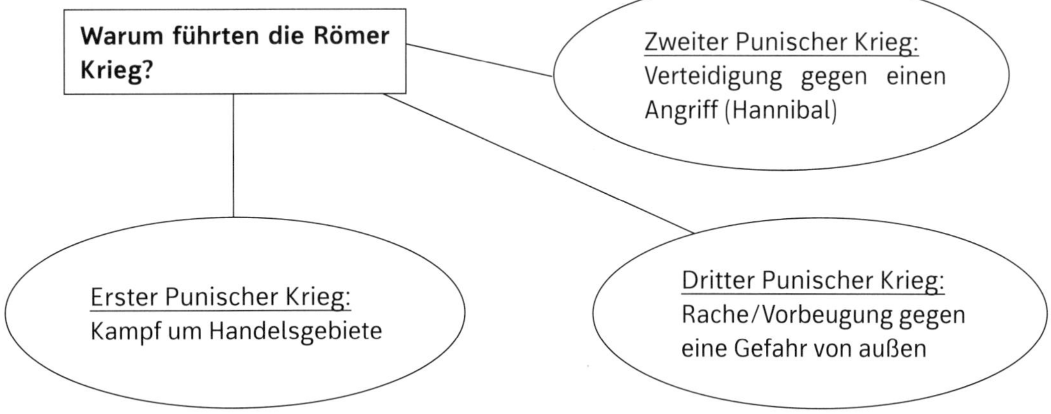

Zu S. 150/ Differenzierungsvorschlag

Historisches Porträt des Hannibal: 247 v. Chr. – 183 v. Chr./berühmter Stratege und Heerführer von Karthago/Sohn des karthagischen Heerführers Hamilkar Barkas/Seit 221 v. Chr. oberster Heerführer/berühmt vor allem aufgrund seiner Taktik und seiner Erfolge im Zweiten Punischen Krieg (Zug über die hispanische Halbinsel und die Alpen nach Italien/Einsatz von Kriegselefanten/Schlacht von Cannae 216 v. Chr.).

Zu S. 151/ Aufgaben

Aufgaben 1-2: s.o., grafische Lösung zum Aufgabenkasten.
Mögliche erweiterte Ergebnisse: Der Darstellungstext enthält weitere Informationen über Verlauf und Folgen der Punischen Kriege, die zusätzlich erarbeitet werden können:

	1. Punischer Krieg	2. Punischer Krieg	3. Punischer Krieg
Wer waren die **Kriegsparteien**?	Karthago (Punier)/ Rom	Karthago (Punier)/Rom	Karthago (Punier)/Rom
Welchen **Verlauf** nahm der Krieg (Zeitliche Dauer, Raum, wichtige Ereignisse, Ende)?	264 – 241 v. Chr. Römer bauten eigene Kriegsschiffe. Zunächst keine Überlegenheit einer Partei, aber schließlich siegen die Römer.	218 – 201 v. Chr. Ungewöhnlicher Feldzug des Hannibal. Überquerung der Alpen mit einem großen Heer und Kriegselefanten. Niederlage der röm. Armee bei Cannae (216 v. Chr.). Angst in Rom. Hannibal zieht an der Stadt vorbei nach Süden (Nachschub). Wende durch den römischen Feldherren Scipio. Sieg der Römer in Zama.	148 – 146 v. Chr. Belagerung der Stadt Karthago. Bewohner der Stadt werden versklavt, die Stadt vollständig zerstört.
Was waren die **Folgen**?	Karthago muss eine hohe Entschädigung zahlen. Karthago sucht Ersatz für verlorene Gebiete in Spanien.	Karthago muss seine gesamte Flotte zerstören und wird zur Bündnistreue mit Rom gezwungen.	Karthago wird zur römischen Provinz Africa. Karthago ist als Konkurrent ausgeschaltet.

(S. 152 – 153) TLE 6: Herrschen und Verwalten – aber wie?

Hinweise zur Unterrichtsgestaltung

Im Mittelpunkt der TLE steht die „Expertenrunde“, in deren Verlauf die arbeitsteilig in Kleingruppen erarbeiteten Lerninhalte integriert und gesichert werden. Die Expertenrunde sollte aus vier SuS bestehen, die jeweils eine der vier Strategien vorstellen. Hinzu kann ggf. ein/e Moderator/in, ein/e Protokollant/in oder weitere Funktionen kommen.

- *Verlauf:* Gracchus will die eigenen Rechte einschränken (Beschränkung des Landbesitzes) und kostenlos Land verteilen (Enteignung), siegreicher Kampf gegen die Reformen des Gracchus. Marius wandelt des Bürgerheer in ein Berufsheer, Sulla kämpft für die Vorrechte des Adels und besiegt Marius.
- *Lösungsansätze:* Gracchus: Ablehnung (Beschränkung des Landbesitzes, Landreform)/Marius: Armee vielleicht schlagkräftiger, zu viel Macht für Heerführer?/Sulla: Zustimmung (Einschränkung der Rechte der Volksversammlung und der Volkstribune, Sicherung der Vorherrschaft des Adels und des Senats).

Zu S. 154/ Differenzierungsvorschlag

Differenzierungsaufgabe 1 – Brief aus Rom:
Gracchus: Angriff auf den eigenen Besitz (Obergrenze, Landverteilung an Kleinbauern)/*Marius:* kein Angriff auf den eigenen Besitz, aber Privilegien für die Soldaten des Marius/*Sulla:* aktive Bekämpfung der Popularen, Einschränkung der Rechte des Volkes, Wiederherstellung der Vorrechte der Patrizier.
Differenzierungsaufgabe 2 – Plebejer im Gespräch:
Beschreibung der Lage: Zwangslage zwischen Wehrdienst und Bestellung der Felder, Angst vor ökonomischem Abstieg, Zwang zum Landverkauf an Gutsbesitzer, neue Lebenssituation als Proletarier.
Lösungsansätze: Gracchus: Schutz vor Gutsbesitzern, Chancen der Landreform/Gaius Marius: wirtschaftliche Chancen des Militärdienstes/Sulla: Einschränkungen der politischen Rechte, Angst vor Verfolgung.

Zu S. 155/ Aufgaben

Aufgabe 1: Kriegsgefangene → Sklaven → billige Arbeitskräfte → Vorteil für Gutsbesitzer → Nachteil für Bauern und Handwerker (Verlust der Arbeitsplätze) → Handwerker und Bauern werden zu „Proletariern".
Aufgabe 2: Es bildet sich eine neue Oberschicht aus Adeligen und Rittern. Ritter sind ehemalige Plebejer, die durch Handel reich geworden sind. Die ehemalige Schicht der Plebejer teilt sich auf: Neben den (reichen) „Rittern", steigen andere zur sozialen Schicht der „Proletarier" (arm, arbeitslos) ab. Ganz unten in der Pyramide stehen die „Sklaven". Die Sklaven sind meist ehemalige Kriegsgefangene oder deren Nachkommen. Sie haben keine Rechte und werden wie Dinge gehandelt.
Aufgabe 3: Römische Kleinbauern können während der langen Kriegszeiten ihre Felder nicht bestellen, verlieren ihre Arbeit auf den Gutshöfen an (billigere) Sklaven. Reiche Römer: Gutsbesitzer profitieren von den Sklaven als billige Arbeitskräften, Ritter verdienen viel Geld durch den Handel im größeren Römischen Reich.

Zu S. 156/ Aufgabe 1

Ziele der Optimaten	Ziele der Popularen
• Vorrechte der Adeligen sichern • Vorherrschaft des Senats verteidigen	• Mehr Rechte für Kleinbauern, Handwerker und Proletarier • Einfluss der Volksversammlung stärken

Zu S. 156/ Aufgabe 2

Tiberius Gracchus:
- Landbesitz der reichen Römer beschränken/kostenlose Landverteilung an Besitzlose.
- Sie hätten profitiert (weniger Konkurrenz durch Gutsbesitzer, kostenlose Landzuteilung als Erwerbsgrundlage).
- Sie hätten die Pläne wahrscheinlich abgelehnt (Einschränkung ihres Besitzes).

Gaius Marius:
- Heeresreform: Bürgerheer wird in eine Berufsheer umgewandelt, Soldaten werden mit Land und Geld (aus den eroberten Gebieten) belohnt, Staat stellt die Militärausrüstung, Landzuteilung als Alterssicherung.
- Die Dienste in der Armee können zu einer (entlohnten) Lebensgrundlage für Kleinbauern und Proletarier werden, Kleinbauern müssen nicht mehr Kriegsdienst leisten und können Felder bestellen, die Armee wird u.U. schlagkräftiger.
- Vorteil für Kleinbauern und Proletarier (Entlohnung des Militärdienstes, kein Zwang zu Militärdienst mehr)/Vorteil für Soldaten (Sold, Land als Alterssicherung, Ausrüstung wird gestellt)/ neutral oder unentschieden für reiche Römer (Armee schlagkräftiger, Armee wird im Staats- und Gesellschaftsgefüge bedeutender = Machtgewinn für Armeeführer).

Sulla:

- Bürgerkrieg gegen Marius, Diktator auf Lebenszeit, Einschränkung der Rechte der Volksversammlung und der Volkstribune, Verfolgung politischer Gegner, Landverteilung an seine Soldaten.
- Kleinbauern: Verlust politischer Rechte (Einschränkung der Rechte der Volksversammlung und der Volkstribune), ggf. politische Verfolgung/Reiche Römer: Erhalt der politischen Vorrechte.

(S. 157–159) TLE 8: Ein politischer Mord: Der Tod des Gaius Julius Caesar

Hinweise zur Unterrichtsgestaltung

Die TLE ist als Geschichtsspiel („Pressekonferenz einer Ermittlungsgruppe") angelegt. Der inhaltliche Schwerpunkt liegt auf der Vorbereitung der Spielszene in arbeitsteiliger Gruppenarbeit. Alle SuS sollen dazu den gesamten Autorentext durcharbeiten.
Die TLE stellt nur den Mord an Caesar zur Diskussion. Sie kann aber zu einer grundsätzlicheren Auseinandersetzung um das Phänomen des „Tyrannenmordes" weitergeführt werden.

Hinweise zu Leitfragen und Aufgaben

Zu S. 157/ Leitfrage

Zusammenfassende Antwort: Eine Gruppe von Senatoren bzw. Patriziern hatte Sorge davor, dass Caesar zu viel Macht in seiner Person anhäufte. Sie lehnte eine Diktatur Caesars ab, weil sie ihren politischen Einfluss gefährdet sah.

Zu S. 157/ Aufgabe 1

Team 1: s.u., Lösungen zur Aufgabe auf S. 158 oben im SB.
Team 2: Caesar wurde auf ein Zeichen hin während einer Senatsitzung erdolcht. Jeder Verschwörer stach einmal zu (um die Schuld auf alle Verschwörer zu verteilen).
Die Täter stammten aus den Kreisen wohlhabender Patrizier. Sie bildeten eine Verschwörung unter Führung des Brutus, mit dem Caesar zuvor vertrauensvoll zusammen gearbeitet hatte.
Team 3: Ja. Seine Feinde hatten Sorge vor zu viel Macht für Caesar und sie fürchteten um ihren eigenen politischen Einfluss.
Team 4: Auf den Mord folgte ein Bürgerkrieg, der 13 Jahre lang andauerte. Octavian, ein Adoptivsohn Caesars verfolgte dessen Feinde. Nach seinem Sieg über Antonius (31 v. Chr.) wurde Octavian Alleinherrscher in Rom.

Zu S. 157/ Differenzierungsvorschlag

Zur Person des Caesar gibt es eine Vielzahl von Internetseiten und Literatur.

Zu S. 158/ Aufgabe oben

Caesars Leben	
100 v. Chr.	Caesar wird geboren.
68 v. Chr.	Leiter der Finanzen
61 v. Chr.	Verwalter der Provinz Spanien
60 v. Chr.	Rückkehr nach Rom, Verbündung mit Pompeus und Crassus zum „Triumvirat"
59 v. Chr.	Wahl zum Konsul
58–51 v. Chr.	Unterwerfung Galliens (Gallischer Krieg)
50–45 v. Chr.	Bürgerkrieg
45 v. Chr.	Sieger im Bürgerkrieg, Oberbefehlshaber des Heeres und Diktator auf Lebenszeit

Zu S. 158/ Aufgaben Mitte

Aufgabe 1: Caesar betritt den Senat um 11 Uhr, Senatoren erheben sich und bilden einen Pulk. Auf ein Zeichen hin, stürzen sie sich auf Caesar und erdolchen ihn, 23 Dolchstiche, Caesar stirbt sofort.
Aufgabe 2: Es gab keinen einzelnen Täter. Da mehrere Senatoren aus einem Pulk heraus zugestochen hatten, lassen sich die Täter nicht eindeutig bestimmen.

Zu S. 158/ Aufgaben unten

Aufgabe 1: Caesars Anhänger: arme Römer/Unterschichten. Caesars Feinde: wohlhabende patrizische Familien.

Aufgabe 2:

Anhänger	Feinde
Arme Römer	Patrizierfamilien
• Getreidespenden • kostenlose Spiele • Land und Arbeit für seine Soldaten	• Caesar wurde zu mächtig. • Sorge vor dem Verlust des eigenen politischen Einflusses • Empörung über die Diktatur Caesars • Vergabe von Ämtern ohne Zustimmung des Senats • Caesars Ablehnung der Republik

Zu S. 159/ Aufgabe

- Es brach ein Bürgerkrieg aus. Anhänger und Gegner Caesars kämpften gegeneinander.
- Octavian sammelte die Soldaten Caesars um sich. Er stellte ein Heer auf und verfolgte die Gegner Caesars.
- Rache für den Mord an Caesar/Eroberung der Macht in Rom.
- Octavian besiegte im Bürgerkrieg der Reihe nach seine Feinde. Zum Schluss besiegte er im Jahr 31 v. Chr. auch seinen letzten Gegner, Antonius.

(S. 160 – 163) TLE 9: Augustus – Herrschaft und Gesellschaft im Kaiserreich

Hinweise zur Unterrichtsgestaltung

Die Auftaktseite „Mit Augustus beginnt die Kaiserzeit" leitet das folgende Teilkapitel zum römischen Kaiserreich ein. Eine Betrachtung der Augustusstatue zeigt die wesentlichen Attribute des Augustus (und in seiner Tradition der nachfolgenden Kaiser – zumindest in ihrem Selbstverständnis): Siegreiche Feldherren (militärische Macht), gottähnliche Herrscher, vom Volk geliebt.
Die folgende TLE nimmt sowohl die Person des Augustus wie auch die grundlegenden politischen und gesellschaftlichen Strukturen des Kaiserreiches in den Blick. Sie ist als arbeitsteilige Gruppenarbeit angelegt; die Ergebnisse der Gruppenarbeit werden dem Plenum auf Wandzeitungen präsentiert.

Fachliche Hinweise und Erläuterungen

Zu S. 160

Die Augustus Statue ist eine Marmorkopie des ursprünglich aus Bronze gegossen Originals, dass der Senat etwa 20 v. Chr. in Auftrag gegeben hatte. Das Original ist verschollen, die Marmorkopie wurde bei Ausgrabungsarbeiten Mitte des 19. Jahrhundert es in der Villa der Kaisergattin Livia gefunden. Vermutlich war die Statue ursprünglich mit kräftigen Farben bemalt. Heute befindet sich die Statue in den vatikanischen Museen in Rom.
Von der Frisur über die Körperhaltung bis zur fehlenden Fußbekleidung ist die Statue in einem propagandistischen Sinne durchgestaltet und mit Symbolen überfrachtet – kein Detail ist dem Zufall überlassen. Ikonographisch ist vor allem die Gestaltung der Panzerrüstung von Interesse, die Augustus als erfolgreichen Feldherrn glorifiziert. Das Interesse der SuS gilt oft eher dem kleinen Engel zu Füßen des Augustus. Übereinstimmend wir diese Figur als Eros (Sohn der Venus) gedeutet, der auf einem Delphin reitet. Für die Zeitgenossen im antiken Rom war damit ein Hinweis auf die göttliche Herkunft des Augustus gegeben, denn er selbst (wie auch Caesar vor ihm) rechnete sich dem Geschlecht der Julier zu – und Venus war die Stammmutter des Hauses der Julier.

Zu S. 161 – 163

Der zentrale Unterschied zwischen der Politik des Augustus und der Caesars wurde schon in der Antike, etwa von Tacitus oder von Cassius Dio, in der taktischen Vorgehensweise gesehen. Während Caesar die Alleinherrschaft offensiv anstrebte und sich in der Öffentlichkeit mit entsprechenden Symbolen der Macht präsentierte, ging Augustus dezenter vor und vermied alles, was als Machtdemonstration hätte verstanden werden können. So verlor der Senat zwar seine Macht, nicht aber seine Würde. In der Sprache unserer Zeit: Augustus verkaufte seine Politik erheblich geschickter, weil er unnötige Provokationen vermied. Obwohl er faktisch alle wesentlichen Elemente der Macht in seiner Hand hielt, sorgte er dafür, dass die alten Institutionen der Republik, quasi als Fassade, erhalten blieben.

Hinweise zu Leitfragen und Aufgaben

Zu S. 161/ Leitfragen

Zusammenfassende Antworten:

- Leitfrage 1: Augustus hielt – wie Caesar – alle faktische Macht in seinen Händen. Nach außen aber stellte er sich bescheiden dar: Er nannte sich nicht „Diktator", sondern „erster Bürger" („princeps civium"). So vermied er es, seine Gegner gegen sich aufzubringen. Augustus sorgte für politische Stabilität und eine lange Friedenszeit.
- Leitfrage 2:
  - *Gesellschaft:* Die Gesellschaft gliederte sich in vier Schichten (Senatoren/Ritter und Großgrundbesitzer/Händler, Handwerker und Bauern/Sklaven). Die beiden oberen Schichten hatten zwar politische Macht verloren, profitierten aber durch Reichtum und wichtige Positionen in der Verwaltung. Die beiden unteren Schichten gewannen soziale Aufstiegsmöglichkeiten (z. B. Freilassung, Verwaltungsposten) und wurden vom Staat unterstützt (z. B. Getreidespenden).
  - *Staat:* Die Institutionen der Republik blieben (der Form nach) erhalten. Tatsächlich lag die eigentliche Macht bei Augustus (Ernennung der Senatoren, Oberbefehl über die kaiserliche Armee, Steuereinnahmen aus den kaiserlichen Provinzen, Leitung der kaiserlichen Verwaltung).

Zu S. 161/ Aufgaben

Die **Wandzeitung** könnte wie folgt aussehen:

Aufstieg und Politik des Augustus:
Zur Person/Der Weg zur Macht:
Adoptivsohn Caesars/Sieg im Bürgerkrieg/ Rückgabe des Titels „Alleinherrscher" an den Senat (27 v. Chr.)/Verleihung des Ehrentitels „Augustus" (= der Erhabene)/ Anrede als „Princeps civium".

So wie wir es sehen:
Das Besondere seiner Vorgehensweise:
Augustus eroberte die Macht militärisch, gab sich aber danach sehr bescheiden. Zum Beispiel gab er den Titel des „Alleinherrschers" an den Senat zurück.
Die Strategie:
Augustus hielt alle Macht in seinen Händen, ließ aber die alten politischen Strukturen nach außen hin unverändert.
Er war deshalb erfolgreich, weil er
- seine politischen Gegner nicht provozierte,
- den Anschein der Ordnung der Republik aufrecht erhielt,
- für Stabilität und Frieden sorgte.

Der Aufbau des römischen Staates in der Kaiserzeit:

Hier kann die Grafik M 2 (SB 163) eingefügt werden.

So wie wir es sehen:
Charakteristische Merkmale der neuen Herrschaftsordnung:
- Der Senat bleibt bestehen.
- Das Volk wählt Beamte (nicht: der kaiserlichen Verwaltung).
- Augustus herrscht mit Hilfe seiner Berufsarmee, der Steuereinnahmen und der kaiserlichen Verwaltung.
- Es gibt senatorische und kaiserliche Provinzen.

Das Raffinierte daran ist:
- Wichtige Institutionen der Republik bleiben bestehen.
- In der Realität liegt der neue Machtschwerpunkt bei Augustus.
- So wird die Machtfülle des Augustus „versteckt".

Die römische Gesellschaft in der Kaiserzeit:	**Das Goldene Zeitalter – So urteilt die Nachwelt über Augustus:**
Hier kann (vereinfacht) die Grafik M 1 (SB 163) eingefügt werden. **So wie wir es sehen:** Im Vergleich zur Republik hat sich manches verändert: • Der Senat hat weniger politische Macht, aber weiter hohes Ansehen. • Das Senatorenamt wird erblich. • Ritter (also ehemalige Plebejer) können sehr reich werden und hohe Ämter einnehmen. • Händler und Handwerker profitieren von staatlichen Aufträgen und Getreidespenden. • Sklaven bleiben weiter rechtlos, können aber Posten in der staatlichen Verwaltung erhalten oder ihre Freilassung erreichen.	Seine größte Leistung war: Frieden, Stabilität, Wohlstand („pax augusta“). Unsere Meinung ist: • *positiv:* Augustus sicherte den Frieden und brachte viel Wohlstand für die Römer. • *negativ:* Augustus beendete die römische Republik, das ganze Land war von ihm abhängig.

Zu S. 162/ Aufgaben oben

Aufgabe 1: Adoptivsohn Caesars/Sieg im Bürgerkrieg/Rückgabe des Titels „Alleinherrscher“ an den Senat (27 v. Chr.)/Verleihung des Ehrentitels „Augustus“ (= der Erhabene)/Anrede als „Princeps civium“.
Aufgabe 2: Feinde aus dem Bürgerkrieg, Sorge vor einer neuen Diktatur.
Aufgabe 3: Rückgabe der Vollmachten des Alleinherrschers an den Senat/Anrede als „princeps civium“/Erhalt der Verfassungseinrichtungen der Republik
Aufgabe 4: Frieden, Stabilität, Wohlstand.

Zu S. 162/ Aufgabe unten

Urteile über Augustus	
Positive Leistungen	**Schattenseiten**
• Frieden („pax augusta“) • Wohlstand für viele Römer („Goldenes Zeitalter“)	• Ende der Republik • Entmachtung der adeligen Familien • Abhängigkeit des Landes von der Person des Kaisers

Zu S. 163/ Aufgaben

Aufgabe 1: Der Senat bleibt bestehen und genehmigt die Beschlüsse des Augustus. Er hat 600 Mitglieder, die von Augustus ernannt werden. Das Senatsamt wird erblich. Augustus ist Befehlshaber der kaiserlichen Armee, erzielt Steuereinnahmen und leitet die kaiserliche Verwaltung. Senat und Kaiser haben die Provinzen unter sich aufgeteilt. Es gibt senatorische und kaiserliche Provinzen. Das Volk von Rom wählt regierende Beamte (aber nicht die Beamten der kaiserlichen Verwaltung).
Aufgabe 2: Er ernennt die Senatoren. Er ist Oberbefehlshaber der kaiserlichen Armee. Er verfügt über die Steuereinnahmen aus den kaiserlichen Provinzen. Er leitet die kaiserliche Verwaltung.
Aufgabe 3: Die Gesellschaft gliederte sich in vier Schichten (Senatoren/Ritter und Großgrundbesitzer/Händler, Handwerker und Bauern/Sklaven). Die beiden oberen Schichten hatten zwar politische Macht verloren, profitierten aber durch Reichtum und wichtige Positionen in der Verwaltung. Die beiden unteren Schichten gewannen soziale Aufstiegsmöglichkeiten (z. B. Freilassung, Verwaltungsposten) und wurden vom Staat unterstützt (z. B. Getreidespenden).
Aufgabe 4: Senatoren: hohes Ansehen, erbliches Amt, Reichtum. Ritter und Großgrundbesitzer: erhalten Geld und Aufträge von Augustus, Einnahmen aus Großgrundbesitz. Händler, Handwerker und Bauern: Öffentliche Aufträge und Getreidespenden. Sklaven: Beschäftigung in der kaiserlichen Verwaltung, ggf. Freilassung.

TLE 10: Wir forschen gemeinsam: Alltag im Zentrum des Römischen Reiches: Menschen in der Hauptstadt Rom

Hinweise zur Unterrichtsgestaltung

Die TLE mit alltagsgeschichtlichem Schwerpunkt ist als arbeitsteilige Gruppenarbeit mit den Themen Familie, Schule und Sklaven angelegt.
Als Produkt der Gruppenarbeitsphase werden drei vorstrukturierte Mindmaps vorgeschlagen, die zu einer gemeinsamen Mindmap verbunden und von den jeweiligen Arbeitsgruppen präsentiert werden können.
Im Sinne der Differenzierung können diese Mindmaps von einer (oder mehreren Arbeitsgruppen) mit einem digitalen Programm erstellt und präsentiert werden.
Die drei Themen werden jeweils durch spezifische Leitfragen und Aufgabenstellungen eingeleitet, die eine selbstständige Erarbeitung des Materials durch die SuS ermöglichen.
Alle drei Themen sind so angelegt, dass sie Gegenwartsbezüge im Sinne eines kontrastierenden Vergleichs zwischen den antiken Lebensumständen und den gegenwärtigen Lebenswelten der SuS ermöglichen. Sie bieten damit anschauliche Lernzugänge und die Chance zu engagierten Diskussionen über gegenwärtige Lebenswirklichkeiten (z. B. Familienformen, Schulalltag, soziale Ungleichheit), die als nicht selbstverständliche, historisch gewordene Strukturen erkennbar werden.

Fachliche Hinweise und Erläuterungen

Zu S. 165/ Thema 1

Die TLE führt im Kern ein Vergleich der römischen „familia" mit der heutigen „Familie". Dabei ist festzuhalten, dass die römische Familie nicht nur die – im heutigen Sinne – Kernfamilie umfasste, sondern eine ungleich größere Gruppe von Menschen, die untereinander verwandt waren oder gemeinsam arbeiteten. Zudem bedeutet „familia" eine deutliche Vorherrschaft des Familienvaters gegenüber allen Angehörigen der Familie und, damit verbunden, eine strikte Festlegung der Geschlechterrollen, die Frauen und Mädchen nur einen sehr geringen Entfaltungsspielraum bot.

Zu S. 165/M 1

Das **Relief auf einem Sarkophag aus dem 2. Jh. n. Chr.** zeigt vier Lebensabschnitte eines römischen Jungen, der der Oberschicht angehört: (1) als Säugling auf dem Arm der Mutter; (2) als Kleinkind auf dem Arm des Vaters; (3) bereits im Spiel erlernt der Junge, wenn er groß genug geworden ist, wichtige Fertigkeiten (Lenken eines Pferdewagens); (4) vom siebten Lebensjahr an wird der Junge vom Vater unterwiesen. Es wird deutlich, dass der Vater bei der Erziehung der Jungen zunehmend die wichtigere Rolle spielt; die Mutter ist nur in der ersten Station abgebildet.

Zu S. 166/M 2

Das **Relief** zeigt eine Schulszene. Zwei männliche Jugendliche, die Buchrollen in den Händen halten, erhalten Hausunterricht. Der Lehrer ist vermutlich ein Sklave aus Griechenland (worauf die Bart-und Haartracht hindeutet). Zweifellos ist eine Szene aus dem Literaturunterricht einer Grammatikschule dargestellt. Die Szene stammt aus dem Familiengrab einer Villa in Neumagen (Mosel); das Relief dürfte angefertigt worden sein, um den Reichtum und die Bildungsorientierung der Familie zu zeigen (nicht jeder konnte sich einen griechischen Hauslehrer leisten). Das Original befindet sich im rheinischen Landesmuseum Trier.

Zu S. 167/ Thema 3

Der rechtliche Status, Sklave zu sein, sagte im antiken Rom noch nicht viel über die tatsächlichen Lebensumstände aus. Wohl die wenigsten Sklaven, die in einem Bergwerk arbeiten mussten, haben nach Arbeitsbeginn noch ein Jahr oder länger gelebt - so unmenschlich waren die Arbeitsbedingungen. Gebildete Sklaven, die nach Ansicht ihres Herren gute Arbeit geleistet hatten, konnten dagegen fast davon ausgehen, dass sie in einem Alter zwischen 30 und 40 Jahren freigelassen wurden. Kein Römer fand es ungewöhnlich, wenn diese Freigelassenen sich sofort selbst Sklaven kauften – von dem Geld, das sie während der Zeit ihrer eigenen Sklaverei verdient hatten. Mit zunehmender Dauer des römischen Reiches bildeten die „Freigelassenen" eine eigene, in der Sozialstruktur relevante Bevölkerungsschicht. Da die Kinder von Freigelassenen das römische Bürgerrecht erhielten, kann man in gewisser Weise von einem selektiven Integrationsmechanismus der Sklaven in die römische Gesellschaft sprechen.
Generell kann man davon ausgehen, dass die Römer, zumindest vom Anspruch her, humaner mit Sklaven umbringen als die Griechen, vor allem mit den Haussklaven. Eine Sonderrolle spielten die Sklaven, die als Gladiatoren ausgebildet wurden und in der Arena kämpften. Viele haben diese

Zu S. 167/
Aufgabe 3

Mindmap:

Sklaven im alten Rom

Wie wurde man Sklave?
- Kriegsgefangenschaft
- Entführung
- Bestrafung
- Geburt als Kind eines Sklaven

Berufe:
- Bergwerke
- Landwirtschaft
- Haussklave (z. B. Köche, Diener, Hauslehrer, Arzt)

Arbeitsalltag:
- Bergwerke: Arbeit bis zur Erschöpfung
- Haussklaven: bessere Lebensbedingungen; manche wurden berühmt und reich
- Sklaven = Eigentum ihres Herren
- Möglichkeit der Freilassung oder des Freikaufens
- Kinder von Freigelassenen = römische Bürger

Zu S. 167/
Differenzierungsvorschlag

Der Differenzierungsvorschlag „Sklaven in Athen – Sklaven in Rom: Ein Vergleich" ist anspruchsvoll und setzt den Rückgriff auf Kenntnisse über die Sklaven im antiken Griechenland voraus (SB 128f.). Gemeinsam ist der rechtliche Status (Sklaven als handelbare Ware) sowie die unterschiedlichen konkreten Lebensbedingungen (Bergwerk und Landwirtschaft vs. Haussklaven). Unterschiede: Der Anteil der Sklaven an der Gesamtbevölkerung war in Griechenland i.d.R. höher als in Rom, die Lebensbedingungen meistens schlechter. Die Möglichkeit der Freilassung oder des Freikaufs war bedeutend geringer.

(S. 168 – 173) TLE 11: Wir forschen gemeinsam: Leben in Rom – Gebäude erzählen vom Leben in einer antiken Weltstadt

Hinweise zur Unterrichtsgestaltung

Die Einheit dient der anschaulichen Erarbeitung und Vertiefung von Kenntnissen politischer und gesellschaftlicher Strukturen, wie sie sich im Verlauf der Kaiserzeit ausgebildet haben. Die Aufgabenstellung knüpft insofern an heutige touristische Erfahrungen an, als das die SuS in die Rolle eines Stadtführers schlüpfen sollen, der fremden Besuchern ein interessantes Gebäude erklärt.
Im Verlauf dieses fiktiven Arrangements werden vier Gebäude des antiken Rom in einem Stadtrundgang besucht und von den SuS fachkundig erklärt. Jede Schülerin beziehungsweise jeder Schüler muss sich den eigenen Expertenstatus mithilfe der bereitgestellten Materialien erarbeiten. Die Gliederung in vier Stationen ermöglicht die zeitgleiche und arbeitsteilige Erarbeitung in kleinen Gruppen. Die Methode „Stadtführer informieren über historische Gebäude" wird auf der Seite 169 ausführlich vorgestellt. Von Lehrerseite sollte frühzeitig festgelegt werden, wie viel Zeit vor allem für den zweiten Schritt der Informationsbeschaffung eingeräumt wird. Es hat sich gezeigt, dass ein Training des Vortrags und die Verbesserungsvorschläge in der kleinen Gruppe die Qualität der Führung deutlich erhöhen (sechster Schritt). Je nach Lerngruppe ist zu prüfen, ob zunächst eine der angebotenen Stationen gemeinsam bearbeitet werden soll, um auf der Grundlage dieses „Musters" den Ertrag der „Stadtführung" zu erhöhen.

Im Rahmen eines Differenzierungsangebotes können interessierte Schülergruppen auch ein anderes Verfahren als das der Staffettenpräsentation wählen (z. B. Flyer, Museumskatalog, Internetpräsentation). Diese Varianten sollten frühzeitig angeboten werden.

Hinweise zu Leitfragen und Aufgaben

Zu S. 170/ Station 1

Der Circus Maximus: Im Zentrum sollte der Circus Maximus als eine Sportstätte stehen, in der für ein Massenpublikum Unterhaltung angeboten wurde. Parallelen zu heutigen Großereignissen und heutigen Sportstätten mit ähnlicher Funktion liegen auf der Hand. Wenn es die äußeren Bedingungen zu lassen, könnte das Wagenrennen aus inzwischen mehreren Spielfilmen des Stoffes „Ben Hur“ gezeigt werden - auch wenn die Darstellungen nicht in jedem Detail sachgerecht sind.
Mindestanforderungen an eine Darstellung: Ausmaße der Rennbahn, Anzahl der Zuschauerplätze (200 000!), Gefährlichkeit der Wagenrennen, Fankultur.

Zu S. 171/ Station 2

Das Kolosseum: Am Beispiel des Kolosseums kann die Dimension der Macht „Sicherung durch Brot und Spiele“ erklärt werden. Kostenlose Geschenke wie die Massenspektakel im Kolosseum sollten die Bürger der Hauptstadt ruhig stellen und für politische Stabilität sorgen. Ferner muss der finanzielle Hintergrund erläutert werden – die parasitäre Existenz der Hauptstadt Bewohner auf Kosten der Provinzen.
Mindestanforderungen an eine Darstellung: architektonische Anlage des Gebäudes und der Arena (Ausmaße, Eingänge, Ganganlagen), Funktion und Charakter der Gladiatorenkämpfe, „Brot und Spiele“, Finanzierung aus den Provinzen.

Zu S. 172/ Station 3

Wasserleitungen und Thermen: Die Raffinesse des Wassertransports über große Strecken sollte vor allem SuS ansprechen, die an der Lösung technischer Problemstellungen Freude haben. Der Aspekt Komfort in Rom durch Ausbeutung der Provinzen wird durch das Beispiel luxuriöser Thermen bestätigt.
Mindestanforderungen an eine Darstellung: technische Prinzipien der Wasserleitungen (Gefälle, unterirdische Leitungen, Aquädukte), öffentliche Brunnen in Rom, Thermen (als kostenlose Geschenke des Kaisers), Finanzierung aus den Provinzen.

Zu S. 173/ Station 4

Ein Mietshaus – so lebten die meisten Römer: Im Zentrum sollte die oft erbärmliche Qualität der Wohnverhältnisse in den Mietshäusern stehen. Gruppen, die etwas über den Tellerrand hinaus schauen, werden bei ihrem Expertenvortrag auf die potentielle Unzufriedenheit in städtischen Unterschichten hinweisen.
Mindestanforderungen an eine Darstellung: Begriff „insulae“, Geschosse (Erdgeschoss: Läden, obere Geschosse: immer kleinere Zimmer), Lebensverhältnisse: beengtes Leben, Toiletten, Müll), Gefahren: Feuer, Einsturz.

(S. 174 – 175) TLE 12: Miteinander oder Gegeneinander? Das Beispiel Christen im Römischen Reich

Hinweise zur Unterrichtsgestaltung

Die meisten SuS kennen das Christentum und die biblische Geschichte, oft sind sie Angehörige einer christlichen Religion. In dieser TLE begegnen sie dem Christentum aus zwei distanzierenden Perspektiven – der der christlichen Urgemeinden und der des römischen Staates bzw. der römischen Mehrheitsgesellschaft.
Der Wandel des Christentums von einer verfolgten religiösen Minderheit zu einer Staatsreligion kann Grundlage für eine Diskussion über die Gefahren und Chancen der Begegnung verschiedener Kulturen sein (Vorurteile, Verfolgung, Verständigung).

Fachliche Hinweise und Erläuterungen

Die Römer lebten in der Antike in einer mythischen Götterwelt, die im Wesentlichen von der griechischen Kultur übernommen worden war und von Anfang an (s. TLE 1) mit dem Gründungsmythos des römischen Reiches verbunden war. Obwohl es sich um eine Staatsreligion handelte, gingen die

römische Gesellschaft und der Staat eher pragmatisch damit um. Im Grundsatz war die römische Kultur relativ tolerant und in der Lage, fremde Kulturen zu integrieren.
Die christlichen Urgemeinden erregten dennoch, aufgrund ihrer (aus römischer Sicht) radikalen und entschieden gelebten Überzeugungen und ihrer vielfachen Weigerung, ihrem Glauben abzuschwören, in den Verdacht des Verrates und der Subversion. Dieser Verdacht verstärkte sich als das römische Reich im 2. und 3. Jahrhundert unter äußeren Druck geriet. Pogrome gegen Christen verfolgten dann auch herrschaftstechnische Zwecke. Die erste Christenverfolgung fand 64 n. Chr. statt, als Kaiser Nero die Christen bezichtigte, den Brand Roms gelegt zu haben, und damit Pogrome in Gang setzte. „Man enthauptet sie, schlägt sie ans Kreuz, wirft sie den Tieren vor, lässt sie den Feuertod sterben." (Justinus)
Die Kehrtwende erfolgte unter Kaiser Konstantin, der die wachsende Zahl der Christen für das römische Reich gewinnen wollte und zunächst das Christentum legalisierte (313 n. Chr.) („konstantinische Wende"). 380 n. Chr. wurde das Christentum zur Staatsreligion erhoben; in der Spätantike und im Mittelalter wurden Christentum und Römisches Reich nahezu gleichgesetzt.

Hinweise zu Leitfragen und Aufgaben

Zu S. 174/ Leitfragen

Zusammenfassende Antworten:
- Leitfrage 1: Die Christen lebten zurückgezogen in ihren Gemeinden, sodass Vorurteile über ihre Einstellungen und Rituale (z. B. Menschenopfer) entstehen konnten. Als das römische Reich unter Druck geriet, wurden Christen zu „Sündenböcken", denen man Verrat unterstellte.
- Leitfrage 2: Kaiser Konstantin versuchte, die wachsende Zahl von Christen für das römische Reich einzunehmen und das römische Reich damit zu stärken.

Zu S. 174/ Aufgabe 3

Christen im Römischen Reich	
Gründe für die Verfolgung	Gründe für die Anerkennung als Staatsreligion
• In Rom wurden zunächst viele verschiedene Religionen akzeptiert, aber die Christen lebten zurückgezogen und nahmen nicht an Festen und Feierlichkeiten teil – dadurch entstanden Gerüchte und Vorurteile, z. B. das Missverständnis der Abendmahlzeremonie (= wenig Kommunikation). • Römer gaben den Christen die Schuld an Krisensituationen (= „Sündenbock" - Rolle). • Weigerung der Christen, den römischen Göttern und dem römischen Kaiser Opfer zu bringen – wurde von den Römern als Verrat verstanden.	• Konstantin – Legende • Wachsende Anzahl von Christen • Versuch der Integration der Christen in das Römische Reich • Verbindung des Staates mit der Kirche sollte die Herrschaft der Kaiser festigen.

Zu S. 174/ Aufgaben in Randspalte

(a) etwa ab dem 4. Jh. v. Chr. (Geburt Jesu)
(b) Verbreitung durch Apostel (Paulus, Petrus)
(c) Die Christen verehrten einen einzigen Gott, die Römer mehrere.
(d) Zurückgezogene Gemeinden und Rituale, Krise → Vorurteile
(e) Sie weigerten sich, dem Kaiser Opfer darzubringen.
(f) Kaiser Konstantin: Legende („In diesem Zeichen siege!")/Aufhebung des Verbots des Christentums
(g) Integration der wachsenden Zahl der Christen, Stärkung des Römischen Reiches

(S. 176 – 179) TLE 13: Fremde Nachbarn im Norden – Wer sind die Germanen?

Hinweise zur Unterrichtsgestaltung

So wie das entstehende Christentum eine kulturelle Konfrontation im „Inneren" war, stellte die Begegnung zwischen Römern und Germanen eine Kulturdifferenz „nach außen" dar – mit vielgestaltigen Bezügen und in sehr unterschiedlichen Formen, von der militärischen Konfrontation bis hin zu Handel und bereicherndem Kulturaustausch („Romanisierung"), die schon aufgrund der Nähe des historischen Raumes und den vielfachen historischen Zeugnissen in der Region für die SuS interessante Lernanlässe bietet.

Im ersten Teil der TLE (SB 176-177) stehen Alltag und Kultur des germanischen Lebens im Mittelpunkt, deren wesentliche Aspekte die SuS aus dem Darstellungstext, der Karte (M 1) und den Abbildungen (M 2, M 3) entnehmen. Der Darstellungstext beschreibt die Lebenswelt der Germanen bewusst und ausdrücklich aus zwei Perspektiven, denn alle Textquellen über die Germanen stammen aus römischer Hand (v.a. Tacitus), während mündliche Überlieferungen und gegenständliche Quellen „neutrale", d.h. nicht durch die römische Perspektive verschobene Erkenntnisse erlauben. Die Arbeit in der TLE kann als Einstieg mit einem Vergleich des germanischen Wohnhauses (SB 177, M 3) mit der den SuS bekannten Gebäuden in Rom (SB 168ff) beginnen – er verdeutlicht unmittelbar und anschaulich das unterschiedliche technische und kulturelle Niveau von Germanen und Römern. Im Mittelpunkt des zweiten Teils der TLE (SB 178-179) steht die Varus-Schlacht als entscheidender Wendepunkt der römischen Politik gegenüber den Germanen. Die Bedeutung der Schlacht als Bezugspunkt in der (deutschen) Geschichtspolitik und -schreibung wird hier – angesichts des Alters der SuS – noch nicht thematisiert, wohl aber der Darstellungstext und die fachlich überzeugende Darstellung, die als Ausgangspunkt benutzt werden. Die räumliche Nähe zum Ausstellungsort „Kalkriese" legt natürlich – sofern die unterrichtlichen Umstände es erlauben – eine Exkursion der Lerngruppe nahe; hier wird der Verlauf der Schlacht anschaulich erfahrbar.

Hinweise zu Leitfragen und Aufgaben

Zu S. 176/ Leitfragen

Zusammenfassende Antworten:

- Leitfrage 1: keine Schriftsprache, mündliche Überlieferungen, Götterwelt (Wotan, Donar, Tyr, Freya), Naturglauben (Naturmagie, Geister), Glauben an ein Jenseits (Gräber und Beigaben), Opferfeste, einfache Wohn- und Stallhäuser aus Holz und Lehm.
- Leitfrage 2: Die Germanen waren den Römern sehr fremd. Sie betrachteten die Germanen abschätzig als primitive Barbaren. Sie hatten Angst vor ihnen und legten einen Schutzwall („Limes") an. Westlich des Rheins lebten die Germanen in römischem Gebiet, östlich des Rheins in einer ganz anderen Welt.

Zu S. 176/ Aufgaben in Randspalte

Aufgabe 1: Rhein und Donau als natürliche Grenze zwischen Römern und Germanen, Unkenntnis der Römer über die Germanen, vernichtende Vorurteile („primitive Barbaren"), Furcht vor den Germanen, Grenzwall („Limes"), kein Versuch der Eroberung nach dem ersten Jahrhundert n. Chr., westlich des Rheins: Nachahmung der römischen Sitten („Romanisierung"), östlich des Rheins: germanische Welt.
Aufgabe 2: Lage des römischen Reiches und des germanischen Siedlungsgebietes, Verlauf des Limes, römische Legionslager, römische Städte, Straßen.
Gut zu erkennen sind die römischen Stadtgründungen an der Ostgrenze des römischen Reiches – aufgereiht wie eine Perlenschnur entlang des westlichen Rheinufers.

Zu S. 177/ Aufgabe

(a) keine Schriftsprache, mündliche Überlieferungen, Götterwelt (Wotan, Donar, Tyr, Freya), Naturglauben (Naturmagie, Geister), Glauben an ein Jenseits (Gräber und Beigaben), Opferfeste.
(b) einfaches Wohn- und Stallhaus aus Holz und Lehm, Stallgebäude mit Boxen für Vieh, Wohnteil mit Herd in der Mitte, Wände aus Holz, Rutengeflecht und Lehm, Dach aus Stroh, Lehmboden.
Tipp: Die römische Wohnbautechnik war wesentlich weiter fortgeschritten (Steinhäuser, mehrere Etagen, Wasserversorgung etc).

Zu S. 179/ Aufgabe 1

Die Vorgeschichte: Die Germanen: häufige Überfälle auf römische Siedlungen westlich des Rheins. Caesar: baut Brücke über den Rhein, zerstört germanische Dörfer, lässt Brücke wieder abreißen. Augustus: lässt germanisches Gebiet erkunden, errichtet neue Militärlager.
Die Armee des Varus: Zug vom Rhein an die Weser, 10 – 15 Tausend Legionäre, tausend germanische Hilfstruppen, 10 000 Menschen im Tross.
Die Route auf dem Rückweg: Abweichung von der regulären Route auf Bitten des Arminius, unbefestigter Karrenweg.
Das Verhalten des Arminius: Er trennt sich von dem Hauptzug der Römer und führt heimlich germanische Truppen zu dem römischen Heerzug.

Arbeitsblatt

Spielen wie die Römer

Gesellschaftsspiele waren in Rom sehr beliebt. Nicht nur die Kinder kannten viele verschiedene Spiele, auch Erwachsene spielten gerne.
Hier seht ihr zwei typisch römische Spiele: das „merels“, ein Rundmühlenspiel, und den „loculus archimedicus“, ein Legespiel.
Beide Spiele könnt ihr nachbauen und ausprobieren.

M1 „merels“ nannten die Römer dieses Spiel

Hier seht ihr die Rekonstruktion des Rundmühlespiels:

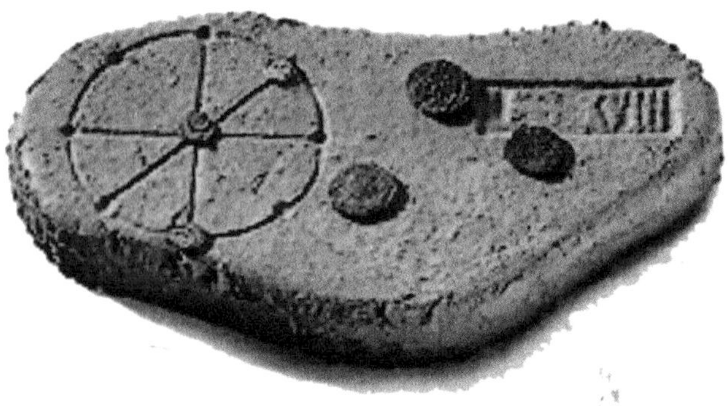

M2a Der „loculus Archimedicus“

Der römische Schriftsteller Ausonius beschreibt dieses Spiel folgendermaßen:

Es besteht im Ganzen aus 14 kleinen Knochen, zu geometrischen Figuren geformt. […] Auf verschiedene Weise zusammengesetzt, bilden sie Figuren von tausendfältiger Gestalt: ein Elefantenungetüm, ein wildes Schwein, eine fliegende Gans, ein bewaffneter Gladiator, ein Jäger im Hinterhalt, ein bellender Hund und ebenso ein Turm, ein Krug und unzählige andere Figuren solcher Art, verschieden gemäß der Gewandtheit des Spielers. Das kunstvoll zusammengewürfelte Gebilde der Könner aber ist ein Wunder, das von Unkundigen zusammengesetzte lächerlich.

(Ausonius, Begleitbrief zum cento nuptialis, übersetzl von Gerhard Lunde)

M2b Der „loculus Archimedicus“

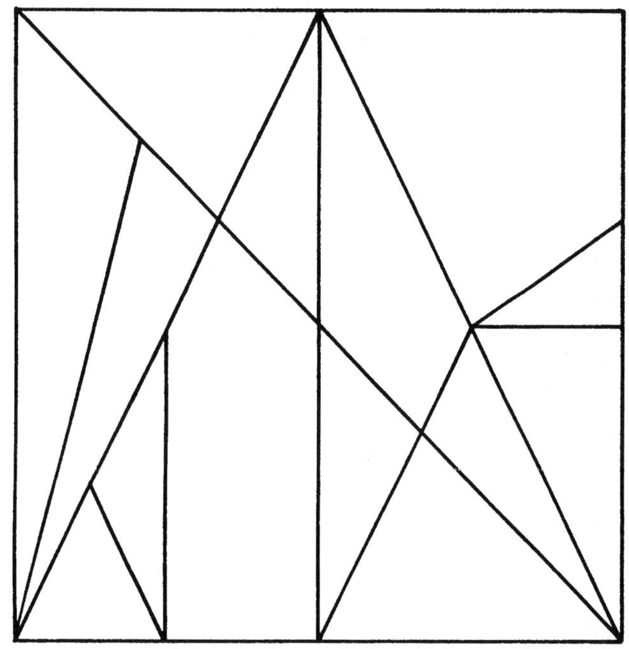

M2c Das „Elefantenungetüm“

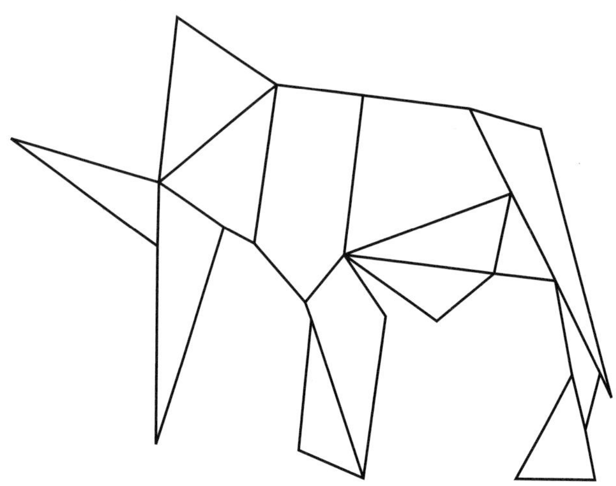

Arbeitsblatt

Zeitgenossen urteilen: Waren die Kriegszüge der Römer gerechtfertigt?

Auf Seite 150/151 eures Geschichtsbuches habt ihr am Beispiel der Punischen Kriege bereits gelernt, aus welchen Gründen die Römer Krieg führten. Aber wie dachten die Römer und ihre Zeitgenossen in der Antike über Kriege?
Hier könnt ihr vier verschiedene Meinungen kennenlernen.

1 Untersucht die vier Quellen aus der Antike: Wie urteilt der Autor jeweils über den Krieg?

2 Stellt die vier Urteile in einer Tabelle einander gegenüber.

Können Kriege gerechtfertigt sein?			
So sieht es Polybios:	So sieht es Diodor:	So sieht es Sallust:	So sieht es Cicero:

3 Vergleicht die Urteile miteinander.

4 Stellt die Urteile der Klasse vor.

5 Diskutiert im Klassenverband: Welchem der antiken Urteile könnt ihr am ehesten zustimmen, welchem gar nicht?

M1 Polybios

Der Grieche Polybios lebte in der Mitte des 2. Jahrhunderts vor Christus in Rom. Er schrieb eine Geschichte der Punischen Kriege auf. Darin berichtete er, welche Meinungen in Griechenland über den dritten Punischen Krieg diskutiert wurden.

Einige billigten die Handlungsweise der Römer und behaupteten, diese hätten verständig und wirkungsvoll die Interessen ihrer Herrschaft verfolgt; dass sie die ihnen drohende Gefahr und die Stadt, die oft mit ihnen um die Vorherrschaft gerungen hätte und auch jetzt noch bei passender Gelegenheit dazu imstande sei, beseitigt hätten und dadurch ihrem Lande die Herrschaft gesichert hätten, zeuge nur von ihrer Einsicht und ihrem Weitblick.
Andere widersprachen dem: Die Römer blieben nicht bei ihren Grundsätzen, mit denen sie ihre Vorherrschaft gewonnen hätten. [...] Denn früher hätten sie ihre Kriege alle nur so lange geführt, bis sie gesiegt und ihre Gegner zu der Erkenntnis geführt hätten, man müsse ihnen gehorchen und ihre Befehle ausführen. [...]

(Zit. nach: Polybios, Römische Geschichte, Gesamtausgabe in zwei Bänden, eing. u. übers. v. Hans Drexler, Zürich/Stuttgart 1961, S. 1295)

M2 Diodor

Der sizilianische Schriftsteller Diodor schrieb im 1. Jahrhundert v. Chr.:

Die Römer errichteten ihr Weltreich durch die Tapferkeit ihrer Heere und brachten sie zur größten Ausdehnung durch die überaus anständige Behandlung der Unterworfenen. Und sie blieben so sehr frei von Rachsucht den Unterworfenen gegenüber, dass man hätte glauben können, sie kämen zu ihnen nicht als Feinde, sondern gleichsam zu Männern, die sich um sie verdient gemacht hätten, und zu Freunden.

(Zit. nach: Geschichte in Quellen, Altertum, München (bsv) 1989, S. 456, übers. v. Walter Arendt)

M3 Sallust

Der römische Historiker Sallust lässt den von den Römern besiegten König Mithridates VI. über die Römer urteilen.

Die Römer haben ein einziges und uraltes Motiv dafür, mit allen Nationen und Völkern und Königen Krieg anzufangen: unermessliche Begierde nach Herrschaft und Reichtum. [...] Die Römer führten ihre Waffen gegen alle Völker, die schärfsten gegen die, deren Niederlage die meiste Waffenbeute einbringt; durch (...) Täuschen und dadurch, dass sie Krieg an Krieg reihen, sind sie groß geworden. Und so werden sie alles vernichten und selbst zugrunde gehen [...].

(Zit. nach: ebd., S.505 f., übers. v. Walter Arendt)

M4 Cicero

Der römische Philosoph Marcus Tullius Cicero (106 – 43 v. Chr.) schrieb über den „gerechten Krieg":

Das sind ungerechte Kriege, die ohne Grund unternommen worden sind. Denn nur dann kann ein Krieg [...] als gerecht gelten, wenn es sich darum handelt, Rache an den Feinden zu üben oder diese abzuwehren. Sonst nicht. Kein Krieg gilt für gerecht, wenn er nicht vorher angekündigt, wenn er nicht formell erklärt ist, wenn er nicht aus Gründen der Wiedergutmachung geführt wird. Unser Volk hat dadurch, dass es seine Bundesgenossen verteidigte, sich selbst aller Länder bemächtigt.

(Zit. nach: ebd., S.523, übers. v. Walter Arendt)

Arbeitsblatt

Reiseführer erzählen: Eine Villa – wie die reichen Römer lebten

Die Mietshäuser der ärmeren Bürger in Rom – der Proletarier – habt ihr auf Seite 173 eueres Geschichtsbuchs schon kennengelernt. Aber es gab auch reiche Menschen in der Hauptstadt: die adeligen Familien, aus deren Reihen die meisten Senatoren stammten. Meist besaßen sie Gutshäuser auf dem Land, inmitten ihres ausgedehnten Grundbesitzes – und eine Villa in der Stadt.

1 Informiert euch anhand des Darstellungstextes und der Rekonstruktionszeichnung über den Aufbau und das Leben in einer römischen Villa.

2 Vergleichtes mit dem Leben in einem Mietshaus.

3 Stellt eure Ergebnisse als Reiseführer der Klasse vor.

Von der Straße aus gesehen wirkten die Stadthäuser der wohlhabenden römischen Familien langweilig und nichtssagend. Kaum hatte man aber die Eingangstür durchschritten, öffnete sich eine luxuriöse Welt.

Die vornehmen Stadtvillen waren alle unterschiedlich und hatten dennoch viele typische Gemeinsamkeiten. Sie waren von einer Mauer umgeben, die sie vor dem Gedränge und dem Lärm auf der Straße schützten. Nach außen geöffnet waren nur Ladenräume, in denen Waren zum Verkauf angeboten wurden. Durch eine schmale Eingangstür in der Mauer gelangte man durch einen schmalen Flur zum Mittelpunkt des Hauses: dem Atrium. Das war ein rechteckiger, nach oben hin geöffneter Raum, um den sich die Wohn- und Geschäftsräume gruppierten. Auf den zur offenen Mitte hin geneigten Dächern floß das Regenwasser in ein Wasserbecken in der Mitte des Atriums. Dieses Wasserbecken war schön anzusehen, oft auch mit einer Figur in der Mitte geschmückt. Gleichzeitig konnte man so das im heißen Süden kostbare Wasser gewinnen. Ging man auf der anderen Seite des Atriums weiter, so gelangte man – wieder durch einen Flur – in einen Garten, der wiederum von Mauern, zum Teil auch mit Wohnräumen oder einem Säulengang umgeben war.

Die Villa war zugleich ein Wohn- und ein Geschäftshaus. Es gab Schlaf- und Essräume, Arbeitszimmer und Badezimmer. Viele dieser Häuser waren an Wasserleitungen und Abwasserleitungen angeschlossen. In der Villa lebte die ganze römische „familia", also der „pater familias" mit seiner Frau und seinen Kindern sowie den Sklaven.

M Eine vornehme Villa (Rekonstruktion)

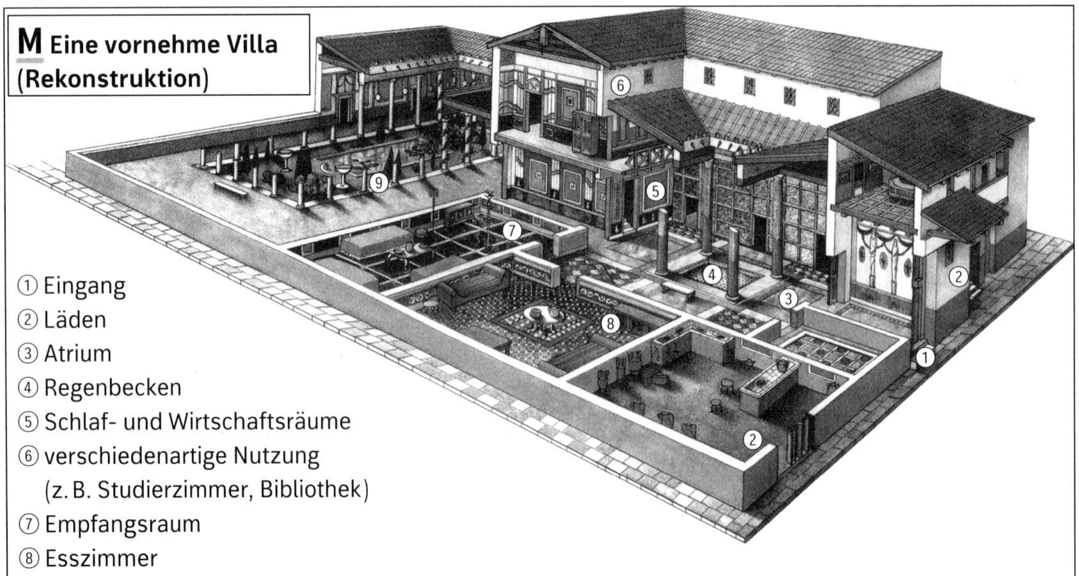

① Eingang
② Läden
③ Atrium
④ Regenbecken
⑤ Schlaf- und Wirtschaftsräume
⑥ verschiedenartige Nutzung (z. B. Studierzimmer, Bibliothek)
⑦ Empfangsraum
⑧ Esszimmer
⑨ Garten mit Säulenhalle

Was Menschen im Altertum voneinander wussten

Zur Konzeption: Die vorliegende Unterrichtsreihe stellt im Wesentlichen einen Querschnitt durch das Thema dar, wobei aber auch die chronologische Dimension nicht außer Acht gelassen wird. Im Mittelpunkt stehen sowohl die äußeren Rahmenbedingungen, die den Menschen im Altertum notwendigerweise enge Grenzen in ihrem geografischen Horizont und in ihrer Erfahrungswelt setzten, als auch den daraus resultierenden Sichtweisen auf fremde Völker und Kulturen. Dabei werden exemplarische Karten aus dem Altertum herangezogen, die auf ihre Weise eine spezifische Weltsicht aus einem jeweiligen Kontext heraus wiedergeben. Des Weiteren werden zwei berühmte Persönlichkeiten der antiken Geschichte untersucht, die aufgrund von verschiedenen Motiven und Interessen die oben angesprochenen Grenzen durchbrachen: Herodot von Halikarnassos und Alexander der Große. Im Zusammenhang der Beschäftigung mit Alexander wird auch noch die Möglichkeit geboten, die Chancen und Probleme von historischen Spielfilmen zu thematisieren.

1. Übersicht über die Unterrichtsreihe

A. Vorschlag zur Sequenzplanung: Grundvariante und mögliche Schwerpunktsetzungen

Mögliche thematische Schwerpunkte	Thematische Lerneinheiten (TLE)	Anzahl der Unterrichtsstunden
Grundlagen	Nr. 1 – 4	5 Unterrichtsstunden

Jede/jeder Unterrichtende hat selbstverständlich die Möglichkeit einer eigenen Schwerpunktsetzung bzw. Reduktion.

B. Überblick über die Lerneinheiten der Unterrichtsreihe

Nr.	Titel/ Thema der Lerneinheit	Leitfragen	Kompetenzen/Schüleraktivitäten (nach dem KLP)	Produkt/Präsentation der Lernergebnisse
1	**Auftakt/Historische Karten spiegeln die Vorstellung von der Welt** S. 186 – 191 *Methode: Historische Karten „lesen" und verstehen*	● Welches Bild von der Welt hatten die Menschen im Altertum?	Die Schülerinnen und Schüler ... ■ erläutern, welches Bild die Menschen im Altertum von der Welt hatten. (S 4) ■ „lesen" und verstehen methodengeleitet historische Karten. (M 9)	historische Karte vorstellen
2	**Welterfahrung durch Reisen** S. 192 – 193	● Wie und wohin reisten Menschen in der Antike? ● Warum unternahmen sie solche recht beschwerlichen Reisen? ● Was erfuhren sie auf diese Weise von der damaligen Welt, in der sie lebten?	Die Schülerinnen und Schüler ... ■ berichten über antike „Weltwunder" und das Leben fremder Völker. (S 6)	zeitgenössischer Bericht oder Beitrag in einem Reiseführer
3	**Andere Völker, andere Sitten – der Grieche Herodot über fremde Völker und Kulturen** S. 194 – 195	● Wie sah Herodot fremde, nichtgriechische Kulturen? ● Welches Bild von fremden und unbekannten Welten bekamen die Menschen durch ihn vermittelt? ● Wie beurteile er selbst die fremden Kulturen?	Die Schülerinnen und Schüler ... ■ erläutern die Sichtweise des Herodot in Bezug auf fremde Völker und Länder. (S 6, M 12, U 3)	Poster und Diskussion oder Darstellungstext für Schulbuch
4	**Alexander der Große – Beispiel für Eroberung und Kulturkontakt** S. 196 – 199 *Methode: Einen historischen Spielfilm untersuchen*	● Warum überschritt Alexander die Grenzen der damals bekannten Welt? ● Was erfahren wir an diesem Beispiel über Zusammenhänge zwischen kriegerischer Eroberung und kulturellen Kontakten mit fremden Kulturen?	Die Schülerinnen und Schüler ... ■ erklären die Motive Alexanders in Hinsicht auf die Überschreitung der Grenzen der damals bekannten Welt. (M 6) ■ erläutern Zusammenhänge zwischen kriegerischer Eroberung und kulturellen Kontakten. (S 6) ■ untersuchen einen historischen Spielfilm. (M 11)	Wandplakat oder Filmanalyse

2. Hinweise und Erläuterungen zu den Lerneinheiten

(S. 186 – 191) TLE 1: Auftakt/Historische Karten spiegeln die Vorstellung von der Welt

Hinweise zur Unterrichtsgestaltung

Im Zentrum der vorliegenden TLE steht der methodische Umgang mit historischen Karten. Diesbezüglich soll die Methode „Historische Karten „lesen und verstehen" auf der Seite 188 genutzt werden. Der Arbeitsprozess für die Untersuchung der vorliegenden historischen Karten und der Rekonstruktion kann arbeitsteilig organisiert werden. Für eine angemessene Deutung der teilweise recht komplexen Karten lassen sich die Darstellungstexte „Babylonische Weltkarte" und „Griechische Geografen beschreiben die Welt" auf den Seiten 189 – 191 als notwendiges Hintergrundwissen heranziehen.

Fachliche Hinweise und Erläuterungen

Historische Karten sind geografische Karten, die in früheren Zeiten entstanden sind. Auch wenn sie angesichts moderner Straßenkarten und satellitengestützter Navigationssysteme keinen praktischen Nutzen mehr besitzen, so stellen sie dennoch auch heute noch eine wichtige Informationsquelle dar. Denn historische Karten spiegeln das Weltbild der Menschen aus früheren Epochen wider, indem sie zeigen, welchen Wissensstand und welche Vorstellungen die Menschen früher vom Aussehen der Erde besaßen und wie die Menschen der Vergangenheit ihre Welt sahen. Historische Karten dürfen nicht mit zeitgenössischen Geschichtskarten verwechselt werden, denn diese werden immer aus heutiger Perspektive und nach heutigem Wissen entworfen, um Ereignisse und Prozesse in der Vergangenheit anschaulich darzustellen.

Hinweise zu Leitfragen und Aufgaben

Zu S. 188/ Leitfrage, Aufgabe 3

Präsentationskonzept „Erdkarte des Ptolemaios"

Schritt 1 (Leitfrage): Welches Bild von der Welt hatten die Menschen im 2. Jahrhundert n. Chr.?
Schritt 2 (äußere Merkmale): Das Thema lautet Beschreibung der Welt durch eine Karte. Der Zeichner ist der griechische Gelehrte Ptolemaios. Die Karte entstand im 2. Jahrhundert n. Chr. in der ägyptischen Stadt Alexandria. Gezeigt werden die drei damals bekannten Kontinente Europa, Asien und Afrika.
Schritt 3 (Beschreibung und Erläuterung): Bei der Darstellung der drei bekannten Kontinente fällt auf, dass Süd- und Westeuropa recht gut getroffen sind. Nord- und Osteuropa sind hingegen nur sehr ungenau bzw. gar nicht dargestellt. Auch der Vordere Orient ist ziemlich angemessen abgebildet worden, weiter östlich wird die Erdkarte wieder ungenau. Die Nordküste Afrikas wird eher horizontal gezeichnet, was der Realität nicht entspricht. Allerdings ist der Verlauf des Nils ziemlich richtig eingezeichnet. Die West- und Südküste Afrikas ist wiederum nicht zutreffend abgebildet. Am Rande der Karte sind menschliche Köpfe zu sehen, die die verschiedenen Winde symbolisieren sollen.
Schritt 4 (Zusammenfassung): Den Gelehrten im Römischen Reich im 2. Jahrhundert n. Chr. war der Mittelmeerraum, der auch in gewisser Weise das Zentrum des Reiches bildete, recht genau bekannt. Je weiter die Welt außerhalb der Grenzen des Imperiums in den Blick genommen wurde, desto ungenauer fiel die Darstellung aus.

Präsentationskonzept „Babylonische Weltkarte"

Schritt 1 (Leitfrage): Welches Bild von der Welt hatten die Menschen in Babylon?
Schritt 2 (äußere Merkmale): Das Thema der „Karte" ist die Darstellung der Welt. Der „Zeichner" der „Karte" ist nicht bekannt, entstanden ist sie im 7./6. Jahrhundert v. Chr. Auf der Karte wird vor allem das Zweistromland Mesopotamien gezeigt.
Schritt 3 (Beschreibung und Erläuterung): Auf dieser „Karte" wird die Welt als kreisförmige Scheibe dargestellt. Das Rechteck oberhalb der Mitte soll für Babylon stehen. Mitten über der Erdscheibe verläuft ein Fluss, der Euphrat, in südlicher Richtung und mündet in den ringförmigen „bitteren Fluss", welcher die Erdscheibe umgibt. Andere Städte und Länder auf der Erdscheibe sind durch Kreise markiert. Am äußeren Rand der „Karte" finden sich verschiedene dreieckige Bereiche, die

legendäre Länder darstellen. Im oberen Teil der „Karte“ ist die Bemerkung „Wo die Sonne nicht gesehen wird“ eingeritzt.
Schritt 4 (Zusammenfassung): Die Menschen im 7./6. Jahrhundert v. Chr. besaßen nur sehr begrenzte geografische Kenntnisse über die Welt. Die Erde erscheint als kreisförmige Scheibe, in deren Zentrum sich der Fluss Euphrat befindet, der für das Zweistromland, in dem auch Babylon lag, ähnlich wichtig ist wie der Nil für Ägypten. Geografische Kenntnisse außerhalb Mesopotamiens scheinen kaum oder überhaupt nicht vorhanden gewesen zu sein.

Präsentationskonzept „Erdkarte des Hekateios aus Milet“
Schritt 1 (Leitfrage): Welches Bild von der Welt hatten die Griechen im Jahr 500 v. Chr.?
Schritt 2 (äußere Merkmale): Die Karte rekonstruiert die Welt. Der „Zeichner“ der Karte ist der griechische Gelehrte Hekateios von Milet und die Karte ist um 500 v. Chr. entstanden. Gezeigt werden die zwei damals bekannten Kontinente Europa und Asien.
Schritt 3 (Beschreibung und Erläuterung): Die Erde wird wieder als eine Art Scheibe dargestellt, wobei die beiden Kontinente von einem Meer (Mare Oceanum) umgeben sind. In Europa ist quer über den Kontinent ein Gebirge eingezeichnet, das die bekannten Regionen Südeuropas von den unbekannten Gegenden im Norden abgrenzt. Die Menschen dort werden als Hyperboräer bezeichnet. Im Süden Europas werden auch einige Regionen benannt (z. B. Thrakien) und auch der Fluss Istros (das ist die Donau) wird angegeben. Afrika und Asien werden als ein Kontinent gesehen, der durch das Rote Meer in zwei Teile getrennt wird. Auch auf diesem Kontinent werden Landschaften (Libyen, Syrien, Armenien) und Flüsse angegeben (Neilos und Indos) sowie auch einige Völker benannt (Lyder, Inder). Auch das Schwarze Meer (Pontos Euxeinos) wird dargestellt. Auch hier fällt auf, dass die Mittelmeerküste Europas recht genau dargestellt wird, während die Gegenden an den Rändern des Mittelmeerraumes nur sehr ungenau oder gar nicht abgebildet werden.
Schritt 4 (Zusammenfassung): Die Menschen in Griechenland im 5. Jahrhundert v. Chr. kannten den Mittelmeerraum recht genau, den sie auch in das Zentrum ihrer Weltdarstellung stellten. Die Welt insgesamt erscheint ebenfalls als Scheibe, auf der das Land von einem großen Ozean umgeben wird. Neben dem Mittelmeerraum kannten die Griechen auch Teile Afrikas und Asiens, obwohl sie diese Landmasse als einen Kontinent ansahen.

Präsentationskonzept „Erdkarte des Eratosthenes aus Kyrene“
Schritt 1 (Leitfrage): Welches Bild von der Welt hatten die Griechen im 3. Jahrhundert v. Chr.?
Schritt 2 (äußere Merkmale): Die Karte rekonstruiert die Welt. Der „Zeichner“ der Karte ist der griechische Gelehrte Eratosthenes aus Kyrene (um 285 – 205 v. Chr.), entstanden ist sie im 3. Jh. v. Chr. Gezeigt werden die drei damals bekannten Kontinente Europa, Afrika (Libya) und Asien.
Schritt 3 (Beschreibung und Erläuterung): Auf dieser Karte werden bereits drei verschiedene Kontinente abgebildet. Arabien wird recht genau als eine große Halbinsel dargestellt, die zum Kontinent Asien gehört. Dieser Kontinent wird auch als der größte der drei Kontinente ausgewiesen. Recht genau getroffen sind das Mittelmeer, das Schwarze Meer, das Kaspische Meer, das Rote Meer und der Persische Golf. In Europa und Asien werden auch Gebirgszüge angegeben (Pyrenäen, Taurosgebirge). Ebenfalls werden bedeutsame Flüsse eingezeichnet (Donau, Nil, Euphrat und Tigris, Indus und Ganges). Neben Regionen in Europa und Afrika werden auch weitere in Asien benannt (Arabien, Gedrosien, Arianien, Indien, Baktrien, Sogdianien und Skythien). Allerdings sind der Süden Afrikas und der Osten Asiens sehr ungenau gezeichnet. Im Westen wird hingegen die Insel Britannien und im Osten die Insel Taprobane (Ceylon) angegeben.
Schritt 4 (Zusammenfassung): Im 3. Jahrhundert v. Chr. hatten die Griechen weiterhin recht genaue Vorstellungen des Mittelmeerraumes, aber auch Asien war ihnen genauer bekannt. Zudem war ihnen klar, dass Asien der größte Kontinent war. Die Erde wird auch nicht mehr als Scheibe dargestellt, sondern als ein Komplex von Landmassen, der durch verschiedene Meere umgeben wird. Zudem gab es bereits Längen- und Breitengrade mit Klimazonen, die die Bewohnbarkeit der Landschaften anzeigten. Der „Zeichner“ dieser Karte, Eratosthenes, gilt als der eigentliche Begründer der Kartografie.

TLE 2: Welterfahrung durch Reisen

Hinweise zur Unterrichtsgestaltung

Im Zentrum der vorliegenden TLE steht der Informationstext, mit dessen Hilfe die SuS ein Verständnis für die notwendigerweise eingeschränkte Mobilität der Menschen in der Antike und die damit verbundene mentale geografische und kulturelle Begrenztheit aufgabengeleitet erarbeiten. Diesbezüglich betonen der Informationstext und die Leitfragen der vorliegenden TLE, dass die Möglichkeit, zu reisen sowie andere Länder und Kulturen mit eigenen Augen wahrzunehmen, für eine Mehrheit der Menschen im Altertum sowohl in technischer als auch in sozialer Hinsicht als äußerst begrenzt erscheinen.

Hinweise zu Leitfragen und Aufgaben

Zu S. 192/ Leitfragen

Wie und wohin reisten die Menschen in der Antike? Die Reisen in der Antike wurden per Schiff auf See oder in einem Reisewagen über Land durchgeführt. Die Armen mussten allerdings zu Fuß gehen. Reisen in der Antike war gefährlich, weil es immer wieder Unfälle geben konnte und Reisende damit rechnen mussten, von Räubern überfallen zu werden. Die Menschen reisten an berühmte Orte (Weltwunder) oder in Städte, die als Zentren der Wissenschaft galten (Athen, Alexandria), oder besuchten Festspiele (Olympia) und bekannte Tempel (Ephesos, Delphi).
Warum unternahmen sie solche recht beschwerlichen Reisen? Die Reisen wurden unternommen, weil die Menschen als Besucher Sehenswürdigkeiten kennenlernen wollten, sich für fremde Länder, Kulturen und Menschen interessierten, als Wissenschaftler und Gelehrte die fremde Welt entdecken und erforschen und so ihre geografischen Kenntnisse verbessern und erweitern wollten oder als Kaufleute auf lukrative Handels- und Geschäftsbeziehungen hofften.
Was erfuhren sie auf diese Weise von der damaligen Welt, in der sie lebten? Die Menschen erfuhren durch ihre Reisen vieles über die Lebensgewohnheiten der Völker, die sie besuchten, und über die Gefahren, die in der unbekannten Welt lauerten. Sie erkannten durch ihre Beobachtungen auch die Gestalt der Erde genauer und die Umrisse von Kontinenten, Ländern und Inseln wurden immer deutlicher.

Zu S. 192/ Aufgabe 3 und Differenzierungsvorschlag

Stichwortkonzept/Reiseführer zu Weltwunder

- **Mausoleum:** Das Mausoleum wurde in den Jahren von ca. 370 bis 350 v. Chr. als Grabmal des persischen Statthalters Mausolos errichtet. Die Fundamentplatte maß 32 mal 38,40 m, die Gesamthöhe des Bauwerks maß 46 m. Der Sockel war aus grünem Vulkangestein gefertigt und mit Marmor verkleidet. Darüber erhob sich eine Ringhalle mit 36 ionischen Säulen, zwischen denen Skulpturen von Göttern und Mitgliedern der Herrscherfamilie aufgestellt waren. Das Dach des Bauwerks bildete eine 24-stufige Pyramide mit einer Höhe von sieben Metern, auf deren Spitze eine Marmorquadriga angebracht war.
- **Hängende Gärten der Semiramis:** Die „Hängenden Gärten“ sollen von der babylonischen Königin Semiramis erbaut worden sein. Nach anderen Quellen wurden sie von dem babylonischen König Nebukadnezar zwischen 600 und 550 v. Chr. für seine Frau erbaut. Sie lagen neben oder auf dem Königspalast und bildeten ein Quadrat mit einer Seitenlänge von 120 m. Sie bestanden aus Terrassen mit einer Höhe von ca. 25 bis 30 m. Unter den einzelnen Absätzen der Terrassen befanden sich Gänge. Die Böden der Terrassen bestanden aus drei Lagen, so dass keine Feuchtigkeit durchdringen konnte. Auf diesen Böden wurde Humus aufgebracht, in dem die verschiedenen Pflanzen wachsen konnten. Bewässert wurden die Gärten aus dem Euphrat.
- **Pyramiden von Gizeh:** Die Pyramiden von Gizeh entstanden in der Zeit der 4. Dynastie in Ägypten etwa von 2600 bis 2450 v. Chr. Sie wurden auf einem rund 1000 mal 2000 m großen Kalksteinplateau mit vielen Nebenanlagen errichtet. Die größte Pyramide ist die Cheops-Pyramide mit einer Höhe von ursprünglich 146,6 m. Die mittlere Pyramide ist die des Pharaos Chephren mit einer ursprünglichen Höhe von 143,5 m. In ihrer Nähe befindet sich die 73 m lange Skulptur der Sphinx. Die kleinste Pyramide ist die des Pharaos Mykerinos mit einer ursprünglichen Höhe von 65 m. Auf der Südseite dieser Pyramide befinden sich drei Königinnenpyramiden, von denen zwei als Stufenpyramide ausgeführt waren.
- **Zeus-Statue in Olympia:** Die Zeus-Statue wurde von dem griechischen Bildhauer Phidias zwischen 440 und 430 v. Chr. geschaffen. Die Statue stellt den auf einem Thron sitzenden Göttervater Zeus dar. Sie hatte eine Höhe von etwa 13 m. Die Statue selbst aber auch der Thron bestanden

aus Gold, Elfenbein und Ebenholz. Die Füße des Zeus ruhten auf einem Schemel, in der rechten Hand hielt er eine kleine Figur der geflügelten Siegesgöttin Nike und in der linken eine Lanze. Unterhalb der Lehne waren Sphingen dargestellt.

- **Artemis-Tempel in Ephesos:** Der Bau des Artemis-Tempels in Ephesos begann um 560 v. Chr. und dauerte etwa 120 Jahre, eine ungewöhnlich lange Zeit. Dies hatte seinen Grund auch darin, dass der Tempel auf einem Sumpfgelände errichtet wurde, was große Probleme mit sich brachte. Das Gebäude wurde schließlich auf einem 111,7 mal 57,3 m messenden Unterbau aus dem weiß-blauen Marmor der Gegend errichtet. 106 ionische Marmorsäulen umgaben das Innere des Tempels. An der Front- und Rückseite waren die Säulen zwei bzw. drei Reihen tief gestaffelt. Der Tempel fiel am 21. Juli 356 v. Chr. einem Brandanschlag zum Opfer. Der Sage nach soll die Göttin Artemis in dieser Nacht bei der Geburt Alexanders des Großen als Beschützerin gewesen sein, weswegen sie ihr eigenes Heiligtum nicht schützen konnte.
- **Der Leuchtturm von Alexandria:** Der Leuchtturm oder Pharos von Alexandria wurde von etwa 299 bis 279 v. Chr. durch den Baumeister Sostratos von Knidos im Auftrag des Königs Ptolemaios I. erbaut. Dieser stellte für das Bauwerk 800 Talente (21 000 kg) Silber bereit. Er soll eine Höhe von 115 bis 160 m erreicht haben und der erste Leuchtturm überhaupt gewesen sein. Der Turm stand auf einer ca. 190 m langen und ebenso breiten Plattform aus Granit, die mit Standbildern der Götter und der Herrscherfamilie der Ptolemäer geschmückt war. Der untere Abschnitt des Turms war ein Pyramidenstumpf aus Kalkstein, auf dem sich ein achteckiger Aufbau von ca. 30 m Höhe erhob. Auf diesem befand sich die Laterna in Form eines neun Meter hohen Zylinders. Darüber befand sich die eigentliche Lichtquelle des Leuchtfeuers. Dieses Leuchtfeuer soll nachts 300 Stadien (ungefähr 56 km) weit zu sehen gewesen sein. Den Abschluss des Gebäudes bildete eine etwa acht Meter hohe Statue des Meeresgottes Poseidon.
- **Der Koloss von Rhodos:** Der Koloss von Rhodos war eine über 30 m hohe Bronzestatue des griechischen Sonnengottes Helios. Die Statue wurde von 304 bis 292 v. Chr. erbaut und in oder vor der Inselhauptstadt Rhodos aufgestellt. Damit wollten die Bewohner von Rhodos dem Sonnengott für die wundersame Hilfe bei einer Belagerung ihrer Stadt danken. Ein starkes Erdbeben im Jahre 226 v. Chr., durch das große Teile der Stadt Rhodos zerstört wurden, brachte auch den Koloss zum Einsturz. Trotz finanzieller Hilfsangebote aus ganz Griechenland boten die Bewohner von Rhodos den Koloss nicht mehr auf, weil sie Furcht vor einem erneuten Sturz des Kolosses hatten.

(S. 194 – 195) TLE 3: Andere Völker, andere Sitten – der Grieche Herodot über fremde Völker und Kulturen

Hinweise zur Unterrichtsgestaltung

In dieser TLE geht es vor allem um die Begegnung von Menschen im Altertum mit ihnen fremden Zeitgenossen. Diesbezüglich sollen die SuS am Beispiel des wohl bekanntesten Reisenden in der Antike, den Griechen Herodot (5. Jahrhundert v. Chr.), exemplarisch eine zeitgenössische Perspektive erarbeiten. Dabei wird auch bei dem weitgereisten Herodot deutlich, dass das Bild vom Fremden und Unbekannten immer auch bestimmt bleibt und gelenkt wird vom Bild des Eigenen und Bekannten.

Hinweise zu Leitfragen und Aufgaben

Zu S. 194/ Leitfragen

Wie sah Herodot fremde, nichtgriechische Kulturen? Herodot vermittelt seinen Lesern zwar ein detailliertes, aber auch nicht immer von Vorurteilen freies Bild von fremden Völkern und ihren Sitten und Gebräuchen. Viele von ihm geschilderte Beobachtungen erscheinen bei näherem Hinsehen als kaum glaubwürdig und nachvollziehbar. Dabei beschrieb er nicht selten eher das Ungewöhnliche und Sensationelle als das Normale.

Welches Bild von fremden und unbekannten Welten bekamen die Menschen durch ihn vermittelt? In den Berichten des Herodot wird zunächst einmal das Fremde und Ungewöhnliche herausgestellt, dass die Fremdheit der anderen Völker und Kulturen hervorhob, die nicht selten auch als barbarisch gekennzeichnet wurden. Gleichzeitig bemühte sich Herodot auch um eine möglichst genaue und detailreiche Darstellung des und der Fremden, um seinen Lesern ein möglichst genaues Bild zu geben.

Wie beurteilte er selbst die fremden Kulturen? Auch bei der Beurteilung der fremden Kulturen war Herodot zwiespältig. Einerseits werden die fremden Sitten und Gebräuche mit denen der Griechen verglichen und in diesem Zusammenhang nicht selten als barbarisch dargestellt, andererseits war ihm durchaus klar, dass die Sitten und Gebräuche regional bestimmt und aus diesem Grunde durchaus unterschiedlich ausfallen konnten.

Zu S. 194/ Aufgabe in Randspalte

Stichworte zu „Ägypten“: Besonders auffällig waren für Herodot die wunderbaren Dinge und erstaunlichen Werke, von denen es mehr gab als in jedem anderen Land; auch die Sitten und Gebräuche in Ägypten sind denen anderer Menschen entgegengesetzt.
Seine Darstellung wird erklärt durch das Interesse an fremden und unbekannten Dingen und Vorstellungen, die er dann mit denen aus seiner Heimat Griechenland verglich. Auch beschrieb er nicht selten eher das Ungewöhnliche als das Normale.

Zu S. 195/ Aufgabe

Stichworte zu „Sitten der Perser“: Die Perser errichten keine Bilder, Tempel und Altäre für ihre Götter, sie opfern auf den höchsten Bergen ihrem Gott, aber auch der Sonne, dem Mond, der Erde, dem Feuer, dem Wasser und den Winden; die Perser begrüßen sich in unterschiedlicher Weise, die von ihrem Stand abhängig ist; der höchste Wert für sie ist Tapferkeit im Krieg; viele Kinder zu haben ist besonders ehrenvoll; bei Verbrechen und Vergehen töten sie die Täter nicht sofort, sondern warten ab, wie sie sich weiter verhalten.
Alle Völker halten ihre Sitten für die besten; es gibt ganz unterschiedliche Sitten für gleiche Sachverhalte (Beerdigung, Umgang mit den Vorfahren); die Sitte ist ein „allmächtiger König“, eben weil alle Menschen glauben, dass ihre Sitten die besten sind.

(S. 196–199) TLE 4: Alexander der Große – Beispiel für Eroberung und Kulturkontakt

Hinweise zur Unterrichtsgestaltung

Im Zentrum der abschließenden TLE stehen die historische Person Alexanders des Großen und dessen Wirken in der Geschichte als Eroberer und Entdecker einer damals weithin unbekannten Welt. Die Gründe und Motive für Alexanders Feldzug sollen von den SuS multiperspektivisch (zeitgenössische Quellen, moderner Historikertext) betrachtet werden. Die Untersuchung der Quellen bzw. des Historikertextes geschieht arbeitsteilig. Alternativ dazu kann auch eine methodengeleitete Untersuchung eines historischen Spielfilms über Alexander durchgeführt werden, die sich auf ausgewählte Szenen beschränken sollte.

Hinweise zu Leitfragen und Aufgaben

Zu S. 196/ Leitfragen

Warum überschritt Alexander die Grenzen der damals bekannten Welt? Für Alexanders Eroberungen und Grenzüberschreitungen gibt es mehrere Motive. Er verstand sich zum einen als Eroberer, aber auch als Forscher und Entdecker. Außerdem hatte er auch eine Schwärmerei für Mythen und Abenteuer. Ein weiterer Grund lag in seinem Streben nach Ruhm und Ehre in der Nachwelt. Schließlich verstand er sich auch als Rächer für die persischen Angriffe auf Griechenland.
Was erfahren wir an diesem Beispiel über die Zusammenhänge zwischen kriegerischer Eroberung und kulturellen Kontakten mit fremden Kulturen? Die kriegerische Eroberung des Perserreiches war die Voraussetzung für eine Vielzahl von kulturellen Kontakten zwischen den Griechen und den Völkern des Nahen und Mittleren Ostens. Die vollzogen sich in den vielfältigen Städtegründungen Alexanders und in dem Versuch, durch Vermählungen (Massenhochzeit von Susa) die griechischen und persischen Völker miteinander zu versöhnen.

Zu S. 196/ Aufgabe in Randspalte

Feldzüge:
- 334 v. Chr.: Beginn des Feldzugs gegen die Perser in Kleinasien; Sieg gegen die Perser 333 in Issos an der Grenze von Kleinasien und Syrien.
- 332 v. Chr.: Alexander zieht nach Ägypten und gründet die Stadt Alexandria.
- 331 v. Chr.: Alexander besiegt den Perserkönig Dareios erneut in der Schlacht von Gaugamela im Iran.
- 328 v. Chr.: Alexander zieht über Babylon, den Nordiran und Turkistan über den Hindukusch nach Afghanistan.
- 326 v. Chr. bricht Alexander mit einem riesigen Heer nach Indien auf und besiegt den indischen König Poros in der Schlacht bei Hydaspes.
- 324 v. Chr. kehrt Alexander nach der Überschreitung des Indus und einer Meuterei seines Heeres nach Babylon zurück, wo er 323 v. Chr. stirbt.

Zu S. 197/ Aufgabe	**Verhalten gegenüber Eroberten:** Alexander erweist seinem Feind Dareios nach dessen Tod königliche Ehrungen und übernimmt viele persische Bräuche. Alexander heiratet die Tochter eines unterlegenen Fürsten und die des Perserkönigs Dareios, in einer Massenhochzeit verheiratet er makedonische Offiziere mit vornehmen persischen Frauen.
Zu S. 198/ Aufgaben	**Rechtfertigung des Krieges:** Alexander rechtfertigt den Krieg gegen die Perser damit, dass er Rache für das Böse nehmen will, das die Perser den Griechen durch ihre Angriffe zugefügt haben. Den Perserkönig Dareios sieht er als seinen Untertanen, der ihm seine Existenz zu verdanken hat. **Ziel der Massenhochzeit:** Mit der Massenhochzeit möchte Alexander die Völker Griechenlands und Persiens miteinander verbinden und versöhnen. **Leistungen Alexanders:** kein König hat in so jungen Jahren ein so riesiges Reich erobert wie Alexander; keine Persönlichkeit hat den geografischen Horizont so erweitert wie Alexander; Alexander erreichte das Wunderland Indien und kam so weit nach Osten wie kein Europäer zuvor; Alexander war nicht nur Eroberer, sondern auch Entdecker.

Zu S. 199/ Filmanalyse

1. Schritt	Warum überschritt Alexander der Große die Grenzen der damals bekannten Welt und begab sich in fremde Länder? Was erfahren wir an diesem Beispiel über die Zusammenhänge zwischen kriegerischer Eroberung und kulturellen Kontakten mit fremden Kulturen?
2. Schritt	Erste Eindrücke der gewählten Szene(n) formulieren.
3. Schritt	**Äußere Filmdaten** Filmtitel: Alexander; Regisseur: Oliver Stone, Produktionsfirma: Warner Bros.; Erscheinungsjahr 2004 (USA); Thema: Das Leben Alexanders des Großen **Filminhalt** Lebensgeschichte Alexanders; Verhältnis zu wichtigen Personen: Mutter Olympias, Vater Philipp II. von Makedonien; Gegner: Perserkönig Dareios, Frau Roxane, bester Freund Hephaistion; Ereignisse, insbesondere Schlachten, eingebettet in eine Rahmenhandlung, in der der griechische Gelehrte Ptolemaios über die Taten Alexanders berichtet und diese beurteilt **Filmische Gestaltung** Perspektive der Kamera (je nach ausgewählter Szene) Kameraeinstellung (je nach ausgewählter Szene) Ton (je nach ausgewählter Szene) **Filmbotschaft** Alexander wird in dem Film widersprüchlich und nicht ganz einseitig, aber eher doch als eine große und bedeutende Persönlichkeit dargestellt. Dies wird deutlich an den beurteilenden Sätzen des Gelehrten Ptolemaios. Die historischen Tatsachen sind in der Regel zutreffend dargestellt, so z. B. die geografischen Kenntnisse zur Zeit Alexanders anhand der historischen Karte der Erdscheibe (vgl. M 3, S. 191), allerdings sind die Namen hier auf Lateinisch wiedergegeben, was in der Realität der Welt Alexanders nicht wirklichkeitsgetreu ist. Außerdem wurden manche Ereignisse an einen anderen Ort oder auf einen anderen Zeitpunkt verlegt (Verwundung in der Schlacht am Hydaspes, Entschluss zur Umkehr). Die Handlung ist klar, sie orientiert sich an der Lebensgeschichte Alexanders. Der Film konzentriert sich auf folgende Personen: Alexander, Olympias, Philipp II.,Dareios, Roxane, Hephaistion. Als Zuschauer entwickelt man Sympathien für Alexander und auch für Hephaistion, eher zwiespältig werden Alexanders Eltern dargestellt. Das Geschehen wird aus der Sicht des alten Gelehrten Ptolemaios erzählt. Das erkennt man z. B. an der Rahmenhandlung.
4. Schritt	Alexander sieht sich selbst als gottgleich und will ein großer Eroberer und Feldherr werden. Er träumt auch davon, die verschiedenen Völker der Welt zu vereinen.

Arbeitsblatt

Expertenquiz: „Wer wird ...?“

Du bist der Moderator einer berühmten Quizsendung. Dir stehen die folgenden Fragen und Antworten (zwei Fragerunden mit je fünf Fragen) zur Verfügung.

1 Informiere dich zunächst mithilfe des Kapitels „Was Menschen im Altertum voneinander wussten“ und finde jeweils die richtige Lösung.

2 In einer der beiden Fragerunden ist dein Sitznachbar der Kandidat. Dieser darf auch *einen* Joker (z. B. 50:50) einsetzen.

3 In der anderen Fragerunde tauschst du die Rolle mit deinem Sitznachbarn und bist selber Kandidat.

Tipp zum Weiterarbeiten: Überlege dir noch weitere Fragen und Antworten für die nächste Quizsendung.

Fragerunde 1

1. Welches berühmte Bauwerk der Antike gehört nicht zu den „Sieben Weltwundern"?

A: Die Hängenden Gärten der Semiramis in Babylon ☐
B: Das Kolosseum in Rom ☐
C: Der Koloss von Rhodos ☐
D: Der Artemis-Tempel in Ephesos ☐

2. In welcher Stadt lag der Apollon-Tempel mit dem berühmten Orakel?

A: Athen ☐
B: Milet ☐
C: Delphi ☐
D: Korinth ☐

3. Historische Karten ...

A: spiegeln das „Weltbild" der Menschen in der alten Zeit wider. ☐
B: dienten antiken Reisenden als Orientierung. ☐
C: werden aus heutiger Perspektive und mit heutigem Wissen entworfen. ☐
D: stellen Ereignisse in der Vergangenheit dar. ☐

4. Der Grieche Herodot war ein ...

A: ... erfolgreicher makedonischer Feldherr. ☐
B: ... berühmter Reisender und Schriftsteller. ☐
C: ... berühmter Architekt in Ägypten. ☐
D: ... adliger Königssohn aus Kleinasien. ☐

5. Bringe die Ereignisse aus dem Leben Alexanders des Großen in die richtige zeitliche Reihenfolge (1 – 4).

A: Alexander siegt in Gaugamela. ☐
B: Alexander bricht nach Indien auf. ☐
C: Alexander besucht das Grab des Achilles in Troja. ☐
D: Alexander heiratet die Prinzessin Stateira. ☐

Name: ______________________________

Arbeitsblatt

Expertenquiz: „Wer wird … ?"

Fragerunde 2

1. Welches der „Sieben Weltwunder" kann man heute noch als Tourist besuchen?	
A: Den Leuchtturm von Alexandria in Ägypten ☐	**B:** Das Mausoleum in Halikarnassos ☐
C: Die Zeus-Statue des Bildhauers Phidias in Olympia ☐	**D:** Die Pyramiden von Giza in Ägypten ☐

2. Die wohl älteste Landkarte in der Geschichte der Menschheit stammt aus …	
A: Griechenland ☐	**B:** Ägypten ☐
C: Mesopotamien ☐	**D:** Rom ☐

3. Wie viele Kilometer konnte man mit der römischen Stafettenpost an einem Tag bewältigen?	
A: 100 ☐	**B:** 150 ☐
C: 190 ☐	**D:** 240 ☐

4. Bringe die Ereignisse aus dem Leben Alexanders des Großen in die richtige zeitliche Reihenfolge (1 – 4).	
A: Alexander in Ägypten ☐	**B:** Alexander wird König von Makedonien. ☐
C: Alexander heiratet die Prinzessin Roxane. ☐	**D:** Alexander siegt in einer Schlacht bei Issos. ☐

5. Welches Land hat Alexander auf seinem Feldzug nach Osten nicht durchquert?	
A: China ☐	**B:** Indien ☐
C: Ägypten ☐	**D:** Persien ☐

Name: ______________________________

Arbeitsblatt

Lernerfolgskontrolle zum Thema: Was Menschen im Altertum voneinander wussten

Aufgabe 1: Erkläre in wenigen Worten die folgenden Begriffe.

Die „Sieben Weltwunder“ der Antike: ______________________________

____

Historische Karten: ______________________________

____

Schlacht bei Issos: ______________________________

____

Aufgabe 2: Von den folgenden Personen, welche für die Geschichte des Altertums von großer Bedeutung waren, darfst du *eine* auswählen. Erzähle von ihrem Leben und ihren Taten. Was hat diese Person Nennenswertes geleistet?
Zur Auswahl stehen: Hekataios von Milet, Eratosthenes von Kyrene, Herodot von Halikarnassos.

____

____

____

____

____

____

Aufgabe 3: Du hast die Wahl – Schlüpfe in *eine* der zwei vorgegebenen Rollen und erzähle aus dieser Perspektive von deinen Eindrücken und Erfahrungen. Du bist entweder:
(a) ein römischer Reisender auf dem Weg zu den „Sieben Weltwundern“ oder
(b) der griechische Reisende und Weltenbummler Herodot von Halikarnassos.

Ich bin ______________________________ *und erzähle euch von meinen Eindrücken und Erfahrungen, die ich auf meiner Reise gesammelt habe:*

____

____

____

____

____

____

B. Überblick über die Lerneinheiten der Unterrichtsreihe

Nr.	Titel/ Thema der Lerneinheit	Leitfragen	Kompetenzen/Schüleraktivitäten (nach dem KLP)	Produkt/Präsentation der Lernergebnisse
1	**Auftakt/Ein erster Blick** S. 200–203		Die Schülerinnen und Schüler ... ■ kennen die Periodisierung des Mittelalters in Früh-, Hoch- und Spätmittelalter. (S 2) ■ beschreiben den Zeitraum, den das Mittelalter umfasst (500-1 500), und ordnen zentrale Ereignisse ein. (S 4)	Erfahrungsbericht
2	**Mittelalter: Eine neue Zeit, eine neue Welt** S. 204–207	• Wann war eigentlich das Mittelalter? • Was waren Schlüsselereignisse und zentrale Situationen räumlicher Veränderungen und Entwicklungen?	Die Schülerinnen und Schüler ... ■ beschreiben die wesentlichen Entwicklungsschritte vom frühmittelalterlichen Reich der Merowinger und Karolinger zum hochmittelalterlichen Reich der Ottonen. (S 7, S 9) ■ präsentieren adressatengerecht Geschichtskarten und erläutern ihre wesentlichen Aussagen. (M 9)	Kartenfilm oder Wandzeitung
3	**Das Mittelalter hat drei Wurzeln** S. 208–209	• Was sind wesentliche Merkmale dieser Epoche?	Die Schülerinnen und Schüler ... ■ beschreiben mithilfe eines Bildes aus einem Jugendbuch in einem ersten Zugriff die Grundlagen des europäischen Mittelalters (Römisches Reich, Germanen, Christentum). (S 4, M 7) ■ stellen die Ergebnisse ihrer Bildbetrachtung sprachlich angemessen dar und beziehen sich dabei auf die Abbildung. (M 7, M 15)	mediengestützte Bildauswertung
4	**Die erste Wurzel des Mittelalters: Römische Traditionen** S. 210–211	• Welche römischen Traditionen lebten im Mittelalter fort?	Die Schülerinnen und Schüler ... ■ beschreiben die erste Wurzel des Mittelalters (Römisches Reich). (S 4) ■ erschließen einen Darstellungstext und Fotos mithilfe methodischer Anleitungen. (M 6, M 7)	bildgestützter Kurzvortrag oder Experteninterview
5	**Die zweite Wurzel des Mittelalters: Die Germanen** S. 212–213	• Welchen Beitrag leistete das Germanentum zur Entstehung des Mittelalters?	Die Schülerinnen und Schüler ... ■ beschreiben die Germanen als die zweite Wurzel des Mittelalters. (S 4) ■ charakterisieren die Lebensweise der Germanen. (S 6) ■ erläutern das Heereskönigtum der Germanen. (S 10, M 15)	Wandplakat mit Mindmap oder Bildanalysen
6	**Die dritte Wurzel des Mittelalters: Das Christentum** S. 214–215	• Welche besondere Bedeutung hatte Chlodwig für das christliche Mittelalter? • Was sind grundlegende Merkmale der neuen christlichen Religion? • Wie verbreitete sich der neue Glauben?	Die Schülerinnen und Schüler ... ■ beschreiben das Christentum als die zweite Wurzel des Mittelalters. (S 4) ■ beschreiben den Übertritt Chlodwigs zum Christentum als epochale kulturelle Errungenschaft. (S 7) ■ vollziehen Motive und Interessen der frühen Missionare am Beispiel des Bonifatius nach. (U 2)	bild- und kartengestützter Gruppenvortrag oder zeitgenössische Erzählung

Nr.	Titel/ Thema der Lerneinheit	Leitfragen	Kompetenzen/Schüleraktivitäten (nach dem KLP)	Produkt/Präsentation der Lernergebnisse
7	**Ohne Päpste kein Mittelalter** S. 216 – 217	• Wie hat sich das Papsttum entwickelt? • Wie sahen die Päpste seit dem Frühmittelalter ihre Stellung und Rolle?	Die Schülerinnen und Schüler ... ▪ beschreiben die Rolle des Papstes und der Bischöfe innerhalb der katholischen Kirche. (S 5) ▪ werten eine Bildquelle zum Selbstverständnis des Papstes aus. (M 7)	ein Wandmosaik zum Sprechen bringen (Kurzvortrag) oder Kommentar in einem Reiseführer
8	**König Karl ist Kopf, aber ohne Hilfe geht es nicht** S. 218 – 223	• Wie sehen die Herrschaftspraxis und der Regierungsalltag eines Königs im Mittelalter aus?	Die Schülerinnen und Schüler ... ▪ beschreiben – anhand darstellender Texte, eines Schaubilds sowie von Bildquellen – das mittelalterliche Lehnswesen und benennen die Funktionen und Handlungsmöglichkeiten von König und Vasallen. (S 5, S 7, M 6, M 7, M 10) ▪ beschreiben das Reisekönigtum Karls des Großen als grundlegende Herrschaftsform des Mittelalters. (S 7) ▪ beschreiben die Regierungs- und Verwaltungspraxis im fränkischen Reich unter Karl dem Großen. (S 7) ▪ arbeiten heraus, wer den König bei der Verwaltung und Kontrolle im Reich unterstützte (Kämmerer, Königsboten, Grafen etc.). (S 5) ▪ nutzen eine Rekonstruktionszeichnung der Aachener Pfalz zur Erläuterung von Aufbau und Funktion einer Pfalzanlage. (M 15)	Stafettenpräsentation oder Projekt mit PowerPoint-Präsentation
9	**Herrschen im Reich der Deutschen: Das Beispiel Otto der Große** S. 224 – 226 *Methode: Eine Textquelle systematisch erschließen*	• Wie läuft der Vorgang der Übertragung der Herrschaft und der Krönung eines Königs ab?	Die Schülerinnen und Schüler ... ▪ beschreiben die Entstehung des „Reiches der Deutschen“ unter Otto I. (Reichseinigung). (S 7) ▪ beschreiben den Ablauf der mittelalterlichen Königserhebung. (M 15) ▪ bearbeiten die zeitgenössische Quelle mithilfe der Methode „Eine Textquelle systematisch erschließen“. (M 5)	zeitgenössischer Bericht oder Ausstellungsstück vorstellen (Museumsführer)
10	**Herrschaftssicherung – Otto I. hat eine folgenreiche Idee ...** S. 227	• Welche besondere Strategie verfolgte Otto I., um die Königsmacht im Reichsinneren zu stärken und zu sichern? • Wie ist sie als Mittel der Herrschaftssicherung zu beurteilen?	Die Schülerinnen und Schüler ... ▪ beschreiben das ottonische Reichskirchensystem als wesentliche Stütze der königlichen Herrschaft. (S 5, S 7) ▪ beschreiben die Darstellung des Kölner Heribertschreins (Einsetzung von Geistlichen als Landesherren). (M 7) ▪ vollziehen die Motive und Interessen der Beteiligten nach. (U 2)	kurze Texte und Diskussion oder Lexikoneintrag
11	**Das Verhältnis von Kaiser und Papst ändert sich: Der Investiturstreit** S. 228 – 231	• Der Investiturstreit: „Familienkrach“ zwischen Kaiser und Papst im christlichen Abendland oder mehr?	Die Schülerinnen und Schüler ... ▪ beschreiben Entstehung und Verlauf des Investiturstreits. (S 10, M 15) ▪ vergleichen die Informationen aus den Quellentexten zum Investiturstreit, stellen Verbindungen zwischen ihnen her und erklären die feststellbaren Unterschiede (Ansprüche von Kaiser und Papst, Lösung des Konflikts im Wormser Konkordat). (M 5, M 12) ▪ betrachten den Investiturstreit aus verschiedenen Perspektiven und verdeutlichen anhand dieses Beispiels Möglichkeiten, Grenzen und Folgen des Handelns der Beteiligten. (U 3, U 4)	zeitgenössische Beiträge für eine Jahreschronik oder mündliche Berichte

Nr.	Titel/ Thema der Lerneinheit	Leitfragen	Kompetenzen/Schüleraktivitäten (nach dem KLP)	Produkt/Präsentation der Lernergebnisse
12	**Hoch- und Spätmittelalter: Kaiser und Fürsten als machtvolle Rivalen** S. 232 – 233	• Wie entwickelte sich das Verhältnis zwischen dem König und den Fürsten? • Wer war nun mächtiger – der König oder die Fürsten?	Die Schülerinnen und Schüler … ▪ beschreiben anhand eines darstellenden Textes und einer Karte den Prozess der Territorialisierung. (M 6, M 9) ▪ beurteilen die Bedeutung der Quelle „Goldene Bulle“ (Wahl des Königs durch die Kurfürsten). (S 5, S 7, U 2)	moderiertes Kreisgespräch oder Kurzvortrag
13	**England – Königreich mit Parlament** S. 234 – 235	• Was waren besondere Merkmale der Entwicklung in England? • Inwiefern ist England ein Beispiel für den Grundsatz „Gegenwart hat Vergangenheit“?	Die Schülerinnen und Schüler … ▪ beschreiben anhand darstellender Texte die Entwicklung des englischen Parlaments seit dem Mittelalter. (S 7, M 6, M 15) ▪ vergleichen zwei Bilder, um die Zusammenhänge zwischen Vergangenheit und Gegenwart (Kontinuitäten in der Entwicklung des Parlaments) zu erläutern. (S 8, M 7)	Kurzvortrag oder Bildpräsentationen
14	**Königsherrschaft im mittelalterlichen Europa: Zum Beispiel Frankreich** S. 236 – 237	• Wie verlief die Entwicklung in Frankreich? • Was waren zentrale Unterschiede zwischen der Herrschaft in Frankreich und derjenigen im „Reich der Deutschen“?	Die Schülerinnen und Schüler … ▪ beschreiben die Machtfülle der französischen Könige und vergleichen diese mit derjenigen der deutschen Kaiser und Könige. (S 7) ▪ bereiten ein Wandplakat zur Herrschaft in Frankreich und im Deutschen Reich vor. (M 14)	Wandplakat oder fiktives Gespräch
15	**Ständegesellschaft – Leben in Gruppen** S. 238 – 241	• Wie ist die Ständegesellschaft aufgebaut? • Warum funktioniert sie? • Wie urteilen Angehörige der verschiedenen gesellschaftlichen Gruppen über die Ordnung der Ständegesellschaft?	Die Schülerinnen und Schüler … ▪ beschreiben die drei Stände und ihre Funktion am Beispiel des Holzschnitts von 1492. (S 5, M 7) ▪ erläutern den Begriff „Ständegesellschaft“. (S 10, U 5) ▪ untersuchen das Schaubild zu sozialen Rangabstufungen in der ständischen Gesellschaft. (M 10) ▪ beurteilen anhand von Textquellen die Ständegesellschaft aus zeitgenössischer Perspektive. (M 5, U 3)	Plakat oder Kreisgespräch
16	**Bäuerlicher Alltag in Haus und Dorf** S. 242 – 245	• Wie lebten und arbeiteten die Bauern in den Dörfern? • Wie gelang es ihnen, immer mehr Menschen zu ernähren?	Die Schülerinnen und Schüler … ▪ berichten von den Lebensbedingungen von mittelalterlichen Bauern in den Dörfern. (S 5, S 6) ▪ erschließen den Informationstext und geben die Kernaussagen zu Arbeits- und Lebensverhältnissen der Dorfgemeinschaft mit eigenen Worten auf einem Stichwortzettel wieder. (S 6, M 6) ▪ beschreiben wesentliche Veränderungen in der mittelalterlichen Landwirtschaft, um die Zunahme der Bevölkerung zu erläutern (Räderpflug, Dreschflegel, Sense, Zuggeschirr, Dreifelderwirtschaft). (S 9, M 15)	bildgestützter Kurzvortrag oder digitale Bildpräsentation

Nr.	Titel/ Thema der Lerneinheit	Leitfragen	Kompetenzen/Schüleraktivitäten (nach dem KLP)	Produkt/Präsentation der Lernergebnisse
17	**Bauern und Herren: Leben in der mittelalterlichen Ordnung der Grundherrschaft** S. 246 – 249	• Warum begaben sich Bauern in eine Grundherrschaft? • Wie funktionierte das System „Grundherrschaft“?	Die Schülerinnen und Schüler ... ▪ vollziehen die Motive und Interessen des Bauern Johann nach, sich als höriger Bauer in die Unfreiheit zu begeben. (U 2) ▪ beurteilen die Vor- und Nachteile von Johanns Entscheidung (Abgaben gegen Schutz und Schirm). (U 4) ▪ beschreiben die Handlungsmöglichkeiten von abhängigen Bauern und ihren Grundherren (regionale Unterschiede im Ausmaß der Unfreiheit). (S 5, M 15) ▪ beschreiben die Grundherrschaft als wesentliche Herrschaftsform des Mittelalters. (S 7, S 10, M 15)	Poster und Kreisgespräch oder computergestützte Präsentation
18	***Wir forschen gemeinsam*: Die Welt des Adels und der Ritter** S. 250 – 251		Die Schülerinnen und Schüler ... ▪ präsentieren die im Rahmen der Lerneinheit „Wir forschen gemeinsam“ zum Thema gewonnenen Ergebnisse in Form einer Stafettenpräsentation. (H 2)	Stafettenpräsentation oder historische Exkursion
18A	**Adel – ein Stand mit Vorrechten und zum Herrschen geboren** S. 252 – 253 *Methode: So könnt ihr Bilder als historische Quellen nutzen*	• Was bedeutete es, adelig zu sein? • Wie sah sich der Adel selbst? • Was erzählen Bildquellen zum Thema Vorrechte und Herrschen?	Die Schülerinnen und Schüler ... ▪ beschreiben charakteristische Merkmale und Funktion des mittelalterlichen Adels (Adel als abgeschlossener Stand, adelige Lebensform, Dienste für den König). (S 5, S 6, M 15) ▪ vergleichen Informationen aus dem Darstellungstext und aus zwei Bildquellen zur Stellung des Adels und stellen Verbindungen zwischen ihnen her. (M 12)	Wandplakat
18B	**Lebensort Burg – So wohnte der Adel im Mittelalter** S. 254 – 255	• Was ist typisch für eine mittelalterliche Burganlage? • Welche Funktionen hatten die Burgen?	Die Schülerinnen und Schüler ... ▪ informieren über die Lebensbedingungen auf einer mittelalterlichen Burg. (S 6) ▪ nutzen die Rekonstruktionszeichnung einer typisch mittelalterlichen Burg, um die unterschiedlichen Burgteile in einer Tabelle zu erläutern. (M 10)	Schautafel
18C	**Das Leben der Ritter** S. 256 – 257	• Wer sind die Ritter? • Wie lebte ein Ritter im Mittelalter?	Die Schülerinnen und Schüler ... ▪ erzählen von dem Leben der Ritter im Mittelalter. (S 5, S 6) ▪ erschließen den Informationstext, indem sie Gliederung und Kernaussagen zu Leben und Aufgaben der Ritter mit eigenen Worten sprachlich angemessen wiedergeben. (S 5, S 6, M 6, M 15) ▪ beschreiben das mittelalterliche Turnier sprachlich angemessen. (S 10, M 15) ▪ informieren über Lebensbedingungen eines adligen Jungen im Mittelalter. (S 6)	Kurzvortrag

Nr.	Titel/ Thema der Lerneinheit	Leitfragen	Kompetenzen/Schüleraktivitäten (nach dem KLP)	Produkt/Präsentation der Lernergebnisse
19	**Lebensort Kloster** S. 258 – 259	● Warum gingen Menschen in ein Kloster? ● Was sind verbindliche Grundregeln für Nonnen und Mönche?	Die Schülerinnen und Schüler … ■ beschreiben die Entstehung der Klöster und ihre besonderen Merkmale. (M 15) ■ vollziehen die Motive und Bedürfnisse der mittelalterlichen Menschen, die in ein Kloster eintraten, nach. (U 2)	Mindmap oder Lexikoneintrag
20	**Neuer Lebensort Kloster: zum Beispiel für Markus** S. 260 – 261	● Das Kloster – eine Welt für sich abseits des Alltags	Die Schülerinnen und Schüler … ■ erzählen über die Lebensbedingungen des kleinen Markus im Kloster. (S 6) ■ nutzen die Rekonstruktionszeichnung des Klosters Monte Cassino, um die Aussage, das Kloster sei „eine Welt für sich“ zu erläutern. (M 10)	Klosterrundgang
21	**Klosteralltag: Blick hinter die Mauern** S. 262 – 263	● Wie sieht der Klosteralltag für Novizen, Mönche und Nonnen aus?	Die Schülerinnen und Schüler … ■ informieren über den Alltag in einem mittelalterlichen Kloster. (S 5, S 6) ■ betrachten die Lebenssituation im Kloster aus zeitgenössischer Perspektive, indem sie einen Brief des kleinen Markus, den dieser aus dem Kloster schreibt, selbst verfassen. (U 3)	zeitgenössischer Brief
22	**Stopp: mehr wissen – mehr können** S. 264 – 265		Die Schülerinnen und Schüler … ■ versetzen sich in die Rolle von Menschen im Mittelalter (Bauer, Ritter, Mönch) und informieren in historischen Erzählungen/Spielsituationen über deren Leben. (S 5, S 6, H 1) ■ visualisieren die „Wurzeln des Mittelalters“ in Form einer Mindmap. (S 4, M 14) ■ beschreiben eine mittelalterliche Bildquelle und erläutern ihre Botschaft. (M 7) ■ beschreiben und erläutern zentrale Aspekte des Themas „Herrschaft und Gesellschaft im Mittelalter“. (S 5, S 7, S 10, M 15, U 5)	Kompetenzcheck

2. Hinweise und Erläuterungen zu den Lerneinheiten

(S. 200–203) TLE 1: Auftakt/Ein erster Blick

Hinweise zur Unterrichtsgestaltung

Die Auftakt-Doppelseite und die Doppelseite „Ein erster Blick" bieten die Möglichkeit zu einem gegenwartsbezogenen Einstieg in die Unterrichtsreihe. Die Abbildungen zeigen Burg Eltz an der Mosel sowie Szenen vom Mittelalterfest auf der Sparrenburg in Bielefeld. Der Begleittext nimmt den Gegenwartsbezug auf und verweist zugleich auf weitergehende Fragen zur Thematik. Die SuS können erste Spuren des Mittelalters in der Moderne entdecken und erhalten mithilfe der Zeitleiste eine grundlegende chronologische Orientierung. Zugleich wird die Periodisierung des Mittelalters in Früh-, Hoch- und Spätmittelalter vorgestellt.

(S. 204–207) TLE 2: Mittelalter: Eine neue Zeit, eine neue Welt

Hinweise zur Unterrichtsgestaltung

In Kleingruppenarbeit sollen die SuS wesentliche Entwicklungsschritte vom Frühmittelalter bis zur Regierungszeit Ottos des Großen im Hochmittelalter charakterisieren. Im Mittelpunkt der Präsentation stehen drei Karten M 1-M 3, deren zentrale Aussagen von den SuS erläutert werden.

Hinweise zu Leitfragen und Aufgaben

Zu S. 205, Aufgaben

a) Gebietsherrschaften unterschiedlicher germanischer Stämme auf ehemals weströmischem Gebiet; Franken wanderten in das linksrheinische Rhein-Mosel-Gebiet, in das heutige Belgien und nach Frankreich ein; 482 wurde Chlodwig zum König aller Franken.
b) Dreiteilung Europas um 500: Gebietsherrschaften germanischer Stämme, Frankenreich, Oströmisches Reich.

Zu S. 206, Aufgaben

a) Karolingerreich als europäisches Großreich, Karl aus dem fränkischen Geschlecht der Karolinger als Begründer:
- 2.4.748 n. Chr.: Geburt Karls des Großen
- 771 n. Chr.: Karl übergeht Erbansprüche seiner Neffen und übernimmt Herrschaft im gesamten Frankenreich.
- ab 772 n. Chr.: Krieg gegen die Sachsen
- 774 n. Chr.: Romzug, Karl übernimmt Schutzherrschaft über den Kirchenstaat.
- 799 n. Chr.: Karl trifft Papst Leo in Paderborn.
- 800 n. Chr.: Leo krönt Karl in Rom zum Kaiser.
- 807 n. Chr.: Einigung mit dem Oströmischen Reich
- 28.1.814 n. Chr.: Tod Karls des Großen

b) Islamisches Reich im Nahen Osten, Nordafrika und Spanien; Frankenreich in Mitteleuropa; Oströmisches Reich im Gebiet der heutigen Türkei und Griechenland.

Zu S. 207, Aufgaben

a) 9. Jahrhundert: Teilung des Frankenreiches in zwei Teilreiche: Westfrankenreich (das heutige Frankreich) und Ostfrankenreich (Reich der Deutschen).
- Besonderheiten des Ostfrankenreichs: verschiedene Stämme unter der Führung von Stammesherzögen (Sachsen, Bayern, Lothringen, Franken, Schwaben), die wie Könige in ihren Herzogtümern herrschten.
- Als 911 n. Chr. der letzte Karolionger ohne Thronfolger starb, wählten die Herzöge einen König aus ihrer Mitte: den Sachsenherzog Heinrich.
- Sein Sohn Otto wurde sein Nachfolger.
- Otto übernahm Schutzherrschaft über Rom und die Kirche.
- 962 n. Chr.: Krönung zum Kaiser
- Unter der Herrschaft Ottos des Großen entstand ein einheitliches Reich.

b) Einheitliches Deutsches Reich in Mitteleuropa, daneben weitere Königreiche: Byzantinisches Reich (vorher Oströmisches Reich), Islamisches Reich im Nahen Osten, Nordafrika und Spanien.

(S. 208 – 209) TLE 3: Das Mittelalter hat drei Wurzeln

Hinweise zur Unterrichtsgestaltung

Im Zentrum steht die Betrachtung des Bildes einer Hochzeitsfeier am fränkischen Königshof. Die SuS bringen das Bild „zum Sprechen" und gewinnen auf diese Weise einen ersten Einblick in die Grundlagen des europäischen Mittelalters (Römisches Reich, Germanen, Christentum). Der spielerische Zugang soll die Motivation der SuS steigern. Vorgaben für die Auswahl der Bildelemente, die die SuS erläutern können, werden nicht gemacht. Eine Systematisierung erfolgen in den anschließenden TLEs.

Hinweise zu Leitfragen und Aufgaben

Zu S. 209, Aufgaben b und c

Die SuS erläutern in ihrem Vortrag die drei Wurzeln des Mittelalters:
- Christentum: Bischöfe als Gäste, singende Mönche
- Römisches Reich: Gebäude, Gläser und Wandlichter aus römischer Zeit
- Germanentum: Tischsitten, Namen und Gewänder aus germanischen Traditionen

(S. 210 – 211) TLE 4: Die erste Wurzel des Mittelalters: Römische Traditionen

Hinweise zur Unterrichtsgestaltung

Die SuS erstellen in Partnerarbeit ein Vortragskonzept für einen bildgestützten Kurzvortrag, in dem es um die Frage nach dem Fortleben römischer Traditionen im Mittelalter geht.

Hinweise zu Leitfragen und Aufgaben

Zu S. 210, Aufgabe in Randspalte

Römische Traditionen im Mittelalter: Handelswege und Heerstraßen – Städte als Verwaltungszentren – Landgüter als wichtige landwirtschaftliche Produktionsstätten – Verfahren der Steuererhebung – römische Herrscher als Vorbild – Gesetzesbücher nach römischem Vorbild – Latein als Sprache des Mittelalters (Kirche, Wissenschaft).
Diese Aspekte können auch als Zweige der vorgeschlagenen Mindmap dienen.

Zu S. 211, Aufgabe

Beispiele für die Bedeutsamkeit der römischen Baukunst:
Porta Nigra in Trier (römisches Stadttor) – Kirche in Oviedo (römische Architekturmerkmale) – steinerne Brücke in Regensburg (römische Brückenpfeiler und Rundbögen zur Stabilität) – Aquädukt in Nimes (römische Technik des Wassertransports).

(S. 212 – 213) TLE 5: Die zweite Wurzel des Mittelalters: Die Germanen

Hinweise zur Unterrichtsgestaltung

In kleinen Arbeitsteams erstellen die SuS eine Mindmap, mithilfe derer der Beitrag des Germanentums zur Entstehung des Mittelalters erläutert werden soll.

Hinweise zu Leitfragen und Aufgaben

Zu S. 213, Aufgabe 1

Kernaussagen, die dann in verkürzter Form in die Mindmap überführt werden (die Begriffe für die Mindmap sind fett markiert):
- **Bauern mit eigenem Gehöft** und eigener Ackerfläche
- Germanen legten Wert auf **persönliche Unabhängigkeit und Freiheit**
- **gemeinsame Nutzung von Weideflächen**, Wald und Flussläufen
- **Dorfversammlung** zur gemeinsamen Absprache von Regelungen

- **Schutz** des Einzelnen **in der Sippe/Familie**
- **König als** militärischer **Führer der freien Krieger**
- **Königsheil und Abstammung** als Grundlage für das Herrschaftsrecht
- **Thronfolge durch männliche Familienmitglieder**

Zu S. 213, Aufgabe 2

M 1: germanischer Bauernhof mit Reetdach, Nebengebäude
M 2: Krönung eines karolingischen Herrschers durch Gott

(S. 214–215) TLE 6: Die dritte Wurzel des Mittelalters: Das Christentum

Hinweise zur Unterrichtsgestaltung

Im Zentrum der TLE steht zum einen die Bedeutung von Chlodwigs Übertritt zum Christentum als Beginn des europäischen Mittelalters. Das fränkische Gemeinwesen wurde auf eine neue geistig-religiöse Grundlage gestellt. Am Beispiel des Bonifatius wird zum anderen die Christianisierung der heidnischen Germanen verdeutlicht. Einen wesentlichen Anteil an der Verbreitung des christlichen Glaubens hatten die Mönche, die die Christianisierung der Germanen häufig unter Einsatz ihres Lebens voran trieben. Der biografische Zugriff soll das Wirken der Mönche als Missionare für die SuS anschaulich machen.

Hinweise zu Leitfragen und Aufgaben

Zu S. 214, Leitfrage 1 und Aufgabe in Randspalte

Ende des 5. Jahrhunderts tritt Chlodwig zum Christentum über (Gott als Schlachthelfer); Beginn des europäischen Mittelalters.

Zu S. 214, Leitfrage 2 und S. 215, Aufgabe oben

Kirchengebäude – Gottesdienst am Sonntag – häufige Gebete – christlicher Lebenswandel um Höllenqualen zu vermeiden.

Zu S. 214, Leitfrage 3 und S. 215, Aufgabe unten

Verbreitung des christlichen Glaubens durch Missionare – Bonifatius als Missionar in Hessen, Thüringen und Friesland.
M 2: Missionsgebiete/Wirkungsfelder des Bonifatius.
M 3: Missionierung durch Bonifatius (Taufe) und seine Ermordung.

(S. 216–217) TLE 7: Ohne Päpste kein Mittelalter

Hinweise zur Unterrichtsgestaltung

Die SuS bearbeiten die Materialien, um die Bedeutung des Papsttums für das europäische Mittelalter erläutern zu können. Im Mittelpunkt steht dabei die Entwicklung der Vorrangstellung des „Bischofs von Rom", der insbesondere nach dem Untergang des weströmischen Reiches zunehmend politische Aufgaben wahrnahm. Seit dem 5. Jahrhundert wurde der nunmehr als Papst bezeichnete Bischof von Rom zum geistlichen Oberhaupt der Christen in den Gebieten der ehemals weströmischen Reichshälfte.
Ziel des Vortrags des Reiseführers ist zudem die Verdeutlichung der Ansprüche, die die Päpste mit Blick auf die weltlichen Könige und Kaiser formulierten.

Fachliche Hinweise und Erläuterungen

Zu S. 217, M 1

Mosaikbild im Papstpalast in Rom: Das Wandmosaik zeigt das päpstliche Selbstverständnis in Bezug auf die Zuordnung zum König. Nicht Gott setzt den König in sein Amt ein, sondern Petrus, der „erste Papst". In den Augen des Betrachters herrscht der König somit nicht unmittelbar durch die Gnade Gottes, sondern vielmehr durch die Vermittlung durch das Papsttum, welches durch Petrus versinnbildlicht wird. Obwohl sich Karl der Große und Papst Leo im Bildaufbau auf gleicher Höhe befinden, geht aus der Bildaussage eine Unterordnung des Königs unter den Papst hervor.

Hinweise zu Leitfragen und Aufgaben

Zu S. 216, Leitfrage 1 und S. 217, Aufgabe a

Der Bischof von Rom: Nachweis eines römischen Bischofs seit dem 2. Jahrhundert – führende Rolle aufgrund der Petrustradition – seit dem 5. Jahrhundert Gebrauch der Bezeichnung „Papst", Papst als geistliches Oberhaupt der Christen in den Gebieten der weströmischen Reichshälfte.

Zu S. 217, Aufgabe b

Petrus mit Bischofsgewand und Heiligenschein im Zentrum – überreicht Leo ein mit Kreuzen besticktes Schulterband (Pallium) als Zeichen höchster geistlicher Macht – Karl der Große (rechts) erhält Fahne der Stadt Rom.

Zu S. 216, Leitfrage 2 und S. 217, Aufgabe c

Heereskönigtum wurde abgelöst durch Gottesgnadentum (Herrschaft des Königs war von Gott übertragen) – weltliche Machtträger wurden zu Schutzherren der Kirche – weltliche und geistliche Herrschaft als Grundpfeiler des Mittelalters.

(S. 218 – 223) TLE 8: König Karl ist Kopf, aber ohne Hilfe geht es nicht

Hinweise zur Unterrichtsgestaltung

Mit dieser TLE beginnt das Teilkapitel „Herrschen und Regieren: Könige, Kaiser, Fürsten, Kirche". Mithilfe einer Stafettenpräsentation charakterisieren die SuS die Herrschaftspraxis und den Regierungsalltag eines Königs im Mittelalter. Dazu greifen sie auch auf die zuvor auf S. 206 gewonnenen Arbeitsergebnisse zurück (Aufg. 4a).

Hinweise zu Leitfragen und Aufgaben

Zu S. 219, Aufgabe 4a

Aspekt: „Karl und das Karolingerreich" : Arbeitsergebnisse von S. 206.

Aspekt „Lehnswesen"

Zu S. 220, Aufgabe zu M 1

Die SuS erklären den Begriff:
- Der König an der Spitze der Lehnspyramide vergab Ämter, zu denen auch Land und Leute gehörten, an Kronvasallen (Bischöfe, Äbte, Äbtissinnen, Grafen, Markgrafen und ämterlose Kronvasallen).
- Kronvasallen erhielten das Lehen zur Nutzung auf Lebenszeit und leisteten Amts- und Kriegsdienst; sie vergaben ebenfalls wieder Lehen an Untervasallen, die dafür Kriegsdienste leisteten.
- Vergabe des Lehens wurde durch einen Schwur bekräftigt.
- Einflussreichen Adelsfamilien gelang es seit dem 9. Jahrhundert zunehmend, die Macht des Königs einzuschränken.
- In der Folge wurden viele Lehen erblich und der Aufstieg auch nichtadeliger Personen (Ritter) innerhalb des Lehnssystems begann.
- Funktion: Für den König bildete ein funktionierendes Lehnswesen die Machtbasis seiner Herrschaft. Mit der zunehmenden Erblichkeit der Lehen nahm seine uneingeschränkte Machtposition ab, die des hohen Adels dagegen zu.

Zu S. 220, Aufgabe unten

- Belohnung für Kriegsdienste, Verwaltungsaufgaben oder Dienst am Königshof durch Vergabe von Land durch die Könige seit Karl dem Großen.
- Lehen als Vergabe auf Zeit.
- Seit dem 9. Jahrhundert blieben Land und Ämter in Familienbesitz.
- Vorteile: Lehnswesen als zentrales Mittel königlicher Machtsicherung.
- Nachteile: Machtverlust des Königs, Machtzuwachs der hohen Reichsfürsten.

Zu S. 221, Aufgaben

M 2: Lehnsnehmer (Vasall) legt Hände in diejenigen des Lehnsherrn, schwört Treue und Dienst; Lehnsherr verspricht Schutz und Treue.
M 3: König vergibt Lehen an geistliche Würdenträger (Bischof) und weltliche Fürsten.
M 4: Lehnseid (wie M 2) und schriftliche Fixierung des Lehnsverhältnisses.

Aspekt „Herrschaftspraxis"

Zu S. 223, Aufgabe unten

- Hohe Beamte mit eindeutigen Aufgaben: Mundschenk, Seneschall, Marschall, Kämmerer, Markgrafen, Königsboten, Grafen, Bischöfe/Äbte.
- Könige waren mit großem Gefolge unterwegs.
- Reich war in 100 Verwaltungsbezirke (Grafschaften) aufgeteilt.
- König musste: Gesetze und Verordnungen erlassen, Urkunden ausstellen, Recht sprechen, Rechte und Pflichten erneuern, mit Adligen und Bischöfen beraten.
- *M 6: Allen oben benannten Funktionen wird der Aufbau einer Pfalz gerecht:* Unterkünfte für Bedienstete, Königshalle, Torhaus mit Gerichtssaal, Wohnhäuser für Familienmitglieder und hohe Gefolgsleute, Pfalzkapelle; vier Hauptteile der Pfalz (Wohnen, Repräsentation, religiöse Zwecke, Wirtschaftsbereich); weitere Funktionsbereiche: Räumlichkeiten für Gäste, Hofschule, Gerichtshalle, Räume für Verwaltung, Bäder, Unterkünfte für die Bediensteten;
  Funktion: Pfalzen als Ersatz einer Hauptstadt, da die Präsenz des Königs zur Herrschaftssicherung notwendig war;
  Vorteile: arbeitsteilige, ökonomische Form der Aufgabenteilung;
  Nachteile: Schwierigkeit der Kontrolle (Größe des Reiches, Machtinteressen von einzelnen Amtsträgern).

(S. 224–226) TLE 9: Herrschen im Reich der Deutschen: Das Beispiel Otto der Große

Hinweise zur Unterrichtsgestaltung

Im Mittelpunkt der Bearbeitung des Widukind-Berichts von Corvey steht der Aufbau von Methodenkompetenzen. Mithilfe der Methode „Eine Textquelle systematisch erschließen" wenden die SuS grundlegende Schritte der Bearbeitung schriftlicher Quellen an.

Hinweise zu Leitfragen und Aufgaben

Zu S. 224, Leitfrage und Aufgaben

Die SuS beschreiben die mittelalterliche Königserhebung. Dazu entnehmen sie wesentliche Angaben zur Charakterisierung der Quelle der Methode auf S. 226. Für die Wiedergabe der Hauptaussagen sind folgende Aspekte grundlegend:

- Bedeutung des Wahlortes „Pfalzkapelle Aachen": Legitimation des Königs als Nachfolger Karls des Großen.
- Bedeutung der Abfolge und Aufteilung: Empfang des Herrschers symbolisiert die Wahl durch weltliche Fürsten; Worte des Erzbischofs als Beleg für Gottesgnadentum; Bestätigung der Wahl durch das Volk; Verleihung des Schwertes als Symbol für den Schutzauftrag des Königs; Bischöfe als Stützen der Königsmacht, Herzöge als Amtsträger des Königs.

(S. 227) TLE 10: Herrschaftssicherung – Otto I. hat eine folgenreiche Idee ...

Hinweise zur Unterrichtsgestaltung

Für die Erarbeitung der Materialien bietet sich eine themendifferenzierte Gruppenarbeit an, in der die Berichte aus der Sicht der vier beteiligten Personen vorbereitet werden. Nach der Präsentation der Ergebnisse sollten die SuS das „ottonische Reichskirchensystem" im Klassengespräch beurteilen.

Hinweise zu Leitfragen und Aufgaben

Zu S. 227, Aufgaben

Die SuS wechseln die Perspektive und beurteilen das „ottonische Reichskirchensystem":

- **König Otto I.:** Kaiserkrönung als Gegengabe für die Schutzherrschaft des Königs über die Stadt Rom und den Kirchenstaat; Sicherung der Vorrangstellung der deutschen Könige in Europa; Sicherung der Königsmacht gegen die Ansprüche weltlicher Herrscher durch die Ernennung von Geistlichen zu weltlichen Landesherren (Auswahl der Bischöfe durch den König, zeitliche Begrenzung des Lehens).
- **Weltlicher Herzog oder Graf:** Ablehnung der Maßnahme; Bischöfe als Konkurrenten bei der Vergabe von Lehen.
- **neu** ernannter Bischof: Vergrößerung der Machtfülle (Erweiterung um weltliche Bestandteile).
- **Papst:** Verringerung des päpstlichen Einflusses auf die Auswahl der zukünftigen Bischöfe.

(S. 228–231) TLE 11: Das Verhältnis von Kaiser und Papst ändert sich: Der Investiturstreit

Hinweise zur Unterrichtsgestaltung

Zur Beurteilung des Investiturstreits nehmen die SuS eine zeitgenössische Perspektive ein. Sie entscheiden sich entweder für die königliche oder für die päpstliche Sicht und bearbeiten die Materialien in Dreierteams, um einen kurzen Beitrag für eine Jahreschronik zu erstellen.

Hinweise zu Leitfragen und Aufgaben

Zu S. 229, Aufgabe 3

Streitsache (Abb. S. 228 und Darstellungstext S. 229): Kirche als Stütze des Königtums; Bischöfe erhalten Ämter (Einkünfte und Macht) vom König und unterstützen ihn im Gegenzug.
Streitgegner
Position des Papstes (S. 230): Papst will geistliche Ämter vom Einfluss des Königs befreien, um ein Leben der geistlichen Würdenträger nach christlichen Grundsätzen zu gewährleisten.
Position des Königs (S. 230): König betrachtet Bischöfe und Äbte als Beauftragte des Königs, die wichtige Aufgaben für ihn wahrnehmen;
Streitverlauf: s. Zeitleiste S. 230.
Streitlösung (Darstellungstext S. 230): Wormser Konkordat 1119 – König verzichtet auf die Einsetzung der Bischöfe; Wahl der deutschen Bischöfe und Äbte wird in Anwesenheit kaiserlicher Abgeordneter verhandelt.

Zu S. 231, Aufgabe 1 zu M 2

M2a: König wurde ohne Gefolge in den zweiten Mauerring eingelassen; nach vier Tagen des Wartens wurde er vorgelassen und schließlich vom Bann losgesprochen; König beteuerte, die Bedingungen anzunehmen und einzuhalten.
M2b: König harrte kläglich und unter Tränen drei Tage lang aus; sein erbarmungswürdiges Auftreten löst Mitleid unter den Anwesenden aus; beharrliche Reue und eindringliche Fürbitte bewegen den Papst dazu, den Bann zu lösen.

Zu S. 231, Aufgabe 2 zu M2

M 2a: nüchtern und sachlich gehaltener Bericht
M 2b: betont das erbarmungswürdige Auftreten des Königs und die Großmut des Papstes

(S. 232–233) TLE 12: Hoch- und Spätmittelalter: Kaiser und Fürsten als machtvolle Rivalen

Hinweise zur Unterrichtsgestaltung

Im Mittelpunkt der TLE stehen die Voraussetzungen für den Ausbau der Landesherrschaft durch die Landesfürsten im Reich. Zugleich bietet die Karte M 1 aber auch die Möglichkeit zur Herstellung eines regionalen Bezugs, bei der die SuS ihre Kenntnisse zur politischen Geschichte ihrer Region einbringen bzw. erweitern können.

Hinweise zu Leitfragen und Aufgaben

Zu S. 232, Leitfrage 1

Die SuS beschreiben die Veränderungen, die das Gesetz von 1232 und die „Goldene Bulle" bewirkten:

1232: Bestätigung der Besitzrechte der weltlichen Herrscher; Verleihung von Regalien an die Fürsten (Münz-, Markt-, Zollrecht); Fürsten wurden zu Landesherren.

Zu S. 233, Aufgabe 1

„Goldene Bulle": Festlegung des Kurfürstenkollegiums; Bestätigung der Privilegien und Rechte der Kurfürsten; Garantie des Erhalts der Besitzrechte und der Erbfolge für die weltlichen Kurfürsten.

Zu S. 232, Leitfrage 2

Zur Beurteilung: deutlicher Machtzuwachs der weltlichen Fürsten, die zu Landesherren aufsteigen und eine dem König vergleichbare Machtfülle besitzen.

(S. 234 – 235) TLE 13: England – Königreich mit Parlament

Hinweise zur Unterrichtsgestaltung

Die beiden folgenden TLEs erweitern den bisher auf die Herrschaftsverhältnisse im mittelalterlichen Reich konzentrierten Blick und thematisieren die Entwicklung in England und Frankreich.
Als eine Variante bietet sich eine arbeitsteilige Behandlung der TLEs „England" und „Frankreich" und der abschließende Vergleich mit der Situation im Reich an. Als Vertiefung dient die vergleichende Betrachtung der beiden Abbildungen M 1 und M 2, die die Parallelen zwischen dem 16. und dem 21. Jahrhundert deutlich macht. Zur Zusammenführung der Ergebnisse der TLE „England" kann wieder auf sie zurückgegriffen werden.

Hinweise zu Leitfragen und Aufgaben

Zu S. 234, Leitfrage 1

- Normannische Eroberung 1066, König zieht Grundbesitz des angelsächsischen Adels ein und vergibt ihn an normannische Lehnsträger.
- Schwäche des englischen Königtums unter König Johann „Ohneland"; Unterzeichnung der „Magna Charta" durch den König 1215; Adelsrat (Parlament) als Gegengewicht zur Regierung des Königs; Entstehung von Unter- und Oberhaus 1295; parlamentarische Monarchie am Ende des 17. Jahrhunderts.

Zu S. 234, Leitfrage 2

M 1/M 2: Kontinuität der parlamentarischen Monarchie

(S. 236 – 237) TLE 14: Königsherrschaft im mittelalterlichen Europa: Zum Beispiel Frankreich

Hinweise zur Unterrichtsgestaltung

s. die Hinweise zur vorhergehenden TLE.

Hinweise zu Leitfragen und Aufgaben

Zu S. 237, Aufgabe oben

Auf einem Wandplakat vergleichen die SuS die Herrschaft der französischen und deutschen Könige bzw. Kaiser:
- Über 300-jährige Regierungszeit der Kapetinger; Einbehaltung von Lehen nach dem Aussterben von Fürstenfamilien führte zur Erweiterung des Kronlandes als Machtbasis seit dem 10. Jahrhundert; 1214 eroberte der französische König die englischen Besitzungen in Frankreich zurück; Bischöfe unterstanden dem Hofgericht des Königs; 1453, nach dem Hundertjährigen Krieg, verlor England seinen Einfluss in Frankreich endgültig.
- Der deutsche König musste heimgefallene Lehen wieder ausgeben; zahlreiche Familien, die die deutschen Könige stellen; wenig Einfluss des deutschen Königs auf die Bischöfe als Folge des Investiturstreits; königsgleiche Machtstellung der deutschen Fürsten als Landesherren (Gesetz von 1232, „Goldene Bulle").

Zu S. 237, Aufgabe zu M 2

Dem König von Frankreich stehen zahlreiche weltliche und geistliche Fürsten zur Seite; König von Frankreich ist dem Kaiser gleichgestellt; König von Frankreich ist allerdings vornehmer als der Kaiser, da sein Königtum älter als das deutsche Kaisertum ist.

(S. 238 – 241) TLE 15: Ständegesellschaft – Leben in Gruppen

Hinweise zur Unterrichtsgestaltung

Die Doppelseite dient als Einstieg in das Teilkapitel „Gesellschaft und Lebenswelten im Mittelalter". Mithilfe des Holzschnitts beschreiben die SuS den grundlegenden ständischen Aufbau der mittelalterlichen Gesellschaft in einem Wandplakat.

Hinweise zu Leitfragen und Aufgaben

Elemente des Plakats

Zu S. 238, Abbildung

Holzschnitt: 1. Stand „Klerus“ (hohe und niedere Geistlichkeit); 2. Stand „Adel“ (hoher und niederer Adel, Ministerialen); 3. Stand „Bauern“; mit jeweils definierten Funktionen.

Zu S. 240, Aufgaben zu M 1/M 2:

Aufbau der Ständegesellschaft: Jeder wurde in seinen Stand hineingeboren; 1. und 2. Stand: Adel und Geistlichkeit; 3. Stand umfasst 90% der Bevölkerung, überwiegend Bauern; sozial Verachtete: Tagelöhner, Arme, fahrendes Volk, Henker, Totengräber, Juden.

Zu S. 241, Aufgaben zu M 3-M 6:

Zeitgenössische Stimmen zur Ständegesellschaft

M 3: 1. Äbtissin Hildegard von Bingen – 2. Ständische Unterschiede sind von Gott gegeben und dürfen vom Menschen nicht verändert werden. – 3. Ordnung soll erhalten bleiben. – 4. Ordnung ist von Gott gewollt.

M 4: 1. Burchard von Worms – 2. Sünden des Dritten Standes sollen durch die Macht der ersten beiden Stände eingeschränkt werden. – 3. Ordnung soll erhalten bleiben. – 4. Ordnung ist von Gott gewollt.

M 5: 1. Adalbero von Laon – 2. Die drei Stände dürfen nicht auseinandergerissen werden, funktionieren nur gemeinsam. – 3. Ordnung soll erhalten werden. – 4. Gesellschaft bleibt stabil durch Ständeordnung.

M 6: 1. Georges Chastellain – 2. Adel hat herausragende Stellung in der Ständegesellschaft. – 3. Autor will besondere Stellung des Adels verdeutlichen. – 4. Adel kommt höchstes Verdienst um die Gesellschaft zu.

(S. 242 – 245) TLE 16: Bäuerlicher Alltag in Haus und Dorf

Hinweise zur Unterrichtsgestaltung

Die TLE thematisiert die Lebensbedingungen der Bauern im Mittelalter in alltagsgeschichtlicher Perspektive. Es bietet sich an, die Kurzvorträge der SuS an die Bilder und insbesondere an M 2 anzubinden.

Hinweise zu Leitfragen und Aufgaben

Zu S. 244, Aufgabe

Die SuS tragen zu den Lebensbedingungen der mittelalterlichen Bauern auf der Grundlage eines Stichwortzettels oder von Karteikarten vor:

Wohnverhältnisse: Dunkelheit, keine Fenster, Qualm der Herdstelle, strohgedecktes Dach, schlechte Hygiene, keine privaten Rückzugsmöglichkeiten, Heiratsalter und Lebenserwartung für Mädchen niedrig.

Dorfgemeinschaft: Allmende, Hof wurde von Vollbauern bewirtschaftet, Dorfvorsteher oder Bauermeister, Nachbarschaftshilfe.

Geräte und Arbeitszeit: Arbeitsalltag 14-16 Arbeitsstunden, weniger Arbeit im Winter, nur in Ausnahmefällen Arbeit an Sonn- und Feiertagen.

Selbstversorgung: Alle Arbeiten mussten selbst erledigt werden (Ernte, Backen, Schlachten, Herstellung von Getränken, Butter und Käse).

Arbeitsteilung: Frauen arbeiteten im Haus, Männer auf den Feldern, Kinder mussten schon ganz jung mithelfen, keine schulische Ausbildung.

Zu S. 245, Aufgabe

Veränderung	Auswirkung
1. Ausdehnung der Anbaufläche	Wenn mehr angebaut wird, kann mehr geerntet werden.
2. M 2: Verbesserung der Bodenbearbeitung	Wenn der Boden besser vorbereitet wird, wachsen die Feldfrüchte besser.

3. M 3: Verbesserung der Anspanntechnik	Wenn sich die Zugleistung erhöht, können mehr Flächen beackert werden.
4. M 4: Verbesserung von Geräten und Mühlentechnik	Wenn bessere technische Voraussetzungen (Sensen, Mühlen) geschaffen werden, können Menschen und Tiere einfacher ernährt werden.

(S. 246 – 249)

TLE 17: Bauern und Herren: Leben in der mittelalterlichen Ordnung der Grundherrschaft

Hinweise zur Unterrichtsgestaltung

Die folgende TLE thematisiert den Alltag und Rechtsstellung der Bauern sowie das System der Grundherrschaft.

Hinweise zu Leitfragen und Aufgaben

Elemente des Posters

Arbeitsalltag (Argumente Johanns und Hinrichs)

Zu S. 247, Aufgabe zu M 1

Vorteile:

- kein Kriegsdienst
- Rückgabe des Besitzes
- Schutz durch den Grundherrn
- Hilfe im wirtschaftlichen Notfall durch den Grundherrn

Nachteile (Gegenargumente):

- Übergabe des Besitzes an den adeligen Grundherren
- Abgaben und Dienste
- Frondienste zur Erntezeit
- Machtfülle des Grundherrn

Zu S. 248, Aufgabe zu M 2

Aufbau einer Grundherrschaft

- Unterteilung in Herrenhof, Kirche und Bauernhöfe
- Abhängige Bauern leisten Dienste und zahlen Abgaben an den Herrenhof, den Grundherren; weitere Abgaben entrichten sie zudem an die Kirche.

Zu S. 249, Aufgabe zu M 3

Personen und Beziehungen in der Grundherrschaft

Die Beziehungen zwischen Grundherren, Leibeigenen und Hörigen werden mithilfe von beschrifteten Pfeilen verdeutlicht:

- **Hörige** erhielten gegen Abgaben und Dienste Land vom Grundherren; sie waren arm und mussten hart arbeiten.
- **Leibeigene** hatten kein Eigentum und waren Besitz des Grundherrn; gegen harte Arbeit erhielten sie lediglich Kost und Unterkunft; sie starben jung.
- **Grundherren** besaßen das Land und Leibeigene; sie übernahmen den Schutz über ihre Hörigen und besaßen die Gerichtsbarkeit über sie; sie konnten ein unbeschwertes Leben führen.

(S. 250 – 251)

TLE 18: Wir forschen gemeinsam: Die Welt des Adels und der Ritter

Hinweise zur Unterrichtsgestaltung

Die TLE stellt den Einstieg in die Beschäftigung mit dem 2. Stand des Adels dar und fragt nach Zusammensetzung und Funktion dieser bevorrechtigten Gruppe. Als Zugriff auf die Seiten 252-257 wird eine Stafettenpräsentation angeboten, mit deren Hilfe die Ergebnisse der drei folgenden TLEs präsentiert werden können.

Als Einstieg in die Thematik bietet sich die bildliche Darstellung der adeligen Gesellschaft auf S. 250 an. Hier können die SuS ihre wahrscheinlich vorhandenen Vorkenntnisse zum mittelalterlichen Adel anwenden.

Als Alternative wird ein projektorientiertes Vorgehen vorgeschlagen, um die Welt des Adels und der Ritter zu erkunden.

(S. 252 – 253) TLE 18A: Adel – ein Stand mit Vorrechten und zum Herrschen geboren

Hinweise zu Leitfragen und Aufgaben

Elemente des Wandplakats

Zu S. 252, Aufgabe zu M 1

Adel als Stand

- Ständegesellschaft ist von Gott gewollt.
- In einen Stand wird man hineingeboren.
- Geistliche Ämter werden ebenfalls von Adeligen besetzt; dadurch wird Erbteilung vermieden.
- Adelige tragen Wappen.
- Stand der Bauern ist deutlich größer.
- Adelige haben zahlreiche Rechte über die übrige Bevölkerung.
- Adelige sind Grundherren, schützen Bauern und erhalten dafür Abgaben.
- Weiteren Grundbesitz erhält der Adel als Gegenleistung für Verwaltungs- und Kriegsdienste für den König.

Zu S. 253, Aufgabe

Adelige als Grundherren

M 2: – Der dritte Mann von links hält dem Mann links im Bild Geld entgegen, er hat eine unterwürfige Haltung; die beiden Männer links sind deutlich wohlhabender gekleidet als die übrigen Personen auf dem Bild; die ärmlicher gekleideten Männer bringen Tiere mit sich, sie tragen einen verhärmten Gesichtsausdruck.
- Es handelt sich um Bauern, die Geld und Tiere (an ihre Herren) übergeben.
- Bauern übergeben pflichtgemäß Abgaben.

M 3: – Person mit Krone und Szepter und Personen, die landwirtschaftliche Tätigkeiten verrichten.
- König und arbeitende Bauern
- Bauern leisten dem König Arbeitsdienste.

(S. 254 – 255) TLE 18B: Lebensort Burg – So wohnte der Adel im Mittelalter

Hinweise zur Unterrichtsgestaltung

Zum Einstieg sollten die SuS die Möglichkeit haben, ihre Vorerfahrungen zu mittelalterlichen Burgen einzubringen. Ein Großteil der SuS wird bereits eine Burganlage besucht haben und kann von den dort gemachten Erlebnissen berichten. Für die Präsentation der Ergebnisse ist es sinnvoll, eine Folie von der Rekonstruktionszeichnung vorzubereiten.

(S. 256 – 257) TLE 18C: Das Leben der Ritter

Hinweise zur Unterrichtsgestaltung

Die TLE soll die SuS zu einer Beschäftigung mit dem Leben der Ritter anregen. Über die Informationen des Darstellungstextes hinaus bieten zwei Quellentexte einen Zugang zu diesem für sie spannenden Thema. Die Rechercheergebnisse sollen in Form einer kurzen Präsentation in den Unterricht einfließen.

Hinweise zu Leitfragen und Aufgaben

Zu S. 257, Aufgabe

Kernaussagen Darstellungstext: Seit dem 11. Jahrhundert übertrugen hohe Adelige wichtige Aufgaben an Gefolgsleute. – Für ihre Dienste erhielten sie weitere Freiheiten und Grundbesitz. – Diese Gefolgsleute wurden Ritter genannt. – Sie waren in erster Linie Berufssoldaten und benötigten eine gute Ausbildung. – Sie waren gekennzeichnet durch vorbildliche und rücksichtsvolle Verhaltensweisen.

M 2: Turniere als Höhepunkt des adligen Lebens – Ankündigung eines Turniers durch Knechte und Herolde – prächtig gekleidete Ritter in Rüstungen – heftige Kämpfe im Turnier – viele Verwundungen und verletzte Ritter.

M 3: Ausbildung eines adligen Jungen – Erziehung durch die Mutter nach der Taufe bis zum 7. Lebensjahr – dann Reisen, um Sprachen und Musikinstrumente zu erlernen – daneben Ausbildung im Kampf und in höfischen Gesellschaftsspielen – mit 14 Jahren Rückkehr zum Vater.

(S. 258–259) TLE 19: Lebensort Kloster

Hinweise zur Unterrichtsgestaltung

Als Einstieg in die Sequenz zum Unterkapitel „Lebenswelt Kloster" eignet sich eine gemeinsame Betrachtung des Luftbildes der Atlantik-Insel Skellig Michael. Die Kargheit, in der das Kloster errichtet wurde, wirft bei den SuS die Frage auf, warum Menschen in ein Kloster gingen, um darin zu leben. Die Tabelle mit den Informationen zur Insel verstärkt diesen vermeintlichen Widerspruch.

Hinweise zu Leitfragen und Aufgaben

Zu S. 258, Aufgabe

Elemente der Mindmap: Leben in Abgeschiedenheit – Kloster als unabhängige Gemeinschaft – räumliche Abgeschiedenheit – ora et labora – besondere Kleidung und Frisuren – strenge Regeln – Sorge um das Seelenheil – Sicherung eines standesgemäßen Lebens.

(S. 260–261) TLE 20: Neuer Lebensort Kloster: zum Beispiel für Markus

Hinweise zur Unterrichtsgestaltung

Die Schülerinnen und Schüler entdecken eine typische Klosteranlage, die in einer Rekonstruktionszeichnung dargestellt ist. Dabei wird der in der vorangegangenen TLE angesprochene Aspekt der Unabhängigkeit des Klosters von seiner Außenwelt vertieft. Um den SuS den Zugang zu der vermutlich weitgehend unbekannten Anlage zu erleichtern, ist eine Bearbeitung der Arbeitsaufträge mit einem Partner/einer Partnerin sinnvoll.

Hinweise zu Leitfragen und Aufgaben

Die SuS beschreiben die Rekonstruktionszeichnung des Klosters Monte Cassino und erläutern die Funktion der einzelnen Gebäudeteile.

(S. 262–263) TLE 21: Klosteralltag: Blick hinter die Mauern

Hinweise zur Unterrichtsgestaltung

Der in der TLE gewählte Ansatz gibt den SuS Raum für eine eigenständige Urteilsbildung zum Leben im Kloster. Die notwendigen Informationen liefern der Darstellungstext sowie die Materialien M 1-M 4.

Hinweise zu Leitfragen und Aufgaben

Die SuS beschreiben die Lebenssituation im Kloster und beziehen sich dabei auf folgende Aspekte:
- Gottesdienst (Gebet, Gesang)
- Schule (Lesen, Schreiben), auswendiglernen und nachsprechen
- Tagesablauf (Wechsel von Arbeit, religiösen Diensten und Ruhephasen)
- keine Privatsphäre
- Schweigegelübde, Prügelstrafen
- aufopferungsvolle Pflege im Krankheitsfall (Klosterhospital)
- tägliche Arbeit (Handwerk, Landwirtschaft)
- höhere Lebenserwartung durch ausreichende Nahrung
- hoch spezialisierte Mönche und Nonnen, deren Fähigkeiten im weiteren Umkreis bekannt waren: Herstellung von Arzneien, Heilkunde, Ingenieurskunst (Erzverhüttung, Wasserwirtschaft, Technik des Bierbrauens), Mönche als Kopisten und Schreiber in der Verwaltung des Klosters.

(S. 264–265) TLE 22: Stopp: mehr wissen – mehr können

Hinweise zur Unterrichtsgestaltung

Der Stopp fasst zentrale Begriffe und Kompetenzen der Unterrichtsreihe zum europäischen Mittelalter noch einmal zusammen, die über die angebotenen, variabel einsetzbaren Übungen wiederholend trainiert bzw. überprüft werden können.

Arbeitsblatt

Mittelalter – Hier ist etwas durcheinandergeraten!

Jeweils zwei der folgenden Begriffe – und zwar immer ein Name und ein weiterer Begriff – gehören inhaltlich zusammen. Ordne sie einander zu und erläutere den Zusammenhang zwischen ihnen.

Karl der Große	Übertritt zum Christentum	Chlodwig	Kaiser
Mission	Hugo Capet	Bonifatius	Heinrich IV.
Magna Charta	Canossa	Gregor VII.	Investiturstreit
Otto der Große	Reichskirchensystem	Friedrich II.	Gesetz von 1232
Karl IV.	„Goldene Bulle“	Johann „Ohneland“	Hofgericht

Mittelalter-Memory

Je zwei Satzteile (Ziffern 1 – 15) und Buchstaben (A – O) gehören zusammen. Ordne sie einander so zu, dass die von dir gebildeten Sätze richtige Aussagen beinhalten.

1	Römisches Reich, Germanen und Christentum	A	gab es Bestrebungen, die Kirche von weltlichen Einflüssen zu befreien.
2	Mit der Taufe Chlodwigs	B	beendete den Investiturstreit.
3	Das Christentum entwickelte sich	C	waren die drei Wurzeln des Mittelalters.
4	Der englische Mönch Bonifatius	D	zog der König mit seinem Hof von Pfalz zu Pfalz.
5	Seit dem 5. Jahrhundert wurde der Bischof von Rom	E	war nur die Königsfamilie im Besitz des „Königsheils“.
6	Beim Heereskönigtum der Germanen	F	setzte Wilhelm der Eroberer mit einem Heer nach England über.
7	Die germanische Vorstellung vom Heereskönigtum	G	Papst genannt.
8	Am 25. Dezember 800 n. Chr.	H	beginnt das europäische Mittelalter.
9	Da es keinen zentralen Regierungssitz gab,	I	wurde als Kronvasall bezeichnet.
10	Wer sein Lehen aus der Hand des Königs erhielt,	J	wurde abgelöst durch das sog. Gottesgnadentum.
11	Innerhalb des Reichskirchensystems	K	hat entscheidend zur Ausbreitung des Christentums beigetragen.
12	Seit dem 11. Jahrhundert	L	zum geistigen Band des Abendlandes.
13	Das Wormser Konkordat von 1122	M	wurde Karl der Große zum Kaiser gekrönt.
14	1066	N	stellte mehr als 300 Jahre den französischen König.
15	Die Familie der Kapetinger	O	setzte der König Geistliche als Landesherren ein.

1	2	3	4	5	6	7	8	9	10	11	12	13	14	15

Arbeitsblatt

Mittelalter-Quiz

■ Kreuze jeweils die richtige Lösung an (a oder b oder c).

1 Welche Stände gab es in der mittelalterlichen Gesellschaftsordnung?
a) Arbeiter und Bauern ☐
b) Adelige, Geistliche und Bauern ☐
c) Päpste, Bischöfe und Nonnen ☐

2 Wie nennt man die von Bauern gemeinschaftlich genutzten Flächen?
a) Allmende ☐
b) Almosen ☐
c) Rodungen ☐

3 Was schuldeten unfreie Bauern ihren Grundherren?
a) den Zehnten ☐
b) Abgaben und Dienste ☐
c) Hochachtung ☐

4 Was gehorte nicht zu den Aufgaben des Adels?
a) Schutz der Witwen und Waisen ☐
b) Wahrung von Frieden und Gerechtigkeit ☐
c) Krankenpflege ☐

5 Wie nennt man den beheizbaren Wohnraum einer Burg?
a) Kaminzimmer ☐
b) Kemenate ☐
c) Kasematte ☐

6 Wie wurde man zum Ritter?
a) Man zahlte einen hohen Geldbetrag. ☐
b) Man wurde von höheren Adeligen mit Aufgaben betraut. ☐
c) Man überfiel reisende Kaufleute und plünderte Höfe und Dörfer. ☐

7 Was gehörte nicht zu den Aufgaben einer Burgherrin, wenn der Burgherr im Krieg abwesend war?
a) Kommandogewalt über die Burg ☐
b) Kontrolle der Abgaben und Dienste der Bauern ☐
c) Teilnahme an Turnieren ☐

8 Warum gingen Menschen ins Kloster?
a) Aus Sorge um das Seelenheil ☐
b) Zum Schutz vor Krankheiten ☐
c) Aus Abneigung vor körperlicher Arbeit ☐

Mittelalter-Silbenrätsel

Rä – gang – ne – no – herr – tur – le – be – pe – pen – hen – hö – pflug – vi – ri – burg – nier – kreuz – knap – dikt – wap – der – ger – ze

1 Unfreier Bauer

____

2 Technische Neuerung des 12. Jahrhunderts

____

3 Kennzeichen eines Adelsgeschlechts

____

4 Land, das einem Ritter zur Nutzung übertragen wurde

____

5 Besitzer einer Burg

____

6 Junge, der zum Ritter ausgebildet wird

____

7 Kampfspiel der Ritter

____

8 Verfasser einer bedeutenden Mönchsregel

____

9 Teil einer Klosteranlage

____

10 Neuling im Kloster

____

Arbeitsblatt

Das harte Leben der Bauern im Mittelalter

- Ich kann ein typisches Kunstwerk des Spätmittelalters erläutern: Erzähle von der harten Arbeit der Bauern! Bei der Erschließung der Bildquelle kannst du die Methode „Bilder als historische Quelle nutzen“ (Schülerbuch, S. 253) nutzen.

M1 Arbeiten der Bauern im Jahr

Die 12 Bilder zeigen Arbeiten der Bauernfamilie in den 12 Monaten eines Jahres (Malerei um 1480). Im ersten Bild (oben links) wird eine Arbeit im Januar, im letzten Bild (unten rechts) eine des Dezembers dargestellt. Im Februar wird Dünger auf das Land gebracht.

Arbeitsblatt

Im Schutz der Mauer: Wir erzählen über das Leben der Menschen auf einer Burg

Die Zeichnung zeigt eine Reihe von Menschen, die in einer mittelalterlichen Burg lebten und dort verschiedene Aufgaben hatten: Chefkoch (1), Bogenschütze (2), Priester (3), Burgverwalter (4), Falkner (5), Pferdepfleger (6), Feger (7), Burgherr (8), Ritter (9), Bedienstete – zuständig für die Tafel des Burgherrn (10), Mundschenk (11), Mattenweber (12), Spinnerin (13), Tranchierer (14), Armbrustschütze (15), Gaukler (16), Burgherrin (17), Aufseher (18).

1 Ordne die Nummern den jeweils abgebildeten Personen zu.

2 Beschreibe dann den Alltag auf einer Burg aus der Sicht einer dieser Personen in einem kurzen Bericht. Erzähle dabei anschaulich und versuche, den Bericht möglichst spannend zu gestalten.

Kompetenzerwartungen des Kernlehrplans

Am Ende der Doppeljahrgangsstufe 5/6 sollen die Schülerinnen und Schüler über die nachfolgenden Kompetenzen verfügen:

Sachkompetenz

Die Schülerinnen und Schüler ...

S 1 charakterisieren den historischen Raum als menschlichen Handlungsraum in Vergangenheit, Gegenwart und Zukunft.

S 2 kennen die Zeit als Dimension, die gemessen, chronologisch eingeteilt oder periodisiert werden kann, und benutzen zutreffende Zeit- und Ortsangaben.

S 3 kennzeichnen die Formen der Überlieferung durch Überreste, mündliche und schriftliche Tradierung sowie moderne technische Medien.

S 4 kennen Zeiten und Räume frühgeschichtlicher, antiker sowie mittelalterlicher Überlieferung und charakterisieren mittels eines ersten Orientierungswissens diese Epochen (Schlüsselereignisse, Eckdaten, typische Merkmale; Vorstellungen über das Eigene und das Fremde).

S 5 beschreiben wichtige Gruppen in den jeweiligen Gesellschaften, ihre Funktionen, Rollen und Handlungsmöglichkeiten.

S 6 erzählen bzw. informieren exemplarisch über Lebensbedingungen und kulturelle Kontakte in Frühen Hochkulturen, antiken Großreichen sowie im Mittelalter.

S 7 beschreiben epochale kulturelle Errungenschaften und wesentliche Herrschaftsformen der jeweiligen Zeit.

S 8 identifizieren Spuren der Vergangenheit in der Gegenwart und erläutern in einfacher Form die historische Bedingtheit heutiger Phänomene.

S 9 beschreiben wesentliche Veränderungen und nehmen einfache Vergleiche zwischen „früher" und „heute" sachgerecht vor.

S 10 verfügen über ein erstes Grundverständnis zentraler Dimensionen und Fachbegriffe und wenden diese sachgerecht an.

Methodenkompetenz

Die Schülerinnen und Schüler ...

M 1 nutzen das Geschichtsbuch als schriftliches Medium der historischen Information und deutenden Darstellung.

M 2 beschreiben am Beispiel der Archäologie, wie Wissenschaftler forschen und aus Funden Ergebnisse ableiten.

M 3 entnehmen gezielt Informationen aus Texten niedriger Strukturiertheit und benennen in elementarer Form die Hauptgedanken eines Textes.

M 4 unterscheiden zwischen Textquelle (Text aus einer Zeit) und Sekundärliteratur bzw. Sachtext (Text über eine Zeit).

M 5 kennen grundlegende Schritte der Bearbeitung schriftlicher Quellen und wenden diese an.

M 6 erschließen Lehrbuchtexte, indem sie Gliederung und Kernaussagen mit eigenen Worten wiedergeben.

M 7 beschreiben in Bildquellen Einzelheiten, stellen deren Zusammenhänge dar und erklären ansatzweise, welche Wirkung die Darstellung hat.

M 8 beschreiben Sachquellen im Hinblick auf ihre Beschaffenheit und deuten ihre Möglichkeiten und Grenzen im Vergleich zu heutigen Objekten.

M 9 untersuchen Geschichtskarten, indem sie Thema, dargestellten Raum, Zeit und Legende erschließen und die enthaltenen Informationen benennen.

M 10 untersuchen Schaubilder, indem sie Thema, Strukturelemente und Legende erschließen und die enthaltenen Informationen benennen.

M 11 unterscheiden zwischen historisierenden Spielfilmen und Dokumentarfilmen und entnehmen einem Film historische Informationen.

M 12 vergleichen Informationen aus Sach- und Quellentexten und stellen Verbindungen zwischen ihnen her.

M 13 lesen und erstellen einfache Zeitleisten und Schaubilder zur Darstellung von Zusammenhängen.

M 14 strukturieren und visualisieren einen historischen Gegenstand bzw. ein Problem mithilfe graphischer Verfahren.

M 15 beschreiben historische Sachverhalte sprachlich angemessen.

Urteilskompetenz

Die Schülerinnen und Schüler ...

U 1 unterscheiden in einfacher Form zwischen Belegbarem und Vermutetem.

U 2 vollziehen Motive, Bedürfnisse und Interessen von betroffenen Personen und Gruppen nach (Fremdverstehen).

U 3 betrachten historische Situationen und Ereignisse aus verschiedenen Perspektiven.

U 4 verdeutlichen im Kontext eines Falles oder Beispiels mit Entscheidungscharakter Möglichkeiten, Grenzen und Folgen zeitgenössischen Handelns.

U 5 erklären in einfacher Form Zusammenhänge zwischen politischen und sozialen Ordnungen.

Handlungskompetenz

Die Schülerinnen und Schüler ...

H 1 gestalten auf der Grundlage ihres geschichtlichen Wissens Rollen in Spielsituationen sachgerecht nach und sind in der Lage, sich in andere hineinzuversetzen.

H 2 präsentieren die im Rahmen kleinerer Projekte gewonnenen Ergebnisse ihrer Arbeit in geeigneter Form.

H 3 reflektieren ansatzweise eigene und gemeinsame historische Lernprozesse.